JN428474

아동수학지도

서현아 윤정진 좌승화 이해정 엄세진

창지사

머리말

현대사회는 급속한 기술발달과 정보의 홍수 속에서 수학적 능력이나 지식은 활용영역이 많아졌으며, 수학교육도 관점과 교육방법의 변화를 필요로 하게 되었다. 수학교육을 위한 내용 또한 수학에 대한 그 시대의 사회적 요구나 수학적 지식에 대한 입장과 영유아를 보는 입장에 따라 변화하였다. 현대사회의 시민으로서 수학적 능력이나 지식은 미래사회의 사회적 변화와 요구에 부응하기 위해 필요하며 미래를 위한 준비과정으로 영유아기부터 수학교육이 필요하다.

전통적 영유아 수학교육은 수 계산능력의 기초 형성을 중요하게 다루며 영유아기 수학활동은 연습과 훈련을 중심으로 지도되어 왔다. 하지만 발달적으로 적합한 영유아 수학교육은 영유아의 사전 경험이나 이미 획득된 지식에 기초하여 실생활과 관련되어야 하며, 현대사회의 변화와 필요가 반영되어야 한다. 그리고 우리나라 수학교육의 목표와 내용은 누리과정의 자연탐구영역에 "유아가 일상생활의 여러 상황과 주변을 탐색하고 놀이하면서 부딪히는 문제를 논리·수학적으로 해결할 수 있는 기초 능력을 기르는 데 중점을 둔다."고 하였다. 영유아 수학교육은 궁극적으로는 영유아가 조화로운 삶을 살아갈 수 있도록 하기 위한 것이므로 수학적 지식 습득만이 아니라 창의적 사고와 바른 태도교육이 함께 이루어질 수 있어야 한다. 그리고 최근 동향에 따라 미국수학교사협회의 지침을 살펴보면, 수학교육의 대상이 되는 연령 범위를 하향 확장하고 수학교육의 핵심내용으로 수와 기하를 들며 수 세기의 역할에 대한 강조가 과거의 교육과는 비교가 되며, 수학학습에 있어서 언어의 역할을 강조하는 점도 과거와 비교가 된다. 이에 저자는 영유아 수학교육에 대한 새로운 저서의 필요성을 느끼고, 뜻을 함께하는 연구자들과 함께 이 책을 집필하게 되었다.

이 책은 I부 영유아 수학교육의 이해, II부 영유아 수학교육의 내용과 실제, III부 영유아 수학교육의 지도로 구성하였다. I부에서는 영유아 수학교육의 기초, 영유아 수학교육의 이론적 배경, 영유아 수학개념의 발달, 3~5세 누리과정 수학교육의 목표 및 내용을 다루고 있고, II부에서는 수와 연산, 공간과 도형, 측정, 규칙성, 자료수집 및 분석의 내용을, III부에서는 영유아 수학교육의 운영 및 교사의 역할, 영유아 수학교육을 위한 환경구성, 영유아 수학교육의 평가, 영유아 수학교육의 전망과 과제의 내용를 다루고 있다.

이 책은 부산지역에 재직 중인 교수 5인이 함께하였는데, 좌승화 교수는 1장 영유아 수학교육의 기초와 2장 영유아 수학교육의 이론적 배경을, 윤정진 교수는 3장 영유아 수학 개념의 발달과 7장 측정, 11장 영유아 수학교육을 위한 환경구성을 집필하였다. 또 서현아 교수는 4장 3~5세 누리과정 수학교육의 목표 및 내용과 5장 수와 연산, 12장 영유아 수학교육의 평가를, 엄세진 교수는 6장 공간과 도형, 10장 영유아 수학교육의 운영 및 교사의 역할, 13장 영유아 수학교육의 전망과 과제를 맡았으며, 이해정 교수는 8장 규칙성과 9장 자료수집 및 분석의 집필을 맡아주었다.

이 책은 영유아 수학교육을 전통적 방법에서 벗어나 사회의 변화와 시대의 흐름에 맞는 영유아 수학교육을 위해 노력하는 분들을 위해 만들었다. 어린이집과 유치원의 교육은 초·중등교육과는 달리 교육내용의 선정 및 조직의 주도권이 교사에게 있다는 점에서 영유아 교사의 지식과 전문성은 곧 영유아 수학교육의 질을 결정짓는 요인이 된다. 또한 영유아 교육 및 보육, 아동학을 전공하는 예비교사에게 영유아 수학교육에 대한 전반적인 이론과 실제를 학습하고 실습하도록 도울 것이며 이를 통해 교사로서 유아들의 수학교육을 하기 위한 밑거름이 될 것이다.

그동안 영유아 수학교육 강의를 수강한 학부생과 대학원생 그리고 졸업생들이 이 책의 집필에 배경과 피드백을 제공해 주었기에 고마움과 함께 출간의 기쁨을 나누고 싶다. 이 책이 나올 수 있도록 기꺼이 출판을 맡아주신 창지사의 사장님을 비롯한 임직원 여러분께 감사를 드린다.

2021년 2월
저자 일동

차 례

PART 1 영유아 수학교육의 이해

CHAPTER 1 영유아 수학교육의 기초

CHAPTER 2 영유아 수학교육의 이론적 배경

PART 3 영유아 수학교육의 지도

1

PART 1

영유아 수학교육의 이해

역사적으로 수학은 모든 학문의 기초가 되는 주요 과목이자 실제적인 문제를 해결하는 중요한 수단이 되어 왔다. 그러나 사실은 수학은 많은 아동이 가장 싫어하거나 어려워하는 분야이기도 하다. 부모나 교사 역시 영유아의 언어발달에는 많은 관심을 보이는데 반해 수학적 개념이나 이해능력의 발달 과정은 무심히 지나치는 경향이 있다. 이러한 현상은 수학은 숫자를 다루어야만 한다든지, 수학교육은 학교에서 형식적인 수업을 통해서만 이루어진다고 생각하는 고정관념에서 비롯된 것이라고 할 수 있다.

현대의 수학교육은 수 이름을 알고 수 세기를 하는 것을 넘어서서 논리적으로 사고하고 문제를 해결하며, 자료를 수집하고 분석하여 해석하며, 이를 토대로 적절한 의사결정을 하는 창의적인 과정이다. 따라서 영유아기의 수학교육은 단편적이고 즉각적인 답을 찾아내는 활동이 아니라 영유아로 하여금 사고하도록 자극하고 탐구욕구를 불러일으키는 활동으로 구성되어야 한다.

영유아 교사는 수학이라는 학문 자체의 특성과 유아에게 적절한 교수·학습방법에 대한 지식과 더불어 수학이 갖는 가치와 중요성을 정확하게 파악해야 한다.
제1부에서는 영유아 수학교육의 기초, 영유아 수학교육의 이론적 배경, 영유아 수학개념의 발달 그리고 3~5세 누리과정 수학교육의 목표 및 내용에 관해 살펴보기로 한다.

CHAPTER 01

영유아 수학교육의 기초

영유아 교사는 수학이라는 학문 자체의 특성과 영유아에게 적절한 교수방법에 대한 지식과 더불어 수학이 갖는 가치와 중요성을 정확히 파악해야 한다. 따라서 이 장에서는 먼저 영유아 수학교육의 정의를 알아보고, 영유아 수학교육의 중요성과 역사적 변천과정을 살펴보고자 한다. 이를 토대로 현대사회에서 바람직한 영유아 수학교육의 방향성과 제4차 산업혁명 시대의 사회적 요구에 따른 영유아 수학교육의 최근 동향을 고찰해 보고자 한다.

1. 영유아 수학교육의 목적

'수학'이란 학문의 한 영역으로 오랜 옛날부터 오늘날까지 모든 타 학문의 지적 논리체계를 이해하기 위한 기본 학문으로 탐구되었다. '수학'은 '논리학'과 더불어 학문의 인지적 체계를 이루는 기본이며 개념 형성의 시작인 것이다.

'수학'은 우리의 일상생활과 밀접한 관계를 가지며, 수학적 사고과정은 태어나면서부터 평생 동안 지속적으로 발생한다. 인간은 독자적 의지를 가지고 발달을 지향하는 능동적 유기체로서 그들의 세계에서 사물 간의 관계를 발견하고 수와 양을 깨닫게 된다. 특히 21세기 고도의 정보화사회에서는 금융, 예술, 컴퓨터 등 다양한 분야에서 수학적 소양을 요구하고 있다. 이에 영유아기부터 질적으로 우수한 수학교육이 이루어져야 할 필요성이 대두되었다.

『수학사전』에 의하면, 수학교육이란 "주로 학교교육에서의 산수, 수학의 교수법이나 그 원리적인 제 문제를 연구하는 분야"라고 정의하였으며(박을용 외, 1983), 이희승(1982)은 "수, 양, 공간 도형에서의 여러 관계에 관하여 연구하는 학문"으로 정의하였다.

이밖에도 수학교육은 수, 양, 공간, 도형 등에서의 관계를 인지하고 추론하며 일상생활에서 발생하는 문제를 수학과정을 통해 해결할 수 있도록 도와주는 것을 말한다. 이와 같은 맥락에서 보면 수학은 문제해결 능력을 기르는 하나의 방법이며 자료를 가지고 의사소통하는 과정이고, 관계와 순서의 학문이다(김경미, 2011).

영유아의 인지적 발달은 수학적 개념의 깨달음을 바탕으로 이루어진다. 영유아는 성장하면서 주변의 세계와 사물을 인식하고 수와 양을 깨달으며, 점차 수학의 기본개념을 인식한다. 또 영유아는 주변 환경 어디에서나 수학적 깨달음을 발견하게 된다. 영유아는 다양한 수학적 개념을 개발하는 데 도움이 되는 활동에 참여할 기회를 충분히 가져야 한다. 영유아 수학교육은 영유아의 일상생활에서 수학적 경험을 흥미롭고 풍부하게 이끌어내어 영유아의 수학적 개념 형성을 도울 수 있어야 한다. 그러므로 영유아를 위한 수학교육은 영유아의 수학적 개념발달을 이해하고, 영유아가 놀이와 생활을 통해 기본적인 수학개념을 이해해 나갈 수 있는 환경과 경험을 제공해야 한다.

영유아 수학교육은 영유아의 발달 수준을 고려하여 수학의 기초원리와 개념을 학습하도록 돕고, 수학적 기능을 통해 문제를 해결해 나가도록 배려하고 권장하는 환경을 구성하는 일이다. 다시 말해서 영유아 수학교육은 수학적 사실과 기술을 습득하기 위하여 기억하고 계산하는 훈련이 아니라 수에 대한 지적 구조의 구성에 목적을 두어야 한다. 이를 완성하기 위해서는 효율적인 사회적 상호작용을 극대화할 수 있는 소집단 또는 개별 활동을 다양하게 구성하고 일상생활에서 수학활동이 이루어지도록 해야 할 것이다.

영유아기에 형성된 수학적 기초는 논리·수학적 사고의 기본 전제가 되고 사고의 기초와 구조를 형성한다. 개념의 발달은 수많은 변화를 거치면서 일생을 통해 진행되는 점진적인 과정으로 수학의 모든 초기 아이디어는 주변 세계에서 일어나는 일들을 경험하고 관찰함으로써 길러진다. 즉 논리적 사고능력은 물리적 세계에서 구체물의 실제 조작을 통해 개발된다는 것이다.

세계 각국이 적극적으로 영유아 수학교육에 개입하게 된 배경에는 국가 내 사회계층 간의 차이를 유발하는 요인 중의 하나가 수학능력의 획득 유무에 있다는 인식(홍혜경, 2014)과 수많은 국내외 수학평가에서 학생들이 성취 기준에 못미치는 것으로 나타났다(UNESCO, 2012). 이에 따라 국가가 조기에 수학교육 개입으로 영유아기부터 양질의 수학교육을 제공하여 수학능력의 신장과 이후의 교육에서 수학 성취도를 높이기 위한 것이 영유아 수학교육의 목적이다.

이러한 맥락에서 권영례(2010)는 "영유아 수학교육은 영유아기 고유의 발달적 특성을 고려하여 수학의 기초원리와 개념을 학습하도록 돕고, 수학적 기능을 통해 문제를 해결하도록 배려하고 권장하는 환경을 구성하는 일이다"라고 정의하였으며, 브루디(Baroody, 1987)는 "영유아 수학교육은 어림셈, 측정, 계산이 포함된 수 감각의 발달을 강조하여야 하며 일상생활의 다양한 상황을 수관계를 가르치는 데 사용해야 한다"고 보았다.

따라서 영유아도 이미 간단한 수학적 능력을 가지고 태어남을 인식하고, 수학에 대한 흥미와 태도를 형성하는 결정적인 시기임을 고려하여 영유아기 발달에 적합한 수학적 소양을 갖추도록 하는 것이 영유아 수학교육의 목적이다.

영유아는 다양한 활동을 통해 수에 관심을 가진다.

2. 영유아 수학교육의 중요성

수학은 우리의 생활과 밀접한 관계를 갖고 있으며, 영유아가 자신의 환경에 대한 이해를 증진시키는 데 매우 중요한 역할을 한다. 특히 현대 정보화 사회에 적응하기 위해서는 모든 사람에게 수학적 소양이 필수적으로 요구되고 있다.

수학은 기초학문의 하나로 과학기술에 있어 필수적인 역할을 하며 일상생활에서도 필요 불가결하게 활용되고 있다(김경미, 2011). 즉 현대 수학은 새로운 정보를 수집하고 새로운 지식을 습득하는 과정에서 받아들일 정보와 지식을 조합하고 해석할 수 있는 능력을 길러준다. 따라서 수학은 더 이상 숫자를 다루는 기술에 한정되어 있지 않다. 또한 현대 수학은 자료의 유용성을 분별하는 능력과 상황을 예언할 수 있는 능력을 길러주므로 현대의 지식 정보화 사회에서 생활하는 영유아에게 수학교육의 의미와 필요성은 더욱 크다고 하겠다.

모든 영유아는 일상생활에서 수학적인 경험을 하지만 조직적이고 체계적인 수학적 경험은 아니다. 이와 같은 일상의 수학적 경험을 조직할 수 있고, 그 안에서 여러 수학적 관련성을 얻을 수 있도록 도와주는 것이 영유아 수학교육의 역할이라고 볼 수 있다. 첨단 과학기술의 발전과 급속한 지식 정보 사회로의 전진은 영유아뿐만 아니라 모든 인간에게 첨단과학에 대한 지식과 기능을 요구하고 있다. 그러므로 수학적 능력은 과학 기술 사회에 적응하고 경쟁력을 키우기 위한 창의적인 사고 계발의 원동력이라 할 수 있다.

따라서 부모와 교사는 수학교육의 첫 단계라고 할 수 있는 영유아기부터 수학교육의 의미와 중요성을 인식하고, 영유아들에게 적절한 수학 경험을 제공해야 할 것이다. 영유아 수학교육의 중요성을 한유미(2011)는 다음과 같이 제시하였다.

(1) 영유아기의 수학적 경험은 인지 발달의 원동력이 된다

영유아기의 수학적 경험은 논리적 사고, 의사결정 능력 그리고 문제해결의 기초를 형성하기 때문에 인지발달의 원동력이 된다. 왜냐하면 수학은 기본적으로 논리·수학적인 활동이며 영유아는 일상생활에서 자연현상이나 사회현상에 대해서도 수학적 사고과정을 활용하기 때문이다. 또한 영유아기에 적절한 수학활동의 경험은 이후의 인지발달이나 초등학교에서의 학습능력에도 긍정적인 영향을 미칠 수 있기 때문이다.

(2) 영유아기의 수학적 경험은 합리적인 생활 자세를 길러준다

현대 수학교육의 기본목표는 일상생활에서 수학을 이해하고 수학적 기술을 사용하는 능력을 개발하는 데에 있다. 이와 같은 수학적 소양이 있는 사람은 적절한 시기에 적절한 방법으로 질문하며, 비판적 사고를 할 수 있고, 감정에 의존하기보다는 이성적 판단으로 합리적인 의사결정을 할 수 있다. 이러한 이성적 사고 및 의사결정 능력은 영유아기부터 충분한 수학활동을 경험함으로써 형성될 수 있기 때문에 영유아기의 수학교육은 매우 중요하다고 본다.

(3) 영유아기는 수학에 대한 흥미를 형성하기 좋은 시기이다

최근 영유아발달 관련 연구들에 따르면, 영유아는 수학적 민감성을 가지고 태어나며, 이들은 수학적 개념 획득에 능동적으로 참여하고 있을 뿐 아니라 일상생활이나 놀이를 통해 수학적 관계를 탐색하고 나름대로 상당한 수학적 지식을 보이고 있는 것으로 알려져 있다. 따라서 영유아를 가능한 다양한 수학활동에 노출시켜 수학에 대해 긍정적 태도를 갖게 하고 수학활동을 통해 영유아가 즐거움과 자신감을 경험하도록 해야 한다.

영유아가 스스로 저울을 이용하여 무게를 알아본다.

3. 영유아 수학교육의 역사적 변천

1) 외국의 영유아 수학교육의 변천

인류가 수를 다루면서부터 수학교육은 시작되었다. 초기의 수학교육은 가축이나 농작물 등을 물물교환하거나 관리하는 데 필요한 일상적인 목적에서 이루어졌다. 또한 수학교육은 인간생활에 있어 수, 양, 형태와 관련된 실제적인 문제를 해결하는 중요한 수단으로서의 역할도 하였다(이경우 외, 2004). 그러나 문명의 발달과 함께 수학은 실용성보다는 상징적 기호를 활용한 학문으로 인식되기 시작하면서부터 계산능력, 논리적 사고, 정신력 연마 등의 수단으로 활용되는 경향도 생겨났다. 이와 같은 수학교육에 대한 관점의 변화를 시대별로 살펴보면 다음과 같다.

(1) 19세기 이전 영유아 수학교육

코메니우스
(1592~1670)

고대 수학교육은 집단생활을 위한 수단으로 시작되었으나 영유아를 위한 수학교육은 교육자들의 주요 관심사가 되지는 못하였다. 이 시기에는 주로 일상생활에 필요한 셈하기와 같은 비형식적 교육 형태를 띠고 있었다(문연심, 2010).

근대 수학교육은 17세기의 실학주의자인 코메니우스(Comenius)의 『대교수학』에서 유아기 실물교육의 필요성을 주장하면서 시작되었다고 본다. 그는 이 책에서 유아기의 수학교육 내용을 다음과 같이 제시하였다(한유미, 2011).

- 연대기적인 년, 월, 일, 어제, 오늘, 내일 등의 시간 개념
- 많다, 적다, 열까지 세어보기, 더하기 등의 셈하기
- 크다, 작다, 좁다, 넓다, 두껍다, 얇다, 동그라미, 선 등의 기하학의 기초

• 저울로 달기, 손으로 어림잡기 등의 측정

문예부흥기인 17~19세기의 영유아 수학교육은 로크, 루소, 페스탈로치, 프뢰벨을 중심으로 이어졌다. 백지설을 주장한 로크(Locke)는 수학을 인간의 추론능력을 길러주는 학문으로 정의하였다. 그는 수학을 가르치는 목적을 수학적 지식의 습득이 아니라 수학이라는 학문을 통하여 추론적 사고능력을 배양하는 데 두었다. 이를 통하여 인간은 학문적 사고와 영역을 확장할 수 있다고 보았다.

루소(1712~1778)

자연주의 교육사상을 주창한 루소(Rousseau)는 아동의 자연스런 발달에 따른 교육을 강조하였다. 즉 수학의 논리적 형식보다 아동이 수학적 개념을 자연스럽게 이해하는 것이 중요하다고 보았다. 그의 저서『에밀』에서 루소는 일상생활에서 물체의 양을 재고 수를 계측하고 무게를 비교할 수 있도록 주의, 기억, 사고의 토대인 오감의 발달과 감각기관의 개발에 치중해야 한다고 하였다.

페스탈로치(1746~1827)

이후 실물교육의 중요성을 강조한 페스탈로치(Pestalozzi)는 직관을 통하여 사고력을 증진시켜야 한다고 보았다. 그는 영아가 처음 세상을 인식할 때는 무질서한 빛과 소리와 느낌의 개념으로 받아들이지만 이후 질서의 세계로 받아들일 때에는 수와 형태를 이용하여 질서를 부여한다는 것이다. 이때 산술과 기하 등 수학적 개념이 인간의 정신발달에 직접적으로 기여하게 된다고 보았다. 따라서 수학이라는 학문은 인간에게 교육적으로 중요한 영역이라고 인식하였다. 또한 그는 사각형이 수학에서 아동에게 적합한 것으로 간주하면서 사각형을 '기초도형'으로 제시하였다. 도형과 관련하여 그는 아동이 자나 컴퍼스 등의 도구를 사용하지 않고 도형을 그리게 하여 자연적으로 도형의 개념을 형성하도록 해야 한다고 하였다(김응태, 박한식, 우정호, 2007; 한대희, 2000).

프뢰벨(1782~1852)

루소와 페스탈로치의 영향을 받은 프뢰벨(Fröbel)은 영유아교육에서 감각경험에 기초한 자연과학의 교육과 수학교육의 필요성을 주장하였다. 그는 수학교육의 내용을 기하학과 셈하기로 구성하였다. 특히 프뢰벨은 은물(Gifts)을 제작하여 입체, 면, 선, 점 등의 기하학적 특성을 탐색하고 모형을 구성하는 수학적 활동을 영유아에게 제공하여 문제해결, 수개념, 측정의 본질을 가르치고자 하였다. 그러나 은물을 통한 수학교육은 지나친 상징성을 내포하고 있으며, 획일적인 사용법으로 인한 교사 중심의 지도 등이 문제점으로 대두되어 많은 비판을 받게 되었다.

(2) 20세기 전반 영유아 수학교육

현대사회는 급변하고 있으며, 수학 기술의 발달 및 수학 내용의 질적 측면이 엄청나게 변화하고 있다. 특히 과학기술의 발전과 함께 수학의 실용적 목적이 중요시 되면서 학문 자체의 인식과 함께 사회적인 측면에서도 수학교육에 대한 관점이 변하였다. 20세기 초에는 수학교육의 교수방법적 측면의 변화를 촉구하는 개선운동이 일어났으며, 손다이크, 몬테소리, 듀이 등의 이론이 많은 영향을 주었다.

행동주의 심리학자인 손다이크(Thorndike)는 수학교육에서도 환경적 요인을 강조하는 연습이론(Drill Theory)을 제창하였다. 그는 교사가 영유아에게 수학적 사실을 설명하고 영유아가 교사의 설명으로 빠르게 계산하는 수학적 능력을 기르는 철저한 설명적 방법을 강조하였다. 이러한 반복적인 연습은 수학교육의 초점을 수학적 개념이나 의미보다 계산 기술을 기계적으로 암기하는 데 두었다.

손다이크
(1874~1949)

이러한 입장에서 손다이크는 1+3이라는 계산적 자극과 4라는 반응을 알아내도록 하기 위하여 1과 3을 4와 연합할 수 있도록 하는 것을 수학교육의 기본 과제로 보았다. 즉,

그는 수학교육의 내용은 자극과 반응 간의 연합을 학습하는 것이라고 보고, 이러한 연합을 형성하는 데에는 수학적 이해가 필요하지 않다고 여겼다. 오히려 그는 수학적 의미나 이해보다는 직접적인 교수와 연습을 통한 수학교육을 중요시하였으므로 영유아가 수학적 사실들의 연합을 잘 형성하도록 도와주고 적절한 보상이나 벌을 주는 교사의 역할을 중요시하였다.

이와 같이 영유아의 수학교육에서 설명, 강의, 연습, 암기 등의 방법이 강조된 이유는 영유아는 추론할 능력이 없으며, 자연현상을 이해할 수 없다는 것을 학습 능력의 한계를 받아들이고 있었기 때문에 이러한 관점을 갖게 되었다고 볼 수 있다(한유미, 2011). 그러나 이러한 반복적인 연습을 통한 교수방법은 현재까지도 수학교육 현장에서 자주 사용되고 있다

몬테소리(Montessori)는 오감의 발달 중 특히 시각과 촉각의 발달이 인지적 성장과 추상적 개념의 이해에 기본이 된다고 여겼다. 이에 몬테소리는 감각 체험을 통하여 수학적 사고를 발달시킬 수 있도록 구성된 감각교구를 고안·제작하여 수학교육에 활용하였다. 몬테소리 교구는 프뢰벨의 은물보다 자연수, 분수, 기하, 순서적 규칙 등 수학적 내용을 많이 포함하는 교육내용으로 확장시켰고, 영유아의 놀이 및 발달적 특성에 기초한 감각활동을 시도하여 오늘날까지도 그 교육방법이 널리 적용되고 있다. 그러나 몬테소리 교구는 교사에 의해 사용법이 제시되고 영유아는 제한된 자유 속에서 교구를 사용한다는 점에서 비판을 받기도 한다.

몬테소리
(1870~1952)

몬테소리와 비슷한 시기에 듀이(Dewey)는 분리된 암기나 연습이 아닌 일상생활에서 문제해결 과정을 통해 수학적 관계나 의미를 발견하도록 하는 교수방법을 주장하였다. 그는 당시의 대부분의 교육이 교실에 앉아서 기계적인 방법을 위주로 하는 수학교육을 비판하면서 생활중심, 아동

듀이(1869~1952)

중심, 흥미중심의 진보주의 교육과정을 제안하였다. 특히 수학교육에 있어서는 수학의 가치를 문제해결의 수단에 두었으며, 수학교육 활동이 영유아의 요구나 흥미에 부합될 때 학습이 잘 이루어질 수 있다고 하였다. 이에 따라 수학교육의 내용이 영유아의 실생활 경험 안에서 주제가 선정되도록 하고, 일상생활의 문제해결을 통한 교육방법을 사용하였다.

따라서 듀이는 몬테소리나 프뢰벨의 체계적이고 구조화된 교육방식보다는 창의적 쌓기놀이 활동, 사회적 역할놀이 혹은 극놀이 등 실생활과 연관된 놀이활동을 통한 수학교육에 가치를 두었다(홍혜경, 2004). 왜냐하면 영유아 자신을 둘러싼 세계를 자유놀이 활동을 통해 탐색하면서 관계성, 규칙성, 패턴 등을 발견하는 우발적 학습(incidental learning)으로 나아가게 되기 때문이다. 우발적 학습이론에 의하면 영유아는 능동적으로 지식을 스스로 구성하는 존재이며, 수학교육은 교사의 지시나 설명에 의한 것이 아닌 영유아의 내적 흥미와 요구를 충족하는 과정에서 우발적으로 나타나는 결과라는 것이다(한유미, 2011).

(3) 20세기 후반

제2차 세계대전 직후부터 학교 교육과정에서 수학 및 과학교육에 대한 관심이 높아지기 시작하는 변화가 일어났다. 이는 핵에너지, 로켓공학, 컴퓨터 등 공학기술의 발전이 가속화되는 시점에서 1957년 소련이 인공위성 스푸트니크(Sputnik) 호를 발사하여 수학 및 과학 과목에 대한 필요성과 중요성이 대두되는 시기였다. 이로 인해 수학적 능력을 가진 시민을 양성해야 한다는 사회적 요구가 증가되기 시작하였다.

이를 계기로 1960~1980년대 미국의 수학교육 과정은 많은 변화를 겪게 되었다. 이를 1950년대 말부터 1975년까지 지속된 '새수학운동', 1970년대 중반 이후 새수학운동에 대한 반동으로 일어난 '기초로 돌아가기 운동' 그리고 1980년대 고차원의 수학적 사고를 강조한 '문제해결운동'을 중심으로 살펴보기로 하겠다.

새수학운동

1957년 소련의 인공위성 스푸트니크 호 발사 후에 미국에서는 수학교육에 대한 개혁운동이 일어나 수학교육 내용을 재검토하고 재구성하기 시작하였다. 전통적 수학교육과는 달리 수학의 내용이나 방법적 차원에서 새로운 교육과정을 구성하려는 많은 연구가 초등학교를 중심으로 이루어지다가 차츰 영유아교육에까지 그 파급효과가 나타나기 시작하였다. 이러한 흐름에 크게 공헌한 사람이 피아제(Piaget)로 영유아를 능동적인 학습자로 보아 수학교육에서 영유아의 역할이나 지식의 습득과정에 대한 인식이 강조되는 '새수학운동(New Math Movement)'이 등장하게 되었다.

이 시기에 피아제는 물리적 지식이나 논리·수학적 지식은 교사에 의해 전수되거나 가르쳐지는 것이 아니라 영유아 자신이 스스로 논리·수학적 관계를 터득하는 조작적 과정을 거쳐야 한다고 주장하여 영유아 수학교육의 방법적 측면에 많은 변화를 가져오게 되었다.

컵에 든 물의 양을 관찰하고 있다.

'새수학운동'에 의한 수학교육은 학습방법에 있어서 전보다 더 의미 있는 방법으로 영유아 스스로 관계성을 찾아 지식을 구성하도록 하는 발견학습을 강조하였다. 그러나 새수학은 계산기술을 위한 실습은 중요하게 여기지 않았다(권영례, 2010). 대신 새수학은 이론을 한층 심화시킬 뿐만 아니라 논리적인 언어를 소개하려는 시도를 하였다. 따라서 당시의 '새수학운동'은 수학교육 교수방법의 현대화 운동으로 현대 수학의 내용과 방법을 과감히 조기에 도입하였으며, 수학적 개념의 통합성과 논리적 엄밀성을 강조하고 있었다(문연심, 2010).

이로써 이 시기에는 피아제(Piaget)의 이론에 기초하여 다양한 유아교육 프로그램이 개발되기 시작하여 하이 스코프(High Scope)의 인지중심 프로그램과 카미-드브리스(Kamii-DeVries)의 구성주의 프로그램이 등장하게 되었다. 이와 동시에 행동주의 이론에 바탕을 둔 체계적인 교사중심의 지도와 반복적 연습을 강조하는 디스타(DISTAR) 프로그램이나 성숙주의 이론에 입각하여 전통적인 놀이나 활동중심으로 비형식적 학습을 제시하는 뱅크 스트리트(Bank Street) 프로그램 등에서 다양한 영유아 수학교육의 내용과 방법이 개발되었다. 그러나 교사들은 이전의 교수방법에 익숙해 있었다. 이에 교사들은 새수학 교육방법을 적용하는 데 혼란을 겪으면서 영유아의 계산능력마저도 저하시키는 결과를 초래하게 되었다. 이 즈음에 미국의 교육과정 평가위원회가 실시한 수학능력 평가결과에서 '새수학운동'의 교수방법이 효과적이지 못한 것으로 밝혀져 수학교육의 방향이 '기초로 돌아가기 운동'으로 전환되는 계기가 되었다.

기초로 돌아가기 운동

'새수학운동'에 의한 수학교육이 효과적이지 못하여 학업성취도가 저하되었다는 비판이 제기됨에 따라 1970년대 중반에는 '새수학운동'에 대한 반성으로 '기초로 돌아가기 운동(Back to Basics Movement)'이 일어났다.

'기초로 돌아가기 운동'은 읽기, 쓰기, 셈하기 등의 기초기술에 집중해야 한다고 주장함으로써 수학문제를 공식을 외워 풀거나 종이와 연필의 사용을 강조하는 1950년대 이전의 수학교육 방법으로 돌아가게 하였다.

연필로 숫자를 쓰고 있다.

문제해결운동

1970년대 중반 이후 새수학의 실패로 수학능력 향상에 대한 사회적 요구에 힘입어 '기초로 돌아가기 운동'이 제기되었다. 한편 수학교육자들은 이 움직임에 반대하는 입장을 밝히면서 수학교육의 기본과정과 필수과정을 중심으로 수학교육에 대한 심층적인 검토를 하기 시작하였다. 무엇보다도 1983년 '국가적 위기(A Nation at Risk)'라는 보고서가 미국 국회에 제출되면서 1957년 소련의 인공위성에 버금가는 위기를 의식하게 되었다. 이 보고서에는 미국이 세계경제 위기에 처하게 된 원인이 수학과 과학, 기술교육의 저하로 인해 산업정보사회에 유용한 인재를 양성하지 못한 것으로 밝히면서 미국 학생의 학업성취도 점수가 다른 나라의 점수보다 상대적으로 낮다는 증거자료를 제시하였다. 이를 계기로 미국수학교사협회(NCTM) 및 여러 수학단체에서는 문제해결 과정을 통하여 수학의 기초능력과 수학적 추리능력을 향상시킬 것을 제안하기에 이르렀다(김경미, 2011).

이러한 상황에서 1987년 미국유아교육협회(NAEYC)는 발달에 적합한 실제(DAP)에 대한 지침을 발표하였다. 또한 1991년에 미국수학교사협의회에서는 진정한 수학 기초능력으로 문제해결 능력을 강조하면서 연필이나 종이에 의한 계산 기술보다는 암산, 어림셈, 컴퓨터와 계산기의 활용, 자료의 수집과 분석 등을 수학교육의 내용으로 하는 발달에 적합한 영유아 수학교육의 지침을 제시하였다(홍혜경, 2010).

따라서 이 시기에는 피아제와 비고츠키 등의 구성주의 이론과 정보처리 이론 등이 영유아 수학교육의 실제에 반영되어 다양한 수학적 내용을 포괄하는 문제해결 능력에 초점을 두었다. 이러한 관점이 현재의 영유아 수학교육에 반영되어 발달적 적합성, 추론 능력, 측정, 어림셈, 기하 문제해결, 공간개념, 자료의 수집 및 분석, 분류, 패턴 등이 수학교육의 내용으로 이루어졌다(신현옥 외, 2004).

2) 우리나라 영유아 수학교육의 변천

우리나라 전통사회에서 유아용 교재로 널리 사용된 『소학』에는 수 세기와 날짜 세기 등에 관한 수학교육 내용이 포함되어 있으며, 1911년 조선교육령의 '이수과' 라는 과목에도 산수가 포함되어 있어 수학교육이 이루어져 왔음을 알 수 있다(신현옥 외, 2004).

그후 우리나라의 영유아 수학교육은 유치원 교육과정의 제정 및 개정에 따라 수학교육의 내용에 변화가 있었다. 그 역사적 배경을 유치원 교육과정의 개정과정을 중심으로 살펴보면 다음과 같다.

제1차 유치원 교육과정(1969)

1969년에 최초로 제정된 유치원 교육과정은 건강, 사회, 자연, 언어, 예능의 5개 생활영역으로 구분하여 구성하였다. 이 중 자연영역에서 수량과 조형에 관한 구체적인 교육목표와 교육내용을 포함하고 있다. 수학에 관한 내용은 약간은 언급되어 있었으나 유아기의 수학적 사고 및 개념의 발달에 대한 관심이 부족한 시기였다고 볼 수 있다.

제2차 유치원 교육과정(1979)

제2차 유치원 교육과정은 교육내용을 사회·정서발달, 인지발달, 언어발달, 신체 및 건강발달 등 4개 발달영역으로 구성하였다. 이 중 인지발달 영역에서 논리·수학적 사고, 표상능력 등의 수학교육 내용이 포함되어 있었으나 구체적인 내용이 제시되어 있지 않아 교사들이 현장에 적용하기에 너무 난해하고 추상적인 면이 있었다(이기숙, 1992). 이는 1970년대 우리나라의 교육이론이 피아제, 브루너 등의 인지이론에 영향을 많이 받은 것에 기인한다고 볼 수 있다.

제3차 유치원 교육과정(1981)

제3차 유치원 교육과정은 신체발달, 정서발달, 언어발달, 인지발달, 사회성발달의 5개 영역으로 구성되었다. 수학교육 내용은 인지발달 영역에 나타나 있으며, 수학교육의 방향과 목적을 "다양한 조작적 활동을 통하여 논리·수학적 사고능력을 기른다"로 정의하였다. 1981년에 개정된 제3차 유치원 교육과정에서는 이전의 교육과정보다 유아의 수학적 사고과정을 중심으로 한 수학교육 내용을 다음과 같이 세분화하여 제시하고 있다.

도형에 대해서 알아본다.

- 위치, 도형, 양 등을 알기
- 개수 헤아리기
- 1:1 대응하기
- 수의 이름과 크기 알기
- 사물의 공통점 찾기
- 분류하기
- 순서짓기
- 시간 개념 알기
- 사건의 순서 알기
- 부분과 전체 간의 관계 알기
- 보존성 알기

제4차 유치원 교육과정(1987)

제4차 유치원 교육과정은 제3차 유치원 교육과정과 유사한 신체발달, 언어발달, 인지발달, 정서발달, 사회성발달의 5개 영역으로 구성되어 있다. 수학 관련 교육내용은 '논리·수리적 사고의 기초능력 배양'이었다. 한편 수학교육의 목표를 '다양한 조작적 활동을 통하여 논리적·수학적 사고의 기초능력을 기른다'로 설정하고, 다음과 같이 세부적인 수학교육의 내용을 제시하였다.

준거에 따라 분류할 수 있다.

- 준거에 따라 분류한다.
- 준거에 따라 순서를 짓는다.
- 수 개념을 익힌다.
- 사물을 측정한다.
- 공간관계에 대하여 안다.
- 시간의 관계에 대하여 안다.
- 사건 또는 현상의 원인과 결과를 관계 짓는다.

제5차 유치원 교육과정(1992)

제5차 유치원 교육과정은 이전의 교육과정과 달리 생활주제를 중심으로 건강생활, 사회생활, 표현생활, 언어생활, 탐구생활의 5개 생활영역으로 구성되었다. 제5차 유치원 교육과정에서는 논리·수학적 사고의 기초로서 사물의 측정, 원인과 결과의 추론에 관한 교육내용이 추가되는 등 수학교육에 관한 관심이 높아져 논

유아가 시간에 관한 기초개념을 알아보고 있다.

리·수학적 사고 중심의 교육내용이 구체적으로 명시되었다. 탐구생활영역의 수학교육내용으로 논리·수학적 사고와 탐구능력이 포함되어 있다. 이 영역의 교육내용은 주로 현상과 개념을 이해하기까지의 사고과정 및 탐구활동에 관심을 두고 있다.

탐구생활영역에 포함된 수학교육 관련 세부 내용은 다음과 같다.

- 사물 분류하기
- 사물의 순서 짓기
- 일상생활에서 수 활용하기
- 전체와 부분 경험하기
- 기초적인 측정과 관련된 경험 가지기
- 시간에 관한 기초개념 가지기
- 공간에 관한 기초개념 가지기
- 기본 도형 인식 및 구성하기
- 기초적인 통계에 관련된 경험 가지기

제6차 유치원 교육과정(1998)

제6차 유치원 교육과정에서는 제5차와 마찬가지로 5개의 생활주제로 교육내용이 구성되어 있으며, 탐구생활 영역에 수학교육 내용이 포함되어 있다. 그러나 제6차 교육과정에서는 유아로 하여금 관심과 호기심을 가지고 수학적 탐구과정에 능동적으로 참여시키기 위하여 기존의 '사고' 중심의 내용을 '탐구활동' 중심의 목표와 내용체계로 전환하였다. 또한 유아 수학교육의 최근 동향을 반영하여 패턴과 같은 내용이 강조되어 사물과 사물 간의 관계에 대한 이해를 돕고자 하고 있다.

유아가 그래프를 통해 통계를 경험하고 있다.

제6차 유치원 교육과정은 수학적 탐구영역의 하위 내용을 다음과 같이 제시하고 있다.

- 분류하기와 순서 짓기
- 수의 기초개념 이해하기
- 기초적인 측정과 관련된 경험하기
- 시간에 대한 기초개념 알기
- 공간과 도형의 기초개념 알기
- 기초적인 통계와 관련된 경험하기

2007년 개정 유치원 교육과정(2007)

2007년 개정 유치원 교육과정에서도 제6차 교육과정과 마찬가지로 5개의 생활영역 중 탐구생활영역에 수학교육을 포함시키고 있다(교과부, 2008).

유아가 규칙성을 이해하고 빈칸에 도형을 붙이고 있다.

탐구생활영역은 '자연을 존중하는 마음을 바탕으로 창의적으로 사고하고 탐구하며, 논리적이고 합리적으로 문제를 해결하는 능력과 태도를 기른다'를 목표로 탐구하는 태도 기르기, 과학적 기초능력 기르기, 수학적 기초능력 기르기를 포함하고 있다. 수학적 기초능력 기르기의 하위 내용은 다음과 같다.

- 수 감각 기르기
- 공간 및 도형에 대해 알아보기
- 기초적인 측정해 보기
- 규칙성 이해하기
- 자료 정리 및 결과 나타내기

3~5세 연령별 누리과정(2013)

2012년에 교육과학기술부와 보건복지부가 공동으로 제정·고시한 3~5세 연령별 누리과정에서는 수학영역을 자연탐구영역에 포함시키고 있다(교과부, 2012).

유아가 자를 통해 블록의 길이를 재고 있다.

자연탐구영역은 탐구하는 태도 기르기, 수학적 탐구하기, 과학적 탐구하기 등 3개의 내용범주로 구성되어 있다. 이 중에서 수학적 탐구하기 내용범주는 다음과 같은 하위 내용을 포함하고 있다.

- 수와 연산의 기초개념 형성하기
- 공간과 도형의 기초개념 형성하기
- 기초적인 측정하기
- 규칙성 이해하기
- 기초적인 자료 수집과 결과 나타내기

2019 개정 누리과정(2019)

2019년에 교육부와 보건복지부가 공동으로 제정·고시한 2019 개정 누리과정에서는 수학영역을 자연탐구영역에 포함시키고 있다(교육부, 보건복지부, 2019). 자연탐구영역은 탐구과정 즐기기, 생활 속에서 탐구하기, 자연과 더불어 살기 등 3개의 내용범주로 구성되어 있다. 이 중에서 생활 속에서 탐구하기 내용범주는 다음과 같은 내용을 포함하고 있다.

- 물체의 특성과 변화를 여러 가지 방법으로 탐색한다.
- 물체를 세어 수량을 알아본다.
- 물체의 위치와 방향 모양을 알고 구별한다.

- 일상에서 길이, 무게 등의 속성을 비교한다.
- 주변에서 반복되는 규칙을 찾는다.
- 일상에서 모은 자료를 기준에 따라 분류한다.

모은 자료를 기준에 따라 분류하고 있다.

이상과 같이 우리나라 영유아 수학교육의 변천도 시대의 흐름과 사회적 요구에 따라 수학교육의 목표 및 내용이 달라지고 있다.

4. 영유아 수학교육의 방향

최근에 영유아 수학교육의 질적 향상을 위하여 다양한 논의가 이루어지고 있으나 영유아 수학교육은 수학적 사실과 기술을 습득하기 위하여 기억하고 계산하는 기계적 훈련이 아니라 수학에 대한 지식구조의 구성에 더 많은 관심을 두고 있다(권영례, 2010). 이러한 수학교육의 방향에 따르기 위해서는 다음과 같은 기본방향에 따라 일상생활에서 수학활동이 이루어져야 할 것이다.

영유아 수학교육은 영유아의 수학에 대한 자연스러운 흥미와 일상적인 상황에서 수학을 활용하려는 성향을 증진시켜야 한다

영유아가 교사나 성인의 직접적 교수 없이 일상적 경험을 통하여 수학적 지식을 획득하는 것을 일상적 수학(everyday mathematics) 혹은 발현적 수학(emergent mathematics)이라고 한다(홍혜경, 2010). 이러한 영유아의 일상생활을 통한 수학능력의 증진은 영유아의 문해능력의 출현과 같은 맥락으로 볼 수 있다.

영유아는 주변 세계를 이해하려는 호기심과 흥미를 가지고 태어나기 때문에 이러한 영유아의 호기심이 일상생활에서 영유아의 수학적 지식구성에 기여할 수 있도록 해야 한다. 영유아는 태어나면서 주변의 상황을 탐색하며 크기, 위치, 형태, 수량 등을 지각하게 되고, 이를 비교하고 관련성을 찾으면서 자발적인 활동을 한다. 이처럼 영유아는 일상생활의 다양한 상황에서 수학적 관계를 탐색하여 나름대로 비형식적 수학지식을 형성하게 되므로(홍혜경, 2010) 일상적인 생활에서 자연스럽게 수학을 활용할 수 있도록 영유아의 수학적 흥미를 자극해야 할 것이다.

영유아를 위한 교육과정은 영유아의 흥미 수준에 맞추어야 한다

영유아가 사전에 가지고 있는 생각이나 지식이 학습상황에 제기되었을 때 교사는 영유아의 생각이나 지식을 확장시키는 방향으로 이끌어야 한다(권영례, 2010). 즉, 교사는 수학적 개념이나 수학적 사고와 관련하여 영유아가 사전에 어떠한 경험과 과정에 있었는지를 판단하여 그에 따라 수학활동의 방향과 과정을 제시하여야 한다는 것이다.

영유아 수학교육에서도 수학내용뿐만 아니라 수학적 과정도 함께 강조되어야 한다

수학적 과정은 영유아기부터 고등수학교육에까지도 포함되어 있어야 한다. 즉 수학적 이해를 어떻게 적용하고 활용할 수 있는가에 대한 수학적 사고과정이 영유아 수학교육에 포함되어야 한다. 그러므로 수와 연산, 공간과 도형, 규칙성, 자료정리 및 결과 등의 교육내용이 수학적 과정에 포함되어 다루어져야 한다는 것이다(홍혜경, 2010).

이전의 내용 중심의 수학교육에 수학내용을 적용하고 활용할 수 있는 수학적 과정을 포함하여 수학 교육이 균형있게 이루어지도록 해야 할 것이다.

영유아 수학교육에서 교구 및 자료를 활용하여 효율적인 수학활동이 되도록 해야 한다

수학적 개념이나 지식은 구체적인 사물을 조작함으로써 쉽게 이해된다. 구체적 사물의 조작을 통해 이해된 개념이나 지식은 점차 상징적 표현과 관련성을 지어보는 반복적 경험을 통하여 구체화되므로(권영례, 2010), 영유아의 수학교육에서는 교구 및 자료를 활용한 수학활동이 요구된다.

영유아 수학교육은 영유아 주도의 놀이나 활동과 함께 교사에 의해 의도적으로 지원되는 학습경험이 병행되어야 한다

영유아의 흥미에 따라 선택한 놀이를 하더라도 교사는 자신이 의도하는 목적을 염두에 두고 영유아가 수학적 사고를 하도록 비계를 설정하는 역할을 하고, 도전적 질문이나 피드백을 제공하는 의도적인 교수가 포함되어야 한다(Epstein, 2007; Golbeck, 2001). 영유아기는 여러 발달 측면에서 중요한 시기이므로 영유아의 자발적인 경험과 탐색뿐만 아니라 교사에 의해 의도되고 지원되는 의도적인 수학적 탐색활동이 균형 있게 이루어지도록 해야 한다(홍혜경, 2010).

교사의 의해 의도적으로
지원되는 학습경험 모습

영유아 수학교육은 난이 정도, 요구되는 인지능력의 복잡성 정도, 기존 지식의 응용 정도에 따라 체계적으로 계획되고 제시되어야 한다

영유아 수학교육 활동은 쉬운 것에서 점차 어려운 것으로, 단순한 것에서 점차 복잡한 활동으로, 단순히 학습하는 것을 다른 활동에 적용하는 활동 등으로 전개하여 수학활동을 체계적으로 제시해야 한다. 이러한 체계적 제시는 각 영유아의 흥미, 발달 수준, 경험 정도에 따라 수학활동의 내용과 수준을 결정해야 한다(권영례, 2010).

한편 미국 수학교사협의회(NCTM, 2003)에서는 변화하는 시대적 요구에 부응하는 수학교육이 되기 위한 방향으로 생활을 위한 수학, 문화유산의 일부로서의 수학, 직업현장을 위한 수학, 과학적·기술공학적 직업을 위한 수학 등으로 구분하여 제시하고 있다.

부분과 전체에 관한 수학활동을 하고 있다.

수학의 기초개념인 수 세기 활동을 하고 있다.

5. 영유아 수학교육의 최근 동향

영유아 수학교육은 20세기 중반까지도 부모나 교사의 주요 관심사가 되지 못하였다. 전통적으로 영유아교육에서 체계적이고 형식적인 수학활동에 대한 관심이 부족하였으며, 영유아의 자발적 선택에 의한 놀이와 일상생활에서의 경험을 통한 수학교육을 지지하였다(홍혜경, 2014). 그러나 최근 고도의 지식 정보화 사회로 진입하면서 수학적 소양에 대한 사회적 요구가 증가하고 있다. 이에 따라 영유아 수학교육에 대한 인식 또한 증가하고 있는 최근의 동향을 살펴보면 다음과 같다.

1) 일상생활을 통한 비형식적 수학교육

계획되고 의도된 수학적 경험뿐만 아니라 자연적 놀이상황이나 일과 활동에서 자연발생적인 수학적 경험이 중요시되고 있다. 이는 영유아의 일상생활 맥락 안에서 수학학습 환경을 조성하여 수학적 경험을 하게 함으로써 영유아와 친근한 환경과 상황을 수학적 사고와 연결해 주고자 하는 것이다. 예를 들어, "오늘 우리가 만든 허수아비가 모두 몇 개이지?", "치즈를 어떤 모양으로 자를 수 있을까?", "어느 바구니의 구슬이 더 많지?", "어느 계단이 더 높지?" 등과 같이 수학적 용어를 사용하여 수학적 개념과 수학적 사고를 연결시키는 것이다(한유미, 2011).

이와 같이 일상생활을 통한 비형식적 영유아 수학교육에서는 수학적 개념이 자연스럽게 발달할 수 있을 뿐만 아니라 의미 있는 맥락에서 수학적 경험과 수학적 개념의 적용 능력이 길러질 수 있기 때문에 일상생활에서의 수학학습 환경을 강조하고 있다(신현옥 외, 2004).

2) 교사와 부모의 역할

최근 영유아발달 관련 연구에 의하면, 영유아는 수학적 민감성을 가지고 태어나 영유아들 스스로 수학적 개념 획득을 위한 활동에 능동적으로 참여하며, 수학적 관계를 탐색하고 수학적 지식을 보이는 것으로 알려져 있다(Mix, Huttenlocher, & Levine, 2002). 또한 수학능력이 언어능력보다 이후의 학업성취도를 더 잘 예측할 수 있는 변인으로 밝혀져(Dunn et al., 2007; 홍혜경, 2010 재인용), 영유아기가 수학능력 발달의 결정적 시기로 받아들여지면서 수학교육에 대한 관심이 높아졌다.

이에 따라 영유아기의 수학교육을 더 이상 영유아의 자발적 선택놀이 활동에만 맡겨두기보다는 교사나 부모와의 상호작용을 통하여 수학적 정보를 배우며 문제를 해결할 수 있도록 격려해야 한다. 특히 인지적인 측면에서 교사가 영유아의 수학활동에 신념을 가지고 지도한 결과, 영유아의 수학적 사고능력이 향상되었다는 연구결과(Franke & Kazemi, 2001)로 인해 영유아 수학교육에서 성인의 역할이 강조되고 있다(신현옥 외, 2004).

교구를 가지고 엄마와 함께 수학활동을 하고 있다.

특히 「2019 개정 누리과정」이 놀이중심, 유아중심의 유아자유놀이를 권장함에 따라 교사는 유아가 놀이에 자유롭게 참여하고 즐기도록 지원하고 유아가 놀이를 통해 수학적 개념을 배우는 것을 강조하고 있다.

3) 구성주의 이론에 바탕을 둔 통합교육

최근 영유아 수학교육은 구성주의의 영향으로 교사의 설명, 암기, 연습 등 교사주도적인 전통적 수학활동에서 벗어나 영유아 스스로의 탐색과 구체적 조작활동을 통해 이루어지는 경향이 크다. 즉 영유아 자신의 일상 경험을 연결한 통합적인 차원에서 창의적인 문제해결 방법을 찾고, 새로운 수학적 개념과 지식을 획득하는 능력을 키워주는 방향으로 이루어지고 있다.

영유아를 전인적인 존재로 보는 관점에서 수학을 언어, 문학, 미술, 음악 등과 통합하는 생활주제 중심으로 접근하여 영유아의 능동적인 참여를 유도한다. 예를 들면, 프로젝트 접근법, 레지오 에밀리아 접근법, 문학적 접근법을 도입하여 영유아의 일상 경험을 연결한 통합적인 차원에서의 탐구활동 중심으로 수학교육을 실행하고 있다.

주요 용어

수학교육

수, 양, 공간, 도형 등에서의 관계를 인지하고 추론하며, 일상생활에서 발생하는 문제를 수학 과정을 통해 해결할 수 있도록 도와주는 교육

새수학운동(New Math Movement)

유아를 능동적인 학습자로 보아 수학교육에서 유아의 역할이나 지식의 습득과정에 대한 인식이 강조되는 수학교육의 새 경향

기초로 돌아가기 운동(Back to Basics Movement)

읽기, 쓰기, 셈하기 등의 기초기술에 집중해야 함을 강조하며, 수학문제를 공식을 외워 풀거나 종이와 연필의 사용을 강조하는 1950년대 이전의 수학교육 방법으로 돌아가게 한 교육의 한 경향

정리하기

1 영유아 수학교육은 영유아의 발달 수준을 고려하여 수학의 기초원리와 개념을 학습하도록 돕고, 수학적 기능을 통해 문제를 해결하도록 배려하고 권장하는 환경을 구성하는 일이다. 다시 말해서, 영유아 수학교육은 수학적 사실과 기술을 습득하기 위하여 기억하고 계산하는 훈련이 아니라 수에 대한 지적 구조의 구성에 목적을 두어야 한다.

2 영유아 수학교육의 중요성은 다음과 같다.
- 영유아기의 수학적 경험은 인지발달의 원동력이 된다.
- 영유아기의 수학적 경험은 합리적인 생활 자세를 길러 준다.
- 영유아기는 수학에 대한 흥미를 형성하기 좋은 시기이다.

3 영유아 수학교육의 역사적 변화는 다음과 같은 과정을 거쳤다.
- 고대 수학교육은 집단생활을 위한 수단으로 시작되었으나 영유아를 위한 수학교육은 교육자들의 주요 관심사가 되지는 못하였다.
- 20세기 초에는 수학교육의 교수방법적 측면의 변화를 촉구하는 개선운동이 일어났으며, 손다이크, 몬테소리, 듀이 등의 이론이 많은 영향을 주었다.
- 제2차 세계대전 직후부터 학교교육 과정에서 수학 및 과학교육에 대한 관심이 높아지기 시작하였다. 이는 핵에너지, 로켓공학, 컴퓨터 등의 공학기술의 발전이 가속화되는 시점에서 1957년 소련이 인공위성 스푸트니크(Sputnik) 호를 발사하여 수학 및 과학 과목에 대한 필요성과 중요성이 대두되었다.

4 최근의 영유아 수학교육은 수학적 사실과 기술을 습득하기 위하여 기억하고 계산하는 기계적 훈련이 아니라 수학에 대한 지식구조의 구성에 목적을 두고 발전하는 추세이다.

5 최근 고도의 지식 정보화 사회로 진입하면서 수학적 소양에 대한 사회적 요구가 증가하고, 영유아 수학교육에 대한 인식 또한 증가하고 있는 추세이다.

참고문헌

교육과학기술부(2008). 유치원 교육과정 해설. 서울: 교육과학기술부.

교육부(2012). 3~5세 연령별 누리과정. 서울: 교육부.

교육부, 보건복지부(2019). 2019 개정 누리과정 해설서. 세종시: 교육부.

김경미(2011). 유아, 교사 그리고 교수가 행복한 유아수학교육. 서울: 창지사.

김응태, 박한식, 우정호(2000). 수학 교육학개론. 서울: 서울대학교 출판부.

문연심(2010). 통합적 접근에 기초한 영유아 수학교육. 경기: 양서원.

박을용 외(1983). 콘사이스 수학사전. 서울: 창원사.

이기숙(2013). 유아교육과정. 서울: 교문사.

한대희(2000). 수학교육사상사 개관. 교육과학연구 31(3): 231-244.

한유미(2011). 유아수학교육. 서울: 창지사.

신현옥, 김동춘, 이수경, 김영숙, 류칠선(2004). 유아를 위한 수학교육. 서울: 교문사.

홍혜경(2004). 유아-초등 저학년의 연계적 수학교육과정을 위한 기초연구. 유아교육연구 24(2): 289-310.

홍혜경(2010). 영유아를 위한 수학교육. 경기: 공동체.

홍혜경(2014a). 영유아를 위한 수학교육. 경기: 공동체

홍혜경(2014b). 유아교육기관 일과를 통한 수학교육. 한국유아교육학회(편), 2014년 워크숍 자료집, 융합인재 양성을 위한 유아 수학교육 방향과 실제: 스토리텔링, 유아기관 일과, 게임(pp. 75-91). 서울: 한국유아교육학회.

권영례(2010). 유아수학교육. 경기: 양서원.

Duncan, C. M., Dowsett, C. J., Claessens, A., Magnuson, K., Huston, A. C., Klebanov, P., Pagani, L., Feinstein, L., Engel, M., Brooks-Gunn, J., Sexton, H., Duckworth, K., & Japel, C.(2007). School readiness and later achievement. *Developmental Psychology*, 43(6), 428-446.

Epstein, A. S. (2007). *The intentional teacher*. Washington DC: NAEYC.

Mix, K., Huttenlocher, J., & Levin, S. C. (2002). *Quantitative development in infancy and early childhood*. NY: Oxford University Press.

NCTM(2003). *Principles standards for school mathematics*. Reston, VA: Author.

UNESCO (2012). *Challenge in basic mathematics education*. Paris: the United Nations Educational Scientic and Cultural Organization.

CHAPTER 02

영유아 수학교육의 이론적 배경

영유아 수학교육을 위한 이론적 토대는 일반적으로 영유아발달 중 특히 인지발달 과정과 특징을 설명하는 영유아발달 이론에 기초하였다고 볼 수 있다. 또한 영유아의 수학적 사고와 능력에 관련한 연구도 영유아의 지식획득 과정에 대한 본질적인 이해와 수학교육을 위한 이론적 근거를 제공하고 있다.

따라서 이 장에서는 영유아의 수학적 사고와 능력에 관한 다양한 인지이론을 토대로 수학교육의 통합적 접근에 대한 이론적 기초와 영유아 수학교육이 시사하는 바를 알아보고자 한다. 왜냐하면 효과적인 수학교육을 위해서는 '영유아는 어떻게 수학개념을 발달시키는가?', '어떤 수학내용을 학습할 필요가 있는가?' 등에 대한 발달심리학적·지식구성주의적 근거에 대한 이해를 바탕으로 교육과정에 적합한 교육내용, 교수자료, 교수방법을 결정할 수 있기 때문이다. 이들 이론들의 관점과 설명하는 영역은 각기 다르지만 이러한 이론적 근거를 가지고 교육의 실제에 임할 경우, 영유아 수학교육의 방향을 제시해줄 수 있으며, 교육적 효과 적용에 중요한 이론적 토대를 제공할 수 있다.

한 이론의 관점을 중심으로 수학교육 활동을 실행하기보다는 다양한 이론을 근거로 교육내용을 선택하여 영유아 수학활동 실행에 적용하는 것이 더 융통성 있는 태도일 것이다. 이러한 측면에서 행동주의 이론, 인지주의 이론에 입각한 피아제의 인지적 구성주의 이론, 비고츠키의 사회적 구성주의 이론 그리고 다양한 인지능력을 허용하는 다중지능 이론 등을 살펴볼 것이다.

1. 행동주의 이론

1) 이론적 입장

왓슨(1787~1958)

행동주의 이론은 1913년 왓슨(Watson)이 주장한 이후 1924년 손다이크(Thorndike)의 연합 이론으로 대표될 수 있으며 미국 심리학의 중요한 조류가 되어 오늘에 이르고 있다(신현옥 외, 2004). 행동주의는 학습자의 인지과정을 관찰할 수 없기 때문에 눈에 보이는 학습내용, 학습자의 외연적 행동, 자극과 반응의 연합을 분석하는 과정을 통하여 학습과 발달을 설명한다. 따라서 행동주의 이론에서는 영유아를 수동적 학습자로 보고, 암기, 연습, 반복과 강화를 통한 수학적 지식의 획득을 강조한다.

행동주의 이론에서는 인간을 수동적 존재로 보고 수학적 능력에 차이가 없는 백지와 같은 상태로 태어나지만 출생 후 외부 자극에 대한 반응을 통해 점차 학습해 간다고 간주한다. 즉 외부로부터 주어진 자극과 이에 따른 보상과 강화의 정도와 종류에 따라 수학적 성취에 차이를 보이는 것이다. 따라서 영유아에게 수학적 사실과 기술을 명확하게 제시하고 충분한 연습을 하게 한다면 대부분의 영유아가 효과적으로 수학적 과제를 수행할 수 있다고 본다. 이 과정에서 학습자인 영유아는 단순히 수동적이고 수용적이므로 영유아의 기억이 학습에서 매우 중요하다.

또한 행동주의 이론에서는 수학교육의 목적을 수학적 사실이나 기술의 습득에 두고 있으며, 기존의 수학적 사실을 습득하기 위해서는 이들의 수학내용과 기술을 체계적으로 분석하고 이를 단순한 것에서 복잡한 것으로, 쉬운 것에서 어려운 것으로, 위계적이고 체계적인 순서로 제공해야 한다고 본다.

이러한 행동주의 이론은 영유아를 외부적 자극에 반응하는 수동적 존재로 인식하므로 수학적 지식의 구성과정이나 문제해결 과정을 밝히지 못한다는 점이 약점으로 지적되고 있다. 이외에도 행동주의는 관찰 가능하고 눈에 보이는 행동만을 다루기 때문에 영유아 수학교육의 모든 학습내용에 적용하는 데에도 한계점을 가진다(신현옥 외, 2004).

행동주의 이론에서는 수학적 관계의 이해가 교사의 설명을 통한 것이 아닌 영유아 자신의 조작적 탐색에 의해 터득되어야 하며, 수학적 개념 이해가 우선되어야 한다는 입장이 강조되고 있다. 따라서 수학적 개념이 이해되었더라도 수학적 절차에 대한 반복연습 없이는 효율적으로 문제를 해결하기 어려운 점이 있다. 이러한 관점에서 볼 때 행동주의 이론이 영유아 수학교육의 교수·학습방법에 부분적으로 적용될 가치가 있다고 볼 수 있다(홍혜경, 2010). 따라서 행동주의는 특정한 수학적 기술과 수학지식의 기초습득에는 효과적일 수 있으며, 수준별 내용을 적절하게 선택하여 영유아의 반응에 보상과 강화를 제공하면서 실행하면 수학적 성취를 이룰 수 있다고 하였다.

2) 영유아 수학교육에의 적용

행동주의적 접근에서 본 영유아 수학교육은 수학적 지식과 기술을 반복적으로 연습하여 특정 자극에 특정 반응을 일으키는 것이다. 이러한 관점에서 볼 때, 효율적인 수학교육은 영유아로 하여금 수학적 지식을 학습하게 하고 올바른 수학적 성취에 대해서는 보상과 강화를 제공하는 것이다. 영유아의 수학적 학습성취는 영유아가 수학적 용어나 어휘에 대해 충분히 이해하여 지식을 구성하지 못한다고 하더라도 연습이나 반복을 통해서 저절로 이루어진다는 것이다(이경우 외, 2004). 영유아 수학교육에서 수학적 지식의 암기가 강조된 이유는, 영유아는 논리적 사고력이 부족하여 자연현상을 이해할 수 없다는 가정과 인지과정에 대한 무관심에서 나온 것이다(Howe, 1993).

행동주의 이론을 영유아 수학교육에서의 학습목표 수립과 수학적 문제해결 과정에 다음과 같이 적용할 수 있다(강문희 외, 2004; 신현옥 외, 2004).

첫째, 수학학습의 동기유발을 위해 강화를 활용할 수 있다. 행동주의에서는 교수·학습과정에서 영유아의 행동수정을 위하여 강화를 통한 직접적 교수방법을 강조하고 있다. 강화의 종류에는 칭찬, 격려, 스티커, 사탕, 사회적 인정 등이 포함된다. 즉, 수학적 문제를 해결했을 때에는 칭찬을 통해 바람직한 행동과 노력을 강화할 수 있도록 한다.

둘째, 영유아를 위한 수학교육의 학습목표를 계획하고 적용할 때 위계화하고 서열화시킬 수 있다. 이는 영유아의 수준에 따라 교사가 학습목표를 계획하고 학습내용을 세분화할 수 있으며, 영유아의 행동 변화를 위하여 학습목표를 세밀하게 구분하고 연계시켜 사용할 수 있다는 것이다. 그러므로 낮은 수준의 과제와 높은 수준의 과제를 구분하여 위계화된 수학학습 내용으로 개인별 수학학습 능력에 따른 지도를 할 수 있다.

셋째, 영유아의 수학학습 능력을 증진시키기 위하여 연습의 원리를 적용할 수 있다. 행동주의 관점에서 교수·학습은 교사 중심으로 이루어지므로 교사가 영유아의 연습과 훈련을 강화하고 보상하여 수학적 성취를 이룰 수 있다.

최근 행동주의 이론은 영유아의 발달이나 학습을 설명하는 이론 중에 관심을 가장 적게 받는 이론이라고 할 수 있으나, 현실적으로 수학교육의 교수·학습방법에 지대한 영향을 주고 있다(홍혜경, 2014). 이는 상업적 사교육의 학습지 또는 교재로써 영유아 교육현장에서 여전히 보편적으로 많이 적용되고 있음에서 알 수 있다. 또한 교사의 직접적 언어 설명, 반복적 연습, 상이나 벌을 활용한 강화 등을 통하여 학습의 동기와 성취를 향상시키고 있다. 따라서 행동주의 이론을 수학교육에 적용하면 학습내용, 학습 순서, 교수·학습방법까지 상세하게 제시할 수 있다.

3) 영유아 수학교육에의 시사점

행동주의 이론은 교수·학습에서 외부 환경인 교사의 직접 설명과 영유아의 반복연습에 초점을 두고 강조하고 있다. 이를 위하여 행동주의에 의한 영유아 수학교육은 먼저 학습목표를 구체적이며 체계적으로 계획해야 함을 시사한다.

즉, 수학적 지식 수준의 위계성을 고려하여 학습목표를 제공하는 것이 중요한데, 행동주의 관점에서 교사의 역할은 계획된 수학교육 내용을 활용하여 낮은 단계에서 높은 단계로 일정하게 진행되므로 위계적 교수방법을 사용해야 함을 시사하기 때문이다. 이는 영유아가 이해할 수 있는 교수방법으로 이해할 수 있는 만큼의 내용을 제시하여 직접적으로 가르쳐야 함을 의미한다.

이러한 과정에서 교사는 영유아의 반응에 따라 적절한 보상과 강화를 제공하여 학습효과를 극대화해야 함을 시사하고 있다. 이때 교사는 영유아의 바람직한 수학적 학습성취에 즉각적으로 반응하여 그 반응을 강화시키고, 그렇지 않은 경우에는 즉각적으로 피드백을 주어 연습과 반복의 기회를 제공해야 한다.

유아는 선생님과 함께 학습지를 통해 수학을 배우고 있다.

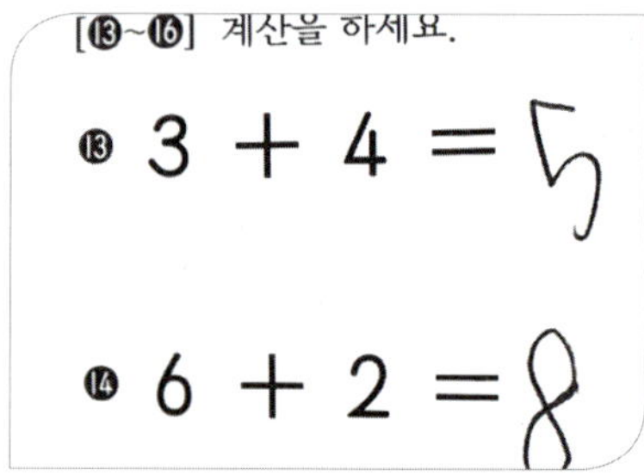

학습지에 수학 관련 문항이 제시되어 있다.

2. 구성주의 이론

구성주의(constructivism)란 지식이 어떻게 형성되며, 발달과 학습은 어떻게 이루어지는가를 설명하는 이론이다. 구성주의적 측면에서 지식의 형성은 영유아가 자신의 사고와 개념발달에 능동적으로 참여하여 스스로 지식을 구성한다는 입장을 갖는다(Gallenstein, 2009). 지식의 획득에서 외부의 객관적 지식의 실체를 수동적으로 수용하는 것으로 보는 행동주의 이론과는 달리 구성주의는 개별적 주체의 경험에 따라 주관적으로 개념화되고 다양한 경험을 통해 재구성된다고 본다.

구성주의는 인지심리학자들 중 특히 피아제(Piaget)와 비고츠키(Vygotsky)의 이론에 바탕을 두는 인식론적 입장으로, 최근 수십 년 동안 피아제와 비고츠키의 인지이론을 중심으로 발달심리학과 구성주의가 발전되었다. 이는 피아제와 비고츠키의 인지 이론이 인간을 둘러싼 다양한 환경 속에서 학습과정과 사고과정에 대한 더욱 정확한 설명과 관점을 제공했기 때문이다(권영례, 2010).

구성주의는 영유아가 환경과의 상호작용을 통한 자신의 경험으로부터 의미 있는 지식을 능동적으로 구성한다는 것을 의미한다. 구성주의는 영유아의 탐색활동이나 사고활동의 의미가 무엇인지에 관심을 가지며, 특히 환경과의 상호작용을 통해 영유아가 발달하는 과정을 설명하고자 한다. 그러므로 구성주의자들은 발달이 전개되는 활동적인 과정을 이해하고자 하는 데 초점을 맞추며(Forman, 2003), 이에 따라 구성주의는 지식을 객관적·보편적으로 보는 관점이 아니라 주관적·상대적으로 구성되는 것으로 본다.

구성주의 입장에서 지식의 구성은 학습자인 영유아가 주체가 되어 능동적으로 지식의 구성에 참여하여 환경과의 조작적 경험을 통해 지식을 구성한다고 본다. 이러한 구성주의는 인지적 구성주의와 사회적 구성주의로 구분할 수 있다. 개인의 인지발달에 영향을 미치는 요인을 개인 내적인 관점에 초점을 두고 있는 이론이 인지적 구성주의인 반면, 사회·문화적 요인을 고려한 사회적 상호작용에 초점을 두고 있는 것이 사회적 구성주의이다.

1) 피아제의 인지적 구성주의

(1) 이론적 입장

인지적 구성주의의 이론적 입장과 기본개념을 피아제의 이론을 중심으로 인지발달 과정, 인지발달 단계, 지식의 종류로 구분하여 살펴보겠다.

인지발달 과정

피아제(1896~1980)

인지적 구성주의의 관점은 피아제의 이론에 기초를 두고 있으며, 생물학적 배경을 가진 피아제는 생물체가 환경에 순응하기 위하여 자신의 신체구조를 바꾸듯 인간도 환경과의 적극적인 상호작용을 통해 끊임없이 자신의 인지구조(cognitive structure 혹은 schema)를 재구성한다고 설명하고 있다.

피아제의 수많은 실험적 연구와 저술활동을 통한 생각과 이론, 실험결과들은 수학학습의 과정을 이해할 수 있는 기초를 제공하였다. 피아제의 이론은 수학교육에서 영유아들에게 '무엇을, 어떻게 가르쳐야 하는가'라는 측면에서 교육내용과 교육방법에 대한 해답을 제공하기보다는 영유아가 스스로 지식을 어떻게 구성하며 획득하는가에 대해 설명한 이론이다(권영례, 2010).

피아제는 인간은 환경에 적응하기 위해서 인지구조를 가지고 태어난다고 보았다. 또한 인간의 인지활동은 주위 환경과 인지구조 간의 상호작용이라고 보았다(Wadsworth, 1979). 주위 환경이라 함은 인간이 이해하고자 하는 모든 외적 자극, 즉 학습내용 및 환경 등을 의미한다. 인지구조는 사물이나 사건을 이해하는 틀이라고 할 수 있는데, 피아제 이론의 핵심인 인지구조와 주위 환경과의 상호작용이라는 인지기능을 이해해야 한다. 발달적 의미에서 상호작용은 영유아가 능동적으로 새로운 구조를 구성하고 새로운 지식을 획득하는 기제이다. 이를 설명하기 위해 피아제는 '동화'와 '조절'이라는 상호 보완적인 기능을 제시하고 있다.

동화(assimilation)란 기존의 인지구조를 변화시키지 않고 새로운 사물이나 사건을 해석할 수 있어 현재의 인지구조에 맞추어 받아들이는 과정이다. 예를 들면, 수세기를 배울 때 하나에서 열까지 셀 수 있는 유아에게 '열하나'를 제시하여 '열아홉'까지 쉽게 셀 수 있다면 동화로 볼 수 있는 것이다.

반면에 조절(accomodation)은 자신이 기존에 가지고 있는 인지구조가 새로운 대상을 이해하는 데 적합하지 않을 때 기존의 인지구조를 새로운 대상에 맞게 바꿔가는 인지적 과정을 의미한다. 예를 들면, 유아가 '열아홉' 다음에 나오는 '스물'이라는 도식을 갖고 있지 않을 경우 새로운 십 단위인 '스물'이라는 새로운 도식을 알아야 하며, 이 과정에 조절이 일어난다. 이러한 조절과정을 통해 '열'이라는 인지구조가 항상 십 단위가 아님을 인지하게 된다.

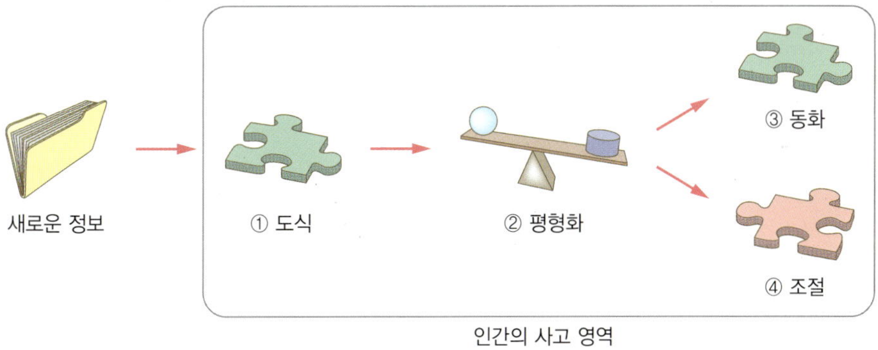

동화와 조절 단계
기존의 도식으로는 새로운 사물을 이해할 수 없을 때 도식의 형태에 질적인 변화가 일어난다.

인지발달 단계

피아제는 인간의 인지를 기억, 문제해결력, 추론, 창의력, 가설 등을 포함하는 정신 기능, 즉 사고로 정의한다(문연심, 2010). 그리고 인지발달은 감각운동기(0~2세), 전조작기(2세~7세), 구체적 조작기(7세~12세), 형식적 조작기(12세 이후)의 네 단계를 거쳐서 점차 적응되며 발달한다고 설명하였다.

피아제는 인지발달 단계가 개인의 지능이나 사회 환경에 따라 각 단계에 도달하는 데에는 개인차 및 연령의 차이는 있으나 발달순서는 결코 바뀌지 않는다고 가정하였다. 이러한 단계는 영유아가 환경과의 상호작용을 통해 탐색하고 조절하는 과정에서 개인적으로 환경에 잘 적응하기 위해 더 새롭고 정교한 구조를 통합하여 각 단계마다 능동적으로 지식을 구성해 나간다.

인지발달 단계별로 사고의 발달적 특성과 이에 적합한 인지활동의 예를 제시하면 다음 〈표 2-1〉과 같다.

표 2-1 피아제의 인지발달 단계별 특성 및 인지활동

인지발달 단계	연령	발달 특성	인지활동
감각운동기	0~2세	• 감각적 정보에 의존 • 반사능력에 의존 • 주위 환경을 수용 • 대상영속성 획득	• 감각적 탐색활동 • 까꿍놀이 • 모방놀이 • 동요, 손유희, 그림명명
전조작기	2~7세	• 상징적 사고 출현 • 자기중심적 사고 • 물활론적 사고 • 보존개념 결여 • 비가역적 사고	• 지각적 판단 오류 경험활동 • 상징놀이, 극화놀이 • 조작 및 구성놀이 • 패턴활동 • 규칙 찾기
구체적 조작기	7~12세	• 분류 및 보존개념 형성 • 탈중심적 사고 • 조망수용능력 형성	• 가역관계의 조작활동 • 시행착오과정 탐색활동 • 규칙이 있는 게임
형식적 조작기	12세~	• 추상적 사고 • 논리적 사고 • 반성적 사고 • 귀납적·연역적 추론	• 분석, 추론활동 • 검증활동 • 표상적 활동

피아제의 인지발달 단계에서 첫 번째 단계인 감각운동기(0~2세)는 언어적 의사소통이 개시되기 이전으로 감각과 운동을 통해 환경을 이해하고 적응하는 시기이다. 이 시기의 가장 중요한 인지발달의 변화는 대상영속성 개념의 획득이다. 이것은 우리 자신을 포함하는 모든 대상이 독립적인 실체로서 존재하여 대상이 한 곳에서 다른 곳으로 옮겨지더라도, 또는 시야에서 그 대상이 사라지더라도 다른 장소에서 계속 존재한다는 사실에 대해 인지할 수 있음을 의미한다. 즉, 영아들이 자라면서 어떠한 물건이 시야에서 가려진다 하더라도 여전히 존재한다는 것을 알게 되며, 그 전에 그 물건을 보았던 장소로 가서 그 물건을 찾는 행동을 하게 된다.

두 번째 단계인 전조작기(2~7세)가 되면 사물이나 행동을 표상하고 상징을 사용하는 능력이 발달하며, 언어의 습득이 급속하게 이루어진다. 이 단계를 전조작기라고 부르는 이유는 정신적 표상에 의한 사고가 가능하긴 하지만 아직 논리적 조작능력이 충분히 발달하지 못하였기 때문이다. 이 단계의 영유아는 표상능력이 발달하여 언어와 내적 인지과정을 통해 주변 환경을 이해할 수 있게 된다. 따라서 이 시기의 영유아는 상징놀이나 극화놀이를 할 수 있어 인형이나 빗자루 등을 실제 사람이나 말처럼 가지고 놀기도 한다. 그러나 이 단계의 영유아는 아직 논리적이고 체계적으로 사고하는 능력은 발달되어 있지 않다.

유아가 인형에게 과자를 주고 있다.

유아는 인형을 아기 유모차에 태우고 엄마놀이를 하고 있다.

유아가 물의 양이 같은지 다른지 생각하고 있다.

세 번째 단계인 구체적 조작기(7~12세)에는 자아중심성이 사라지고 사고를 논리적으로 조작할 수 있게 된다. 이 시기에 체계적이고 논리적 사고가 발달하며, 이들의 논리적이고 조작적인 사고는 구체적 사건이나 사물에 한정되어 있기 때문에 이 시기를 구체적 조작기라고 부른다. 그러나 가상적인 상황을 만들어서 추론할 수 없기 때문에 추상적이고 복잡한 가설의 정신적 사고는 아직 가능하지 않다. 구체적 조작기의 유아는 자기중심적인 사고에서 벗어나 타인의 입장이나 감정 등을 이해할 수 있는 조망수용능력이 발달한다. 이밖에도 이 시기에 획득되는 사고능력으로 서열화, 유목화, 분류능력 등을 들 수 있다. 이러한 사고능력은 동일성과 보상성을 이해할 수 있고, 수와 길이, 양 등의 보존개념, 대상들 간의 관련성을 이해할 수 있기 때문이다.

마지막으로 형식적 조작기(12세 이후)가 되면 논리적 사고가 구체적이고 관찰 가능한 것에 한정되지 않고 추상적 사고를 할 수 있다.

지식의 종류

피아제의 인지적 구성주의 이론은 이 세상에 존재하는 경험의 출처나 지식의 유형에 따라 지식의 구성방법이 다르다고 보면서 지식의 종류를 물리적·논리·수학적·사회적 지식으로 나누어 설명하였다. 이에 대한 구체적 설명은 〈표 2-2〉와 같다.

특히 수학과 관련된 교육내용으로서 물리적·논리-수학적·사회적 지식은 각각 분리되어 형성되는 것이 아니라 상호 연관되어 있다. 예를 들면, '넷'의 개념을 알기 위해서는 넷의 수량을 나타내는 구체물과의 조작적 경험을 통한 물리적 지식이 필요하며, 사회적 지식의 획득처럼 이를 '넷'이란 언어적 명칭으로 불린다는 것을 알아야 한다. 그러므로 유아에게 논리-수학적 지식의 획득을 위해서는 물리적 지식과 사회적 지식의 획득과정을 동반하는 인지적 과정이 함께 요구된다.

표 2-2 지식의 종류

지식의 종류	근원	유형	활동 예시
물리적 지식	• 학습자 외부의 사물과의 구체적 경험 • 물체에 가한 행동과 그 반응 관찰	• 물체의 속성이나 자연현상에 대한 원인과 결과에 관련된 지식 • 물체의 운동이나 변화에 관련된 지식	• 공을 만지고 둥글다고 느끼기 • 짤랑짤랑 소리를 듣기 • 진흙을 만지고 진흙의 성질 알기
논리-수학적 지식	• 유아의 생각 속에서 관계를 지어 구성 • 학습자 내부에 있는 사고과정	• 물체 간의 관련성에 관한 지식 • 반성적 추상의 과정에 관한 지식	• 사과와 배의 특징을 서로 비교하여 차이점과 공통점 인식 • 같은 양의 진흙으로 굵고 짧게 혹은 가늘고 길게 만드는 등 형태의 변화에도 양의 변화가 없음을 이해
사회적 지식	• 사람들 간에 임의로 이루어진 약속 • 다른 사람의 전수	• 물체의 이름 • 규칙, 가치, 도덕 • 언어체계	• 4월 5일은 식목일 • 제사일 • 언어적 명칭

(2) 영유아 수학교육에의 적용

이론적 적용

인지적 구성주의의 이론은 영유아 수학교육의 교육적 적용에 지대한 영향을 끼친 이론이다. 특히 피아제 이론에서 영유아기 발달 단계에 따른 사고의 질적 차이는 영유아의 발달에 적합한 활동을 위한 준거가 되고 있다. 왜냐하면 피아제의 인지발달 이론은 사회·문화적 맥락의 영향을 받지 않는 보편적인 특성을 지니고 발달한다고 보기 때문이다.

이와 같이 피아제는 영유아의 현재 발달 수준이 학습능력을 결정하며, 발달 수준은 내재적인 것으로 학습에 의해 발달이 이루어지지는 않는다고 보았다. 따라서 구체적 사물을 조작하지 못하는 상태에서는 추상화된 활동은 발달적인 측면에서 영유아에게 부적절한 교수·학습방법이라고 보았다. 그러므로 피아제의 인지적 구성주의에 의하면 발달은 생물학적 법칙인 발달 단계에 따라 이루어지는 것이므로 개별 영유아가 가지고 있는 인지발달 능력에 맞추어 수학교육을 해야 함을 의미한다(신현옥 외, 2004). 따라서 영유아에게 주어지는 놀이나 활동과제의 난이도, 친숙 정도, 제시방법, 다루는 범위 등이 영유아의 인지발달 수준에 적합하게 주어져야 한다.

피아제의 이론은 교수·학습방법에도 많은 영향을 미쳤다. 구체적으로 반복연습을 지향하는 학습지나 교사 중심의 학습이 아닌 영유아가 스스로 과제를 선택하고 조작적 경험을 할 수 있도록 하는 데 많은 기여를 하였다. 또한 수학적 지식을 구성함에 있어서도 영유아가 주도적으로 능동적 역할을 해야 한다는 입장이 강조되었다. 따라서 영유아가 스스로 문제해결을 위한 방법을 찾아 시도해 보고 수정하는 과정을 통해 수학적 능력을 획득하도록 격려해야 할 것이다.

수학개념에의 적용

피아제 이론은 영유아 수학교육의 내용구성에도 많은 영향을 미치고 있다. 그의 이론에 의하면 영유아의 수학적 능력의 기초는 수(number)에 대한 이해에서 비롯되므로 영유아의 논리-수학적 지식의 구성을 위하여 분류, 순서 짓기 등에 관한 조작적 경험이 수 학습 이전에 제시되어야 함을 알 수 있다.

피아제에 의하면 영유아의 수 개념은 정신적 발달에서 나타나는 논리성의 구성과 함께 이루어진다. 특히 2~7세의 전조작기 유아는 수에 대한 개념에 앞서 1:1 대응의 원리를 습득해야 하며, 사물을 셀 때 한 번만 세어야 한다는 것을 먼저 제시해야 한다. 그리고 수 조작은 사물을 세거나 분류하고, 사물의 길이나 높이에 따라 서열화하는 등의 조작적인 외적 활동을 통해 발달된다. 그러므로 유아가 수에 대해 사고하고 실제 문제를 해결하기 위해서는 구체적 자료와 직접적 조작을 통해 습득해야 하며, 덧셈, 뺄셈의 논리를 이해하기 위해서는 많은 활동적 경험이 필요하다. 이는 수 관련 개념을 익히기 위해서는 개념적 이해를 하기 이전에 먼저 구체적 조작을 통한 직접적 경험이 중요함을 의미하므로 영유아 수학교육에서 직접적인 활동을 통한 영유아의 수 개념 학습이 지속적으로 강조되는 이유인 것이다.

또한 공간-시간적 지식의 구성은 공간적 위상학과 시간에 대한 조작적 경험을 통하여 이루어지므로 공간, 시간 등의 수학내용이 포함되어야 함을 의미한다. 피아제는 공간개념의 발달을 3단계로 나누어 설명하였다. 3세 무렵인 1단계의 유아는 주변의 사물을 위상학으로 인식하므로 사물을 만지거나 우연한 발견으로 탐색하면서 형태를 점점 인식해 나간다. 4~5세 무렵의 2단계 유아는 초반에는 정사각형과 원을 구분 못하다가 후반부로 갈수록 마름모와 사다리꼴의 차이를 알 수 있게 된다. 6~7세 무렵의 3단계에 이르러서는 복잡한 형태의 상징기호를 구별하기 시작하고, 도형을 그대로 따라 그리는 모방도 가능해진다(신현옥 외, 2004).

피아제는 영유아의 시간개념도 3단계를 거쳐 발달한다고 하였다. 시간개념 발달의 1단계는 경험을 통하여 시간의 흐름을 인식하며, 그 경험에 따라 전후 계열성을 기대하는 것을 배우게 된다. 즉, 감각운동기에 속한 시기이기 때문에 배고픔 등의 감각적 인식을 통해 수유시간을 기대하고 엄마가 옆에 왔다는 사실만으로 수유가 이루어질 것이라 예상하고 울음을 그치게 되는 것이다. 2단계에서는 자신의 일상생활에서 시간의 순차적 흐름을 경험하고 시간적인 관계를 인식하게 된다. 그러나 2단계에서는 연속이나 기간의 개념을 통합하기 어려우므로 키가 더 큰 형과 자신 중 누가 먼저 태어났는지는 알지 못한다. 그러나 3단계에 들어서면서 조작적인 수준에서 연속과 기간의 개념을 통합할 수 있게 되면서 나이와 기간의 개념을 통합하면서 신체와 나이의 관련성을 알게 된다(신현옥 외, 2004). 이와 같이 전조작기 영유아들의 시간개념은 발달 수준과 관련이 있어 영유아의 일상생활에서 자신의 변화와 관련지어 시간의 경과를 경험하도록 하는 것이 효과적이라고 할 수 있다.

이와 같은 피아제의 인지적 발달이론에 따라 국가 수준의 교육과정인 2019 개정 누리과정 및 제4차 표준보육과정의 수학내용에도 분류, 순서짓기, 시간, 도형 등의 내용들이 생활 속에서 탐구하기 내용에 포함되어 있어 피아제의 이론이 실제에 적용되고 있음을 알 수 있다.

(3) 영유아 수학교육에의 시사점

피아제의 인지적 구성주의 이론이 영유아 수학교육에 시사하는 바를 인지발달 단계에 적합한 수학교육, 구체적 경험을 통한 조작활동, 그리고 교사의 역할로 나누어 살펴보면 다음과 같다.

인지발달 단계에 적합한 수학교육

피아제는 인지발달 단계에 따른 학습을 중요시 하고 있다. 그는 교육이 발달을 촉진할 수 없다고 보았다. 피아제의 인지적 구성주의 이론은 수학교육에서 영유아가 학습할 수 있고 학습해야 하는 교육내용을 결정할 때에는 영유아의 인지발달 수준이 일차적 기준으로 작용하며, 영유아의 사전 경험이나 학습 상황, 심지어는 영유아의 흥미도 발달 수준보다 우선시 될 수 없다. 따라서 덧셈이나 뺄셈 등의 논리적 조작을 요구하는 수학은 영유아기에 도입해서는 안 되며, 구체적 조작기까지 기다려야 함을 시사한다. 이러한 입장에 근거하여 우리나라 유치원 교육과정인 3~5세 누리과정에서도 분류하기, 순서짓기, 측정하기 등을 수학교육 내용으로 선정하였다(한유미, 2011).

또한 피아제의 인지적 구성주의 입장은 숫자를 포함하는 관습적인 표기를 강조하는 전통적인 수학교육에 대해 비판적인 입장이다. 수(number) 자체는 임의적이거나 관습적인 지식은 아니지만 1, 2, 3 등의 수를 나타내는 숫자의 형태는 임의적이고 관습적인 사회적 지식이므로 나이 어린 유아는 이를 이해하기 어렵다는 것이다. 이는 수를 나타내는 기호나 상징은 영유아의 논리적 인지구조가 발달된 이후에 제시해야 함을 시사하면서 발달에 적합한 수학교육의 근거를 제공하고 있다(이지현, 1999).

피아제 이론에 대한 연구가 활발해지면서 점차 그의 이론의 문제점과 한계점이 함께 나타나면서 그의 이론에 대한 수정을 제시하고 좀 더 설득력 있는 이론을 모색하는 신 피아제(Post-Piagetian)학파가 나타나게 되었다. 신 피아제학파에서는 피아제가 영유아에 대해 생각한 것보다 더 발달 수준이 높은 존재로 보고 있다. 이들은 피아제와 달리 인지발달의 요인에 선천적 요소뿐만 아니라 사회적 맥락도 포함시키고 있다. 따라서 신 피아제학파는 지식의 구성과정은 선천적 구조인 내면적인 요인과 함께 교사, 또래, 부모와 같은 외연적인 사회적 맥락의 영향을 받으며 형성된다고 보았다. 그러므로 같은 연령의 영유아라도 지식의 구조는 조금씩 질적으로 다를 수 있다는 주장이다(안경숙, 김소향, 2007). 예를 들면, 기관에서나 가정에서 취학 전 교육적 개입이 많았던 영유아는 피아제가 제시한 발달 단계보다 더 높은 수준의 과제수행 능력을 보인다는 점 등을 근거로 하고 있다. 그럼에도 불구하고 피아제의 인지적 구성주의 이론은 오늘날 유아 수학교육의 근간을 제공하고 있다(Smith, 1997).

구체적 경험을 통한 조작활동

피아제는 지식의 유형을 분류하면서 지식의 종류에 따라 학습방법이 달라져야 한다고 하였다. 그에 의하면 수학적 지식은 영유아 스스로 구성해야 하는 논리-수학적 지식에 해당한다. 이러한 지식의 특성상 교사가 수학적 사실을 설명이나 시연을 통해 전달하는 것은 적절하지 않으며, 교사는 영유아가 스스로 구체물과 함께 하는 조작적 경험을 통해 수학적 능력을 획득할 수 있도록 도와야 한다.

피아제의 인지발달 이론은 놀이나 활동을 중심으로 학습을 제공하는 유아교육의 전통적 입장을 따르고 있지만 단지 영유아의 흥미에 의한 놀이나 게임이 아닌 구체물의 조작적 경험 혹은 영유아가 주도적으로 참여하는 놀이나 게임을 요구한다.

교구를 이용하여 직접 옮겨보고 수를 세어 본다.

교사의 역할

피아제의 관점에서 본 중요한 교사의 역할은 영유아 스스로 사물과의 상호작용을 발견하여 수학적 관계를 재발견할 수 있도록 환경을 제공하는 것이다. 이에 영유아의 수학 관련 문제해결력을 향상시키기 위한 교사의 역할을 피아제의 관점에서 살펴보면 다음과 같다(신현옥 외, 2004).

- 영유아가 동화와 조절의 과정을 통해 문제해결을 할 수 있도록 도와준다.
- 영유아가 구체적 사물을 통해 탐색하고 조작할 수 있도록 격려하고 감각적 활동을 충분히 제공한다.
- 교사는 세심한 관찰을 통하여 영유아의 자발적인 탐구활동과 감각활동을 재탐색할 수 있도록 피드백을 제공한다.
- 영유아의 흥미를 지속시킬 수 있는 다양한 유형의 수학활동을 놀이 중심으로 지도한다.
- 교사는 영유아에게 수학교육 내용을 지도함에 있어 영유아의 발달 단계를 고려하여 발달 수준에 적합하게 지도한다.

교사가 유아의 발달단계를 고려하여
발달 수준에 적합하게 지도하고 있다.

이처럼 피아제의 이론에 근거한 영유아 수학교육에서 교사의 역할은 영유아의 발달 단계에 적합한 환경을 제공하여 그 발달 단계에서 일어날 수 있는 수학능력을 효율적으로 획득할 수 있도록 지도하는 것이다. 따라서 피아제의 인지적 구성주의 이론은 교사가 무엇을 가르친다는 자세보다 영유아가 환경과의 상호작용을 통해 스스로의 구체적 경험으로 수학 관련 문제해결력을 기를 수 있도록 지도해야 한다는 점을 시사하고 있다.

2) 비고츠키의 사회·문화적 구성주의

비고츠키(1896~1934)

피아제와 같은 해에 태어난 러시아의 심리학자인 비고츠키(Vygotsky)는 당시에는 업적이 잘 알려지지 않았으나 그의 저서들이 번역된 이후 최근까지 많은 관심을 받고 있는 학자이다. 그는 지식이 인간 내부에서 구성된다는 점에서는 피아제와 입장을 같이 하지만 사회적 상호관계를 개인의 인지적 발달과 지식을 구성하는데 가장 중요한 요소로 강조함으로써 사회·문화적 구성주의자로 불린다. 즉 사회·문화적 구성주의는 비고츠키의 발달심리이론에 근거하여 인간의 인지적 발달과 기능은 사회적 상호작용이 내면화되어 이루어지는 것으로 본다. 그는 피아제가 설명한 인지적 갈등의 원인에 더욱 관심을 기울이며, 이러한 인지적 갈등은 사회적 상호작용에서 기인한다고 보았다. 즉 그는 영유아의 발달을 설명하는 데 있어 사회·문화와의 관련성을 밝히는 데 관심을 두었다. 그는 영유아가 속해 있는 사회·문화적 맥락에서 지식과 기술이 어떻게 습득되고 어떠한 사회적 참여나 지원을 받게 되며, 정보나 지식, 아이디어가 어떠한 맥락에서 의사소통되는지 등의 사회·문화적 영향을 중요시 하였다(권미량 외, 2010).

사회·문화적 구성주의의 이론적 입장과 기본 개념을 학습과 발달과의 관계, 근접발달 영역, 스캐폴딩, 인지발달의 사회·문화적 기원 등을 중심으로 살펴보고자 한다.

(1) 이론적 입장

학습과 발달

비고츠키는 발달에 선행하여 교수·학습이 발달을 유도할 수 있다고 보았다. 비고츠키는 발달의 개념을 교육과의 상호작용적인 관계 속에서 설명하고 있다. 즉, 개인의 사고과정의 변화는 문화를 매개로 한 사회적 상호작용으로서의 교육이 내면화되고 이것은 개인의 발달보다 선행된다고 보는 것이다. 이는 영유아의 발달을 학습에서 기인하는 것으로 보는 것이고, 이러한 입장은 교사나 성인이 그들의 발달을 주도하거나 이끌어 간다는 의미를 내포하고 있다. 만일 영유아에게 도움이 없이도 혼자서 해결할 수 있는 과제들만 제시하거나, 반대로 혼자서 수행하기에 너무 힘든 활동들을 계속 제시한다면 영유아의 발달을 구체화시킬 수 없다는 의미이다(Bodrova & Leong, 1996).

이와 같은 발달과 학습에 대한 비고츠키의 입장은 가르치는 일이 어려운 것임을 설명하는 데 도움을 준다. 모든 영유아는 개인차를 지니고 있어 영유아의 수학적 능력의 발달적 변화를 유도하기란 힘든 일로 수학학습과 발달 간의 정확한 관계에는 개인차가 존재하며, 시대에 따라 사회·문화적 맥락에 따라 달라질 수밖에 없기 때문이다. 그러므로 교사는 각 영유아의 발달 수준에 적합한 교수·학습방법을 마련해야 하며 영유아의 인지발달에서 교사나 성인의 역할이 중요함을 인식해야 한다(Berk & Winsler, 1995).

근접발달 영역

피아제가 영유아를 스스로 발견하고 독립적으로 지식을 구성하는 존재로 인식한 반면, 비고츠키는 영유아는 유능한 또래나 성인과의 상호작용을 통해서 혼자할 때보다 더 많고 더 어려운 문제를 해결할 수 있다고 보았다. 비고츠키는 영유아 관찰을 통해서 영유아의 문제해결 수준이 독립적인 수준은 동일할지라고 잠재적 발달 수준은 차이가 난다는 사실을 알게 되었다. 비고츠키는 이를 근접발달 영역(zone of proximal development, ZPD)이라는 개념으로 설명하였다.

교사의 도움으로 유아가 철봉놀이와 미끄럼 타기를 하고 있다.

영유아가 혼자 힘으로 문제를 해결할 수 있는 수준이 현재의 실제적 발달 수준(학습된 영역)이며, 교사 또는 동료(또래)의 도움(scaffolding)으로 문제를 해결할 수 있는 수준이 잠재적 발달 수준이다. 근접발달 영역이란 한 개인이 스스로 문제를 해결할 수 있는 실제적 발달 수준과 성인이나 더 나은 또래의 도움을 얻어 문제를 해결할 수 있는 잠재적 발달 수준 사이의 영역을 말한다. 현재 수행할 수 있는 문제해결 수준이 비슷한 두 아이라 할지라도 성인이나 더 나은 또래의 도움을 받아 해결할 수 있는 수준은 다를 수 있으며, 이러한 차이는 학습자의 발달에 있어서 중요한 차이라는 것이다.

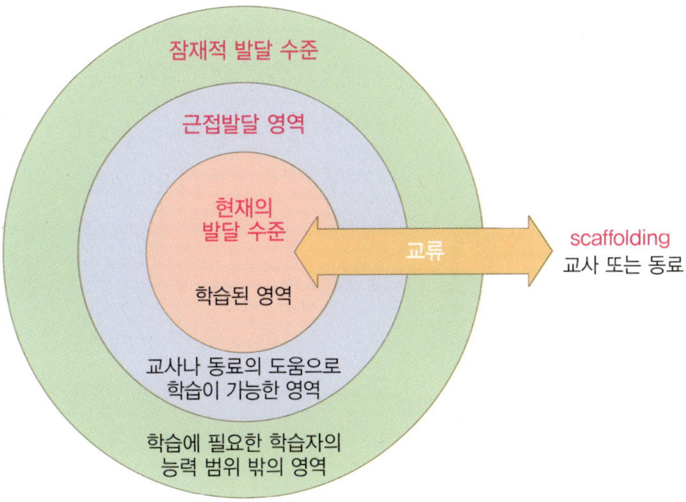

비고츠키의 근접발달 영역

근접발달 영역은 고정된 것이 아니라 영유아가 좀 더 높은 수준의 수학 능력을 획득함에 따라 계속 변화하는 역동적인(dynamic) 개념으로 이해해야 한다. 즉 도움에 의해 수행능력이 증가할수록 근접발달의 영역은 더 넓어지거나 옮겨가게 된다는 것이다.

비계설정

비고츠키 이론은 형식적인 교육환경인 교실에서도 영유아 간, 교사-영유아 간의 능동적 상호작용이 일상생활에서 지속적으로 진행되어야 함을 시사한다. 그의 이론에 의하면 지식은 과제를 혼자서 해결하면서 획득하는 것이 아니라 교사와 영유아가 함께 참여하는 공동체적 노력을 하면서 구성할 때 가장 효율적이라고 하였다.

발달을 주도하는 학습이 일어날 수 있도록 사회·문화적 환경을 조성해야 하며 이를 위한 다양한 방법이 필요하다는 것이다. 비고츠키는 지식의 획득과 인지발달을 이루기 위한 방안에서 교사-영유아 간의 상호작용이나 영유아-영유아 간의 상호작용을 중요시하였다. 비계설정(scaffolding)은 이러한 상호작용을 통해 학습이 점진적으로 이루어지는 것을 비유한 개념이다. 비계설정이란 일반적으로 콘크리트 구조물을 만들 때 콘크리트가 굳을 때까지 구조물의 모양을 지탱해 주는 거푸집이나 지지대를 가르킨다. 따라서 이러한 비계 혹은 지지대를 설정해 주는 것을 비계설정이라고 하는데, 이는 영유아가 혼자 하기 어려운 인지적 활동이나 과제를 성인이나 좀 더 나은 또래가 도움을 주어 그것을 내면화하도록 지지하는 과정을 뜻한다(Berk & Winsler, 1995).

유아가 교사의 도움을 받아 과제를 수행하고 있다.

이것은 부모나 성인 혹은 좀 더 나은 또래가 영유아의 근접발달 영역 이내의 수준에서 과제를 제공하고 영유아의 과제수행 능력에 따라 적절한 도움의 양과 질을 조절함으로써 궁극적으로는 영유아가 과제에 대해 책임을 맡게 하여 영유아가 스스로 과제를 해결할 수 있도록 하는 방법이라고 볼 수 있다.

이처럼 비계설정이란 성인이 도움을 줄 때 영유아의 요구와 맥락에 맞게 도움을 민감하게 조절함으로써 영유아의 노력을 지원하는 체제를 의미한다. 이러한 과정에서 성인이나 좀 더 나은 또래는 영유아의 학습에 필요한 도움을 주어 영유아 자신이 좀 더 많은 책임을 갖도록 자극하면서 영유아가 보여주는 능력의 정도와 변화에 따라 도움의 정도를 조절하는 기능이 비계설정에서 매우 중요한 측면이다(Rogoff, 1990).

인지발달의 사회·문화적 기원

비고츠키는 수학적 사고와 획득과정이 보편적이라고 보는 피아제의 입장과 달리 사회·문화적 맥락이 영유아의 인지과정의 틀을 제시한다고 보았다. 지식은 인지구조 속에 독자적으로 존재하는 것이 아니라 그들이 참여하는 사회활동의 패턴에 따른 구조로 존재한다고 보았다(Sophian, 1999). 영유아가 속한 사회·문화적 역사가 발달에 영향을 주며, 이러한 다양한 수준의 사회·문화적 맥락에서 서로 공유하는 경험은 영유아의 인지과정을 변형시키고 인지발달에 영향을 준다는 것이다(홍혜경, 2014).

영유아가 속한 전반적인 문화의 사회적 맥락이 영유아의 인지구조에 수학적 사고의 범주 및 내용에 영향을 미친다는 비고츠키의 입장은 다음과 같은 사실에서 잘 나타난다. 예를 들면, 영유아의 수학개념과 능력의 발달에서 수 체계와 연산 전략의 활용은 사회·문화적 요인에 기원을 둔다는 증거이다. 이를테면 각 문화는 각기 다른 수 체계를 가지고 있으며, 이러한 수 체계의 규칙성은 영유아의 수 개념 발달에 영향을 미치게 된다는 것이다.

한 자릿수의 경우 우리나라와 미국은 같은 체계로 읽지만 두 자릿수의 경우 우리나라는 '십일, 십이, 십삼…' 등으로 읽는 반면, 영어에서는 'eleven, twelve, thirteen…'으로 읽는다. 또한 우리나라는 '십, 이십, 삼십…'으로 읽지만 영어는 'ten, twenty, thirty…'로 읽는다. 이러한 수 체계의 차이는 수학학습에 영향을 준다(Miller & Stigler, 1987; 신현옥 외, 2004 재인용). 우리나라의 경우 화폐 사용에 2~3자리 이상의 큰 수를 포함하고 수 체계가 규칙적인 십진법 체계를 갖추고 있어 자릿값의 학습이 용이한 사회적 맥락을 제공하기 때문에 수 세기 능력이 일찍 발달한다. 반면에 미국의 경우 일상생활에서 사용하는 화폐단위가 소수를 포함하고 있기 때문에 우리나라보다 소수의 학습이 일찍 시작된다. 이러한 수학적 인지 능력의 차이는 사회·문화적 맥락에 따른 사고패턴의 차이에 기인하므로 이러한 사례들은 인지발달의 사회·문화적 요인이 발달에 영향을 미치는 증거로 볼 수 있다(홍혜경, 2010).

유아가 십진법에 맞춘 수학교구 놀이를 하고 있다.

(2) 영유아 수학교육에의 적용

협동학습 및 또래학습

비고츠키의 사회·문화적 구성주의 이론은 지식획득 과정에서 성인이나 좀 더 높은 수준을 가진 또래와의 공유적 상호작용이나 지원을 통하여 발달과 학습을 유도할 수 있다고 보았다. 특히 비고츠키의 근접발달 영역의 개념은 교사나 부모 혹은 또래와의 협동학습의 중요성과 가능성을 동시에 시사한다. 왜냐하면 비고츠키는 성인이나 또래와의 상호작용을 통해 얻어지는 지도, 지원, 설명, 시범, 도움 등은 근접발달 영역 이내의 범위에 있으므로 여러 영유아가 협동하여 공동작업에 참여하여 각자의 경험과 아이디어를 공유하는 활동을 통하여 발달이 일어난다고 보았기 때문이다(Bodrova & Leong, 1996). 오늘날 교실에서 흔히 사용되는 협동학습(collaboratiive learning)도 개별 유아가 서로 도움을 주고 받을 것이라는 기대에서 도입되었다고 볼 수 있다. 협동학습에서 영유아는 또래와의 상호작용을 통해 자신의 관점을 규명해 봄으로써 자신이 가진 지식의 틀에서 벗어나 또래들이 상호 인정하는 지식을 구성하게 되는 것이다(한유미, 2011).

유아가 협동하여 퍼즐 조각을 맞추고 있다.

유아가 또래와 함께 문제해결을 하고 있다.

근접발달 영역의 활용

비고츠키는 영유아 수학교육의 내용을 영유아의 인지발달 단계에만 국한하지 않고 오히려 교육은 발달에 선행해야 한다고 보았다. 이는 발달을 위해 교육이 필수적이라고 보았기 때문에 영유아의 발달 수준보다 조금 높은 수준의 교육내용이나 교육자료를 제시해야 함을 시사한다. 처음에는 영유아가 충분히 이해하지 못하더라도 교사나 부모 혹은 더 나은 수준의 또래로부터 주어지는 지원과 도움을 통하여 점차 이해할 수 있기 때문이다. 이러한 관점에서 볼 때 교사와 부모는 각 영유아의 근접발달 영역이 어디인지 세심한 관찰을 통해 파악하여 근접발달 영역 이내의 수학교육내용을 선정하고 제시해야 할 것이다. 그렇지 않으면 영유아는 교육활동에 흥미를 잃게 될 것이므로 효율적인 학습이 이루어지지 못할 것이다(한유미, 2011).

비고츠키는 혼합연령 집단구성에도 관심을 가졌다. 자신의 현재 발달 수준을 약간 넘어선 교육내용을 도전받았을 때 인지발달이 가장 잘 이루어진다는 근접발달 영역의 개념에서 영유아는 좀 더 수준이 높은 또래와의 협동학습을 통하여 많은 도움을 받을 수 있다는 의미이다(한유미, 2011). 특히 논리-수학적 사고와 수학적 개념의 획득과정에서 인지적 갈등이 많이 일어날 수 있으므로 혼합연령 집단에서 구성원과의 협동학습을 통한 상호지원 및 문제해결 전략의 교환으로 효율적인 학습효과를 거둘 수 있을 것이다.

유아들이 협동하여 상호지원 및 문제해결을 시도하고 있다.

(3) 영유아 수학교육에의 시사점

비고츠키의 인지적 구성주의 이론이 영유아 수학교육에 시사하는 바를 사회·문화적 맥락과 교사의 역할로 나누어 살펴보면 다음과 같다.

사회·문화적 맥락

비고츠키 이론이 영유아 수학교육에 시사하는 점을 살펴보면, 먼저 영유아가 속한 사회·문화적 맥락이 반영된 수학활동의 제공이 중요하다는 점이다. 왜냐하면 비고츠키에 의하면 영유아는 그가 속한 사회·문화적 맥락에서의 경험을 통하여 지식을 구성한다고 보았기 때문이다(Bodrova & Leong, 1996). 앞서 설명했듯이, 문화권별로 다른 수 체계 혹은 화폐단위 등으로 인해 각 나라마다 수학교육 내용의 도입순서가 다름에서도 사회·문화적 맥락이 교육내용에 영향을 미침을 알 수 있다.

이러한 관점에서 볼 때 최근 우리나라에서 유행하는 인도식 19단 외우기나 영어학원에서 가르치는 미국식 도량형인 인치, 마일, 소수점을 사용하는 화폐단위 등을 가르치는 것은 교육내용이 사회·문화적 맥락과 일치하지 않음을 시사한다(한유미, 2011). 반면에 최근 영유아 교육현장에서 많이 활용되고 있는 문학을 활용한 수학교육 등은 비고츠키의 이론을 잘 반영한 것이라고 볼 수 있다. 왜냐하면 일상적 상황이나 이야기 맥락 안에서 수학적 사고를 경험하고 이를 통하여 수학적 능력을 획득하도록 지원하고 있기 때문이다.

교사의 역할

비고츠키는 인간의 정신기능은 개인 혼자만의 것이 아니라 사회적으로 공유되는 것이며, 특히 타인과의 상호작용으로 공유될 때 사회적 의미를 갖는다고 하였다. 이에 교사는 영유아의 수학활동을 더욱 의미 있게 하기 위해 영유아와 함께 언어적 상호작용을 통해 공유된(shared) 활동에 참여하여 영유아의 근접발달 영역 이내에서 도움과 지원을 제공해야 함을 시사하고 있다.

비고츠키 관점에서 교사의 역할은 전문적인 조력자가 되는 것이다(신현옥 외, 2004). 즉, 교사의 역할을 영유아의 수학능력을 확장시키기 위하여 영유아의 수학 관련 과제의 해결과정을 모델링하는 적극적인 역할을 의미하며, 영유아의 근접발달 영역 내에서 스캐폴딩 제공자의 역할을 해야 한다는 것이다. 이때 교사는 영유아의 수학능력에 대한 근접발달 영역에는 개인차가 있음을 기억하고 각 영유아에게 적절하고 효율적인 교육내용과 스캐폴딩 전략을 제공해야 하며, 이와 같은 교사의 효율적인 스캐폴딩 전략은 영유아의 수학능력의 획득에 도움을 주게 된다.

영유아 수학교육의 교수·학습방법에서 효율적인 교사의 스캐폴딩 전략을 살펴보면 다음과 같다(Berk & Winsler, 1995; Bodrova & Leong, 1996; Rogoff, 1990).

- 교사는 영유아의 근접발달 영역 내에서 수학적 문제해결을 돕기 위하여 협력자로 개입한다.
- 교사는 영유아가 도움을 요청할 때 도와주며, 도움을 제공한 후 영유아의 수학적 능력이 향상되면 도움을 철회하여 영유아의 독립적 활동을 지지한다.

유아가 혼자서 문제해결을
시도하고 있다.

유아가 도움을 필요할 때 교사가
도와주고 있다.

- 교사는 영유아가 도움을 필요로 할 때 영유아의 근접발달 영역 내에서 도움을 주거나 영유아의 능력에 따라 도움의 종류를 조절하는 효율적인 스캐폴딩 전략을 사용한다.
- 교사는 영유아가 사물을 가지고 노는 동안에 언어적 상호작용을 함으로써 영유아의 학습을 지원해야 한다.
- 영유아가 어려움을 많이 느끼는 수학 과제일수록 교사는 충분한 시간을 할애하여 영유아와 함께 그 과제를 공유하고, 구체적인 시범을 보여 일상생활과 연관시킨 해결방법을 제공한다.
- 교사는 영유아에게 어떻게 문제를 해결했는지 소리 내어 말하게 하여 정확한 수학적 의미와 구상이 획득되었는지 확인하여 다음 활동을 계획할 때 활용한다.

3. 다중지능 이론

1) 이론적 입장

지능이 연구되기 시작한 이후 지금까지 지능의 범주를 설정하기 위한 노력을 해오고 있으나 아직도 지능의 정의를 한 가지로 말하기는 어렵다. 그러나 지능의 정의가 다양하기는 해도 지능을 보는 관점은 사회적 또는 문화적 맥락에 크게 영향을 받아 그 사회에서 가치 있다고 여겨지는 행동 특성이나 능력을 중심으로 설정되고 있다. 예를 들면, 고대에서는 음식의 채취, 사냥, 별의 움직임 등에 기초한 자연현상의 예측과 관련된 인지능력이 요구되었다면, 산업사회에서는 언어와 수리에 관련된 인지능력이 가치 있는 능력으로 인정받았다. 그러나 IT산업을 주축으로 한 지식 정보화 사회에서는 추리 및 공간적 능력을 가치 있는 지능의 영역으로 간주하고 있다(Diezmann & Waltters, 2000; 홍혜경, 2010 재인용).

이와 같이 인지능력에 대한 관점의 변화와 함께 지능의 개념을 종전의 제한된 관점에서 벗어나 새로운 관점에서 지능을 재조명하려는 시도가 가드너(Gardner)에 의해 제기되었다. 가드너의 다중지능 이론(Multiple Intelligence)은 인간의 지능을 하나의 통합된 능력으로 보던 기존의 관점과 달리 포괄적이며 다원적 측면에서 인간의 지능을 평가하고 있다.

가드너(1943~)

가드너는 인간의 지능을 실제 생활에서 직면하는 문제를 해결하는 능력, 새로운 문제에 대한 해결방안을 생성하는 능력, 자신의 문화권 내에서 가치로운 서비스를 제공하거나 무엇인가를 만들어 내는 능력으로 정의하면서 인간에게 잠재된 8가지의 지능영역이 있다고 주장하였다(안경숙, 김소향, 2011). 그는 이들 8가지의 지능영역으로 언어적 지능, 논리-수학적 지능, 공간적 지능, 음악적 지능, 신체-운동적 지능, 대인관계 지능, 개인이해 지능, 자연이해 지능을 제시하고 있다. 최근에는 이들 8가지 지능에 실존 지능을 포함시키려는 시도가 이루어지고 있지만, 아직은 대체로 8가지 지능영역으로 구분하고 있다.

다중지능 이론은 학습자의 잠재력을 개발하여 사고력과 창의력을 신장시키는 데 중점을 두고 있으며, 교수·학습방법과 관련하여 교육가들 사이에서 아주 폭넓게 논의되고 있다. 가드너의 이론에 따른 8가지의 지능 영역의 의미를 정리하면 〈표 2-3〉과 같다.

표 2-3 가드너의 다중지능

지능 영역	지능의 의미
언어적 지능	언어의 소리, 구조, 의미, 기능에 대한 민감한 능력
논리-수학적 지능	논리력과 수리력과 과학적인 능력
공간적 지능	공간세계에 대한 정신적 모형을 만들어 그것을 조절하고 사용하는 능력
음악적 지능	음높이, 음색, 리듬 등을 인식하고 구성할 수 있는 능력
신체-운동적 지능	신체의 일부 또는 전체를 사용하여 문제를 해결하고 창조물을 만드는 능력
대인관계 지능	다른 사람을 이해하는 능력
개인이해 지능	인간이 자신을 정확히 판단하여 인생을 효과적으로 살아가는 능력
자연이해 지능	자연에서 패턴을 발견할 수 있는 능력

2) 영유아 수학교육에의 적용

교과 간 통합교육

다중지능 이론은 각 개인의 타고난 독특한 방식으로 학습내용을 수용하고 어떤 특정한 방식이 한 개인에게 더 적합할 수 있다는 관점에서 교사는 영유아 수학교육에서 교수·학습 전략과 지도방법을 고려할 수 있다. 즉 개별 영유아의 장점 인식이 가능하므로 학습 수준과 내용에 따라 영유아의 개인 경험과 연관된 개별학습이 자율적으로 이루어질 수 있으며, 각각의 다양한 인지적 능력을 인정하고 있으므로 능동적이며 협동적인 통합교육으로 유도할 수 있다.

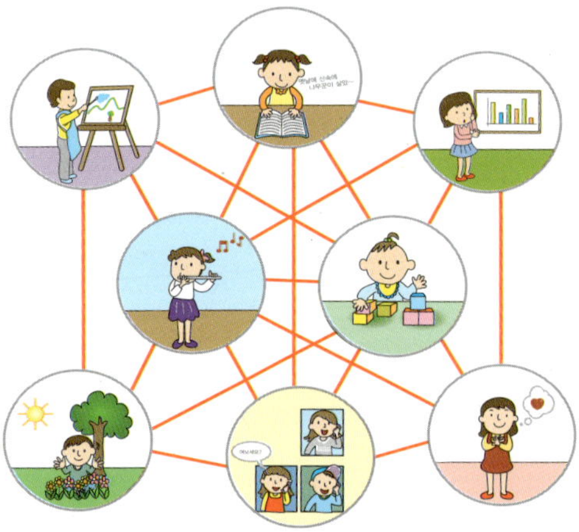

가드너 다중지능 이론

이러한 관점을 반영하여 영유아 교육현장에서는 개별적 강점 지능영역과 통합하여 지도하려는 방안들로 문학활동을 활용한 수학교육, 과학활동을 통한 수학교육, 사회활동을 활용한 수학교육, 표현활동을 활용한 수학교육 등이 시도되고 있다(홍혜경, 2010).

이처럼 가드너의 다중지능 이론은 영유아교육 현장에서 통합적인 교육과정을 도입하여 사용하는 데 강력하고 합리적인 근거를 제시해 주었다(Harlan & Rivkin, 2000). 특히 수학과 같은 가치 있는 지식을 영유아가 기존의 방식과 다른 방법으로 효과적으로 구성하고 이용하도록 이론적 기초를 제공해 주고 있다.

교구를 활용하여 수학학습 활동을 하고 있다.

토론을 활용하여 수학적 활동을 하고 있다.

신체활동을 통해 수학적 표현을 시도하고 있다.

수학학습 활동에의 적용

최근 영유아 수학교육에 다중지능 이론이 반영되면서 영유아의 개별적 강점 지능과 특성에 적합한 다양한 수학학습 활동이 시도되고 있다. 사실 가드너가 제시한 다중지능 중에서 영유아의 수학적 능력과 직접적으로 관련된 지능은 논리-수학적 지능과 자연적 지능 밖에 없다(Checkly, 1997). 즉 논리-수학적 지능은 논리적 분석력을 바탕으로 수학적 조작을 수행하고 수학적 문제를 해결하는 능력이다. 또한 자연이해 능력은 사물을 구별하고 분류하는 능력과 환경의 특징을 사용하여 자연에서 패턴을 발견하는 능력이다.

그러나 이 두 가지의 지능뿐만 아니라 다른 영역의 지능도 영유아 수학교육에 활용될 수 있다. 즉 영유아 수학교육에서 수학적 원리 및 수학적 개념의 이해, 수학적 문제해결 등에 다양한 사고와 감각기관을 활용하여 수학활동을 능동적으로 전개할 수 있으며, 특히 영유아의 신체발달 및 인지발달의 특성을 활용하여 수학적인 활동으로 적용할 수 있기도 하다. 이와 같은 활용의 예를 지능 영역별로 적용해 보면 〈표 2-4〉와 같이 나타낼 수 있다(신현옥 외, 2004; 홍혜경, 2010).

표 2-4 가드너의 다중지능 영역과 수학활동에의 적용

지능영역	수학활동에의 적용
언어적 지능	• 적목으로 도형을 만들어 이름을 명명해 보기 • 만들려는 도형을 말로 설명하면서 수학적 개념 획득 • 자신이 해결한 문제의 해결방법이나 과정에 대한 토의 혹은 저널쓰기 • 수학 관련 이야기하기, 토의, 논쟁
논리-수학적 지능	• 수 세기나 분류를 위한 순서와 법칙 인식 • 수량의 보존과 사물의 비교에서 논리적·계열적 추론 활용 • 숫자나 기호의 활용
공간적 지능	• 시각적·공간적 세계를 인식하도록 도와줌 • 다이어그램 혹은 그림으로 나타내기
음악적 지능	• 노래를 통하여 빠르고 느림의 속도 개념 도입 • 소리 변별 • 악기나 손뼉을 활용하여 음을 변별하거나 표현능력 확장
신체-운동적 지능	• 손과 발의 임의단위를 사용한 측정 • 크기, 무게 등을 신체·감각적으로 측정 후 표준단위와 비교 • 신체를 활용한 거리 개념 • 신체 주변과 사물과의 관계
대인관계 지능	• 수학문제 해결과정에 함께 협력하여 정보 교환 • 의사소통하기, 친구 가르치고 도움 받기 • 수학활동에 함께 참여하여 문제해결하기
개인이해 지능	• 수학문제를 혼자서 스스로 해결하기 • 끈기 있게 사고하는 시도하기 • 자율적인 학습계획 세우기
자연이해 지능	• 수학문제를 관찰하여 문제 예측하기 • 변화의 순서 이해하기

3) 영유아 수학교육에의 시사점

가드너가 제시한 다중지능의 강점 영역과 학습의 패턴은 영유아기부터 드러난다. 어떤 영유아는 8가지의 지능이 모두 함께 강점으로 드러나기도 하지만 대부분의 영유아는 몇 가지의 지능영역이 다른 영역보다 더 강하게 드러난다. 그러므로 현장의 교사는 영유아가 선호하는 학습양식과 흥미, 관심영역 등을 인식하고 영유아를 위한 교수·학습에 임해야 함을 시사한다(신현옥 외, 2004; 안경숙, 김소향, 2011). 이는 영유아 개인별로 수학능력이 다르므로 그 영유아가 가진 잠재력을 극대화할 수 있는 수학교수법, 교수매체 개발 및 제공이 중요함을 의미한다.

따라서 가드너의 관점에서 교사의 역할은 특정한 방식을 미리 정하고 수업에 임하는 것이 아니라 개방적인 학습방법으로 영유아의 수학적 잠재력을 확장시킬 수 있는 다양한 교육환경으로 구성하여 가르칠 필요가 있음을 시사하고 있다.

또한 가드너의 이론은 영유아를 평가함에 있어서도 새로운 관점을 제시하고 있다. 예를 들면, 기존의 IQ 테스트와 같은 지능검사가 아닌 한층 복합적인 지능능력을 측정할 수 있는 검사지의 개발이 필요함을 시사한다. 수학적 능력의 측정에서도 단지 숫자나 수식을 활용한 검사가 아닌 언어적 방법 혹은 이외의 다양한 방법을 활용한 평가도구의 개발이 필요하다(홍혜경, 2010).

주요 **용어**

행동주의
눈에 보이는 학습 내용, 학습자의 외연적 행동, 자극과 반응과의 연합을 분석하는 과정을 통하여 학습과 발달을 설명함

구성주의
영유아가 환경과의 상호작용을 통한 자신의 경험으로부터 의미있는 지식을 능동적으로 구성한다는 입장. 환경과의 상호작용을 통해 영유아들이 발달해 나가는 과정을 설명함

인지적 구성주의
피아제의 이론에 기초를 두고 있으며 영유아가 스스로 지식을 어떻게 구성하며 획득해 나가는가에 대해 설명함

동화(assimilation)
기존의 인지구조를 변화시키지 않고 새로운 사물이나 사건을 해석할 수 있어 현재의 인지구조에 맞추어 받아들이는 과정

조절(accomodation)
자신이 기존에 가지고 있는 인지구조가 새로운 대상을 이해하는 데 적합하지 않을 때, 기존의 인지구조를 새로운 대상에 맞게 바꾸는 인지적 과정

사회·문화적 구성주의
비고츠키의 이론을 바탕으로 사회적 상호관계가 개인의 인지적 발달과 지식을 구성하는 데 가장 중요한 요소

근접발달 영역
한 개인이 스스로 문제를 해결할 수 있는 실제적 발달 수준과 성인이나 더 나은 또래의 도움을 얻어 문제를 해결할 수 있는 잠재적 발달 수준 사이의 영역

비계설정
영유아가 혼자 하기 어려운 인지적 활동이나 과제를 성인이나 좀 더 나은 또래가 도움을 주어 그것을 내면화하도록 지지해 주는 과정

다중지능 이론
가드너는 인간의 지능을 하나의 통합된 능력으로 보던 기존의 관점과 달리 포괄적이며 다원적 측면에서 인간의 지능을 8가지의 지능영역으로 제시함

정리하기

1 행동주의 이론에서는 수학교육의 목적을 수학적 사실이나 기술의 습득에 두고 있으며, 기존의 수학적 사실을 습득하기 위해서는 이들의 수학내용과 기술들을 체계적으로 분석하고 이를 단순한 것에서 복잡한 것으로, 쉬운 것에서 어려운 것으로, 위계적이고 체계적인 순서로 제공해야 한다고 본다.

2 구성주의 입장에서 지식의 구성은 학습자인 영유아가 주체가 되어 능동적으로 지식의 구성에 참여하여 환경과의 조작적 경험을 통해 지식을 구성한다고 본다. 이러한 구성주의는 인지적 구성주의와 사회적 구성주의로 구분할 수 있다.
① 인지적 구성주의: 개인의 인지적 발달에 영향을 미치는 요인을 개인 내적인 관점에 초점
② 사회적 구성주의: 사회·문화적 요인을 고려한 사회적 상호작용에 초점

3 가드너의 다중지능 이론은 인간에게는 잠재된 8가지의 지능영역이 있다고 한다. 그는 이들 8가지의 지능영역으로 언어적 지능, 논리-수학적 지능, 공간적 지능, 음악적 지능, 신체-운동적 지능, 대인관계 지능, 개인이해 지능, 자연이해 지능을 제시하고 있다.

참고문헌

교육부(2013). 3~5세 연령별 누리과정.

권미량, 조채영, 좌승화, 최진원(2010). 유아교육개론. 경기: 공동체.

김영숙(1997). 극놀이에서 교사의 단계별 지지가 유아의 언어적 의사소통에 미치는 효과. 서울여자대학교 박사학위논문.

문연심(2010). 통합적 접근에 기초한 영유아 수학교육. 경기: 양서원.

신현옥, 김동춘, 이수경, 김영숙, 류칠선(2004). 유아를 위한 수학교육. 서울: 교문사.

안경숙, 김소향(2011). 영유아 수·과학 교육. 경기: 양서원.

안경숙, 이소향(2007). 유아와 교사의 주도적 수학 게임 교수-학습방법이 유아의 수학적 능력에 미치는 영향. 아동학회지 28(3). 133-148.

이지현(1999). 유아 수교육 내용 및 방법에 관한 문화 심리학적 고찰, 유아교육연구 19(1), 111-131.

한유미(2011). 유아수학교육. 서울: 창지사.

홍혜경(2010). 영유아를 위한 수학교육. 경기: 공동체.

홍혜경(2014). 영유아를 위한 수학교육, 경기: 공동체.

Berk, L. E., & Winsler, A.(1995). *Scaffolding children's learning: Vygotsky and early childhood education*. Washington, DC: NAEYC.

Bodrova, E., & Leong, D. J.(1996). *Tools of the mind: The Vygotskian approach to early childhood education*. New Jersery, NY: Prenticen Hall Co.

Checkly, K.(1997). The first seven and the eighth: A conversation with Howard Gardner. *Educational Leadership*, 55(1): 14-19.

Harlan, J. D., & Rivkin, M. S.(2000). *Science experience for the early childhood years: An integrated approach*. Englewood Cliffs, NJ: Merrill Prentice Hall.

Rogoff, B.(1990). *Apprenticeship in thinking: Cognitive development in social context*. New York: Oxford University Press.

Smith, S. P.(1997). *Early Childhood Mathematics*. Needham Heights, MA: Allyn and Bacon.

Sophian, C.(1999). Children's ways of knowing: Lessons from cognitive development research, In J. Cooley(Ed.). *Mathematics in the early years*. Teston, VA: NCTM.

CHAPTER 03

영유아 수학개념의 발달

영유아기 수학능력은 인지발달과 함께 발달한다. 영유아가 가지고 있는 정확하지 않고 구체적인 수학 지식은 연령이 증가하면서 점차 더 정확해지고 추상적이 된다. 영유아가 형식적 수학을 직관적으로 받아들이거나 학습하지 못하는 이유는 아직 그들이 사고하는 전조작기 사고특성 때문인데 형식적 수학교육에 요구되는 인지능력은 분류능력, 유목포함 관계 그리고 보존능력이다.

본 장에서는 시간, 공간, 분류, 서열화, 수 특성 이해, 비교 등의 영유아기 수학적 개념이해가 어떠한 발달 경향을 보이는지 구체적으로 살펴본다. 특히 분류능력, 포함관계의 이해능력, 보존개념의 발달이 일반개념의 형성과 인지발달 단계에 따라 어떻게 변화하는지 살펴볼 것이다.

1. 영유아의 수학개념 발달 경향

영유아의 수학개념은 시간개념, 공간개념, 분류개념, 서열화, 수의 특성과 비교 등의 다양한 요소로 구성된다.

1) 시간개념

시간개념은 과거, 현재, 미래를 구분하고 시간의 흐름과 오래전 과거부터 현재까지의 연계과정을 이해하는 능력이다. 전조작기 후기인 5, 6세에 획득되기 시작하나, 본격적인 개념은 대체로 구체적 조작기에 획득할 수 있다.

(1) 2~3세

반복되는 일상의 경험으로 낮과 밤의 변화를 통하여 시간개념을 형성할 수 있으나, 현재에 관해서만 관심을 가진다.

(2) 3~7세

어제, 오늘, 내일을 인식할 수 있고 과거, 현재, 미래를 구분하는 단어를 사용하기 시작하나, 시제에 맞지 않는 단어를 사용하는 오류를 겪으며 개인적이고 주관적인 시간개념이 형성된다.

(3) 7세 이후

시계를 사용하여 시간을 말할 수 있고, 지나간 사건을 시대순으로 배열할 수 있으며 날짜, 요일, 월, 계절을 순서대로 파악할 수 있다.

유아가 시계 그림을 이용해서 시간을 알아본다.

2) 공간개념

공간개념은 영유아가 주변의 사람과 물체 간의 관계에서 그들 자신을 인식하는 능력이다(Copley, 2000). 유아들은 생의 초기부터 일상생활 속에서 기하 도형 개념을 형성하기 시작하며 전조작기인 유아기에 본격적으로 획득된다. 단순하고 쉬운 과제의 경우 유아기에도 3차원 개념이 형성될 수 있으나 피아제의 나무실험의 경우에는 구체적 조작기에 이르러서야 수행할 수 있다.

표 3-1 **영유아의 공간 탐색 능력**

개월	공간 탐색
0~8개월	자신의 시야 안에서 볼 수 있는 물체만을 인식한다
8~12개월	자신의 몸을 움직여서 시야 밖에 있는 물체도 인식한다.
12~18개월	자신의 위치를 인식하고, 다른 물체와 관련하여 물체의 위치 변화를 학습한다.
18~24개월	정신적으로 공간을 표상하는 능력이 발달한다.
만 3세	가까이 있는 것과 멀리 있는 것의 차이를 알게 되고 직접적인 주변환경의 공간적 경계를 인식한다.

출처: 안경숙, 김소향(2011).

3) 분류개념

분류개념은 사물을 어떤 특성이나 종류에 따라 구분하여 공통 속성에 기초하여 범주화하는 능력이다. 3세 유아의 경우 사물의 지각적 특성에 따라 서로 구분할 수 있으며, 유목을 분류하는 과제에서 분류기준이 여러 가지일 경우에는 유아가 분류 과제를 수행하기 어렵지만, 간단한 기준의 경우에는 분류 수행이 가능하다.

4) 서열화

서열화 개념은 사물을 특징적 속성에 따른 차이에 기초하여 순서에 따라 관계지어 배열할 수 있는 능력이다. 서열화는 전조작 단계의 유아기에 획득되며 다시 한 가지 속성에 따라 대상을 비교하면서 순서대로 배열하는 단순 서열화가 먼저 발달하다가, 두 가지 이상의 속성에 따라 대상을 비교해서 순서대로 배열하는 다중 서열화 개념획득으로 점차 정교하게 발달해간다. 이 시기 영유아들은 한 가지 속성에 따라 물체를 서열화하기, 긴 것부터 짧은 것까지 물체를 서열화하기, 밝은 것에서 어두운 색깔로 서열화하기가 가능하다. 아동기에 들어서면 특정한 속성에 따라 유목으로 나누면서 동시에 상호관계에 따라 막대를 순서대로 배열할 수 있다.

5) 수의 특성

전조작기부터 수의 보존성, 길이의 보존성을 이해하지만, 실제 덧셈과 뺄셈 등의 계산이나 곱셈, 나눗셈 등의 사칙연산은 구체적 조작기에서야 가능하다. 수 개념의 이해는 물체 간의 관계에 대한 논리적 조작의 관계와 병행하며, 수 개념 획득 이전에 분류와 서열화에 대한 체계적, 논리적 조작의 경험이 필수적이다. 따라서 연산이 유아기의 주요 과제는 아니지만, 초등학교 교육과정과 연계될 수 있도록 구체적인 경험의 제공이 필요하다.

유아가 수의 개념을 익히고 있다.

6) 비교

전조작기 유아에게서도 가능하며, 양이 적다거나 수가 작을 때에는 상호 비교가 가능하다. 그러나 양이 많아지거나 수가 커지면 비교는 어려워진다. 6~7세 유아는 두 집단의 수량을 비교할 때 두 줄로 배열한 물체 사이의 간격이 서로 다르더라도 두 줄로 나열된 사물을 일대일 대응하며 헤아릴 수 있다. 구체적 조작기에서는 면적, 무게, 부피 등을 측정하고 그 측정치를 비교할 수 있지만, 이같은 인지수행도 과제의 복잡성이나 수량의 크기에 따라서 유아 개인별로 수행하는 연령이 다를 수 있다.

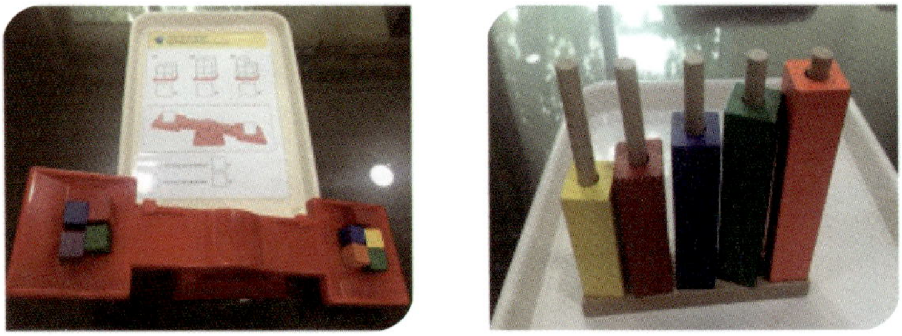

유아가 무게와 길이를 비교하고 있다.

2. 분류능력

전조작기 초기 유아는 사물을 기능에 의해 분류(Piaget, 1952)하며 점차 훨씬 더 발전된 범주(categories)로 분류할 수 있다. 유아가 물체를 특징에 따라 구분할 수 있다는 것은 '범주화 개념'(concept of categorization)에 대한 이해와 색깔, 모양, 크기와 같은 사물의 특징도 감지하고 있음을 나타낸다.

[실험 1] Piaget의 분류과제(Piaget & Inhelder, 1959) 실험

연구방법

2~7세 유아를 대상으로 각각 다른 모양과 색깔로 된 플라스틱 도형을 주고 비슷한 것끼리 모아 놓으라고 한다.

다른 모양과 색깔로 된 도형

연구결과

2세 반~4세 반 유아는 형태적 집합(figural collection)을 만들다. 즉 분류는 하지 못하고 주어진 플라스틱 도형을 사용해 나름대로 형태(보통 선이나 원 등)를 만든다.

4세 반~7세의 유아는 준 분류(quasi-classfication)를 하였다. 즉 비슷한 것끼리 분류를 하지만 분류에 일관성이 없다. 어떤 것은 색깔을 기준으로, 어떤 것은 모양에 따라서 구분하여서 결국은 빨간색 별모양과 원으로 된 집합과 빨강·파랑의 삼각형으로 이루어진 집합으로 나누었다.

빨간색 별모양과 원으로 된 집합　　파랑, 빨강 사각형의 집단

7세 말쯤의 유아는 한 번에 하나의 기준에 의해 분류할 수 있다. 따라서 실험결과를 바탕으로 피아제는 유아가 구체적 조작기에 이르러야 여러 가지 특징을 하나로 통합된 체계의 일부로 보게 된다고 주장하며, 복합분류 문제(multiple classfication problems)에서 두 차원(예를 들어 모양과 색깔)에 의해 분류될 수 있는 것들을 제시하였을 때, 7세 혹은 8세 이상의 아동은 분류를 매우 잘할 수 있으며 몇 개의 기준으로도 분류 할 수 있는데 빨간 원, 빨간 세모, 파란 원, 파란 세모 등으로 분류할 수 있다.

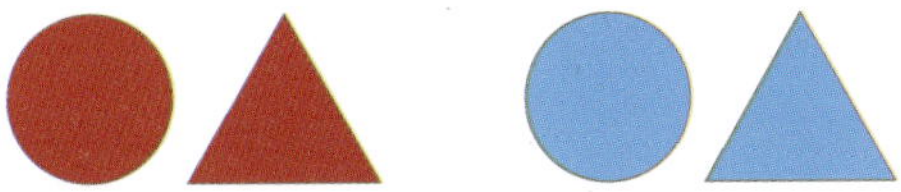

빨간 원, 빨간 세모　　파란 원, 파란 세모

3. 포함관계

[실험 2] 피아제의 유목포함 실험

연구방법

유아에게 18개가 갈색이고 2개는 흰색인 20개의 나무구슬을 제시하고 유아로 하여금 대부분의 구슬이 갈색이고 두 개는 흰색이지만, 그것들은 모두 나무로 만들어졌음을 확인시킨다. 확인시킨 후 유아에게 "갈색구슬이 더 많니?", "나무구슬이 더 많니?" 질문을 한다.

연구결과

실험결과 전조작기 유아는 "갈색 구슬이 더 많다"라고 하였으며, 2개의 흰색 구슬에 비해 갈색 구슬의 수가 훨씬 더 많다는 것에 압도되어 흰색 구슬과 갈색구슬 모두 나무구슬에 속한다는 사실을 깨닫지 못하였다. 반면에 구체적 조작기의 유아는 "나무 구슬이 더 많다"라고 하였으며, 흰색 구슬과 갈색 구슬 모두 나무구슬에 속한다는 사실을 이해하였다.

그러나 최근의 연구결과로는 전조작기 유아보다 더 어린 연령의 영유아도 구슬이라는 유목이 색이라는 하위 유목을 포함한다는 사실을 이해하고 있음을 보여주며, 기존의 실험에서 유아가 유목포함 관계를 이해하고 있다는 것을 나타내지 못하는 이유는 사용한 용어가 적합하지 않았다고 보았다. 또한 '더 많은', '더 적은', '더 큰', '더 작은'이라는 관계적 개념을 표현하는 용어가 영유아에게는 부분과 전체에 대한 이해보다 더 어렵기 때문일 수 있음을 지적하고 있다.

[실험 3] 관계에 대한 이해를 보여주는 Piaget(1952)의 서열화문제 실험

연구방법

유아에게 나무막대를 작은 것부터 큰 것으로 순서대로 배열하게 한다.

연구결과

관계에 대한 유아의 이해는 전조작기 초기(2~4세)에 많이 발달하지만 중요하지 않은 관계를 무시하고 중요한 관계에만 주의를 기울이는 능력은 여전히 제한되어 있다. 따라서 이 시기의 유아는 막대를 두 집단으로 나누고, 두 집단 안에서 막대를 순서대로 배열했지만 두 집단의 막대를 하나의 계열로 통합하지 못하였으며 막대를 순서대로 배열하는 데 실패하였다.

전조작기 초기 유아는 막대를 순서대로 배열하지 못한다.

반면에 전조작기 후기 유아는 막대를 길이 순서대로 배열하는 데에는 성공하였지만 이미 배열된 막대들 속의 바른 위치에 새 막대를 놓는 문제는 오랜 시간 시행착오를 겪었다. 유아가 하나의 특징에만 주의를 기울이고 다른 특징에는 주의를 기울이지 못했기 때문이다. 즉 새로운 막대가 어떤 막대보다는 더 작고, 어떤 막대보다는 더 크다는 사실을 동시에 보는 것이 어렵다.

4. 보존능력

보존개념을 획득한다는 것은 물체의 외형상 변화에도 불구하고 특정한 양과 질은 그대로 남아 있다고 판단할 수 있는 능력이 있음을 말한다.

1) 수의 보존능력

수 보존과제는 유아가 가진 직관적인 지식의 한계를 극적으로 설명하며, 피아제는 두 줄의 짝 맞추기 과제를 제시함으로써 유아의 수 보존지식을 확인할 수 있었다.

[실험 4] 피아제(1965)의 수량보존 실험

연구방법

유아에게 한 줄의 달걀 컵과 한 묶음의 달걀을 준 다음, 각 컵에 하나씩 채울 수 있을 만큼의 달걀을 집어보라고 한다.

연구결과

전조작기 유아와 구체적 조작기 유아에 따라 연구결과가 다름을 알 수 있다.

전조작기 유아는 두 가지 하위 단계로 나누었다. 첫 번째 단계로는 줄에 있는 달걀의 개수를 무시하고 컵과 달걀을 늘어 놓은 줄의 길이만 똑같게 하였다. "실제로 컵 속에 달걀을 넣어보라"고 하자 유아는 달걀의 개수가 컵보다 너무 많거나 적은 데 당황하는 반응을 보였다.

한 줄의 달걀 컵　　　　한 묶음의 달걀

두 번째 단계로는 자발적으로 각 컵 아래에 한 개씩의 달걀을 놓은 1:1 대응을 만들었다. 다시 결과를 해석해 보면 이 시기의 유아는 정확한 지각적 배열을 만들기 위해 직관적인 접근방법을 사용하여 성인이 달걀을 모아 놓거나 펼쳐 놓으면 유아는 길이에 따라서 어느 한쪽이 많다고 주장하였다. 유아는 논리에 의지하기보다는 즉각적인 '지각'에 의해 좌우된다. 따라서 보존개념을 획득하지 못한 '비보존' 상태이고 비보존 상태 유아의 특징은 한 줄이 "더 길기 때문에" 더 많다고 했다가 다음 순간에는 다른 줄이 "더 조밀하기 때문에" 더 많다고 생각한다.

컵과 달걀을 늘어 놓은 길이를 같게 한다.

각 컵에 한 개씩 달걀이 들어간다는 것을 안다.

따라서 이러한 갈등 상태는 구체적 조작기로 이행하는 과도기라는 것을 나타낸다.

구체적 조작기 유아는 두 개의 물체 배열의 길이는 달라도 각각의 배열 안에 있는 물체의 개수는 똑같다는 것을 이해한다.

"왜, 같은가?"에 대한 대답으로 유아들이 대는 논거는 다음과 같다.

- 동일성의 논리: "두 줄에 아무것도 추가하거나 빼지 않았으므로 개수는 같다."
- 보상성의 논리: "한 줄이 더 길지만, 다른 줄이 더 조밀하게 모아져 있기 때문에 물체의 개수는 같다."
- 역조작의 논리: "이 줄을 다시 더 길게 늘이면 서로 똑같기 때문에 물체의 개수는 같다."

2) 길이, 면적, 부피의 보존능력

유아가 지각기관을 통해서 보존성을 인지할 때 사물의 크기는 길이, 면적, 부피에 따라 다른 기준으로 인지된다. 길이는 평면상에서 하나의 기준만을 고려하여 사물의 길고 짧음을 변별하고 높이는 3차원에서 하나의 기준을 고려하여 그 사물의 높고 낮음을 변별한다. 그리고 부피는 3차원에서 세 개의 기준을 모두 고려하여 그 사물의 크기와 작음을 변별한다.

(1) 길이보존

[실험 5] 길이보존 실험

연구방법

같은 길이의 나무블록 4개로 이루어진 2개의 막대를 나란히 놓았을 때와 한 조각만큼 오른쪽으로 옮겨 놓았을 때, 지그재그 모양으로 변형하여 놓았을 때 막대의 길이가 같은지 질문한다.

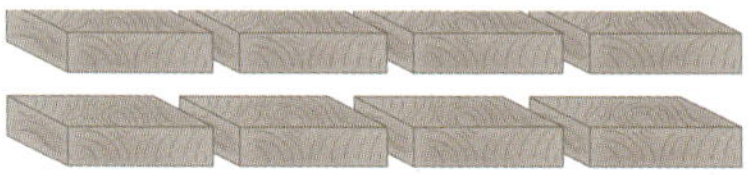

나무블록 4개로 이루어진 2개의 막대를 나란히 놓는다.

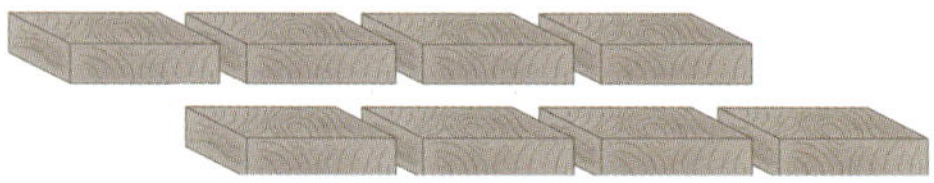

나무블록을 한 조각의 나무블록 만큼 옮긴다.

연구결과

전조작기 유아는 막대의 한쪽 끝에만 주의를 기울여서 양쪽 끝에 유의하지 못하며 배열 모양을 달리 하였을 때 배열상태를 고려하지 못한다.

(2) 면적보존

[실험 6] 면적보존 실험

연구방법

첫째, 동일한 면적인 두 장의 색지 위에 10개의 같은 크기의 블록을 조밀하게 같은 형태로 늘어 놓는다. 한쪽의 색지에는 블록을 세밀하게 놓고 다른 쪽은 드문드문 배열한 후 각각의 종이 위에 같은 모양의 장난감 소를 올려놓아 어떤 소가 먹이를 많이 먹을 수 있는지 질문을 한다.

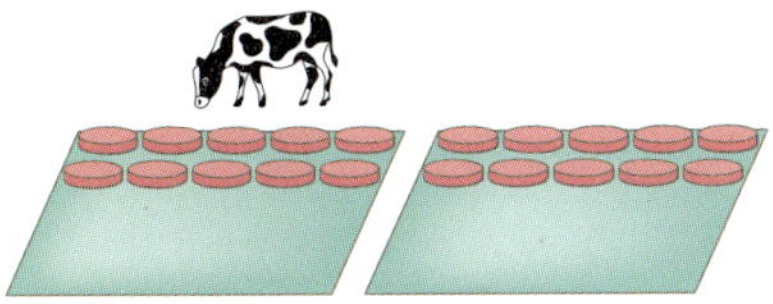

두 장의 색지 위에 10개의 같은 크기 블록을 조밀하게 놓는다.

왼쪽은 조밀하게, 오른쪽은 드문드문 배열한다.

연구결과

전조작기 유아는 블록을 조밀하게 늘어 놓은 색지에 남은 공간이 더 많다고 생각하여 여기에 있는 소가 더 많이 풀을 먹을 수 있다고 대답하였다. 따라서 보상성의 논리를 적용하지 못한 결과로 변화는 조직화된 체계의 일부분이라는 것을 추정하지 못함을 알 수 있다.

(3) 양(부피)의 보존

[실험 7] 양(부피)보존 실험

연구방법

같은 양의 물을 똑같은 크기의 그릇에 담고 유아에게 양이 같은 것을 확인하게 한 후, 유아가 보는 앞에서 한 그릇의 물을 모양이 다른 그릇에 붓고 물의 양을 비교하게 한다.

물의 양이 같은지 확인한다.

한 그릇의 물을 다른 모양의 그릇에 붓는다.

연구결과

전조작기 유아는 두 가지 하위 단계로 나누었다.

첫 번째 단계에서는 양이 같다는 것을 알지 못한다. 즉 보존개념을 이해하지 못한다. 또 "비커 II가 더 높기 때문에 양이 더 많다", "비커 I이 더 넓기 때문이 양이 더 많다"라고 응답을 하였다.

첫 번째 단계의 결과로는 높이나 넓이 중 어느 한 가지 차원에만 중점을 주며, 유아는 오직 하나의 지각적 차원에만 영향을 받기 때문에 물이 논리적으로 같아야 한다는 것을 이해하지 못한다.

두 번째 단계에서는 보존개념으로 한걸음 더 다가가기는 하지만 아직 보존개념을 성취하지는 못한다. "비커 II의 물이 더 높기 때문에 양이 더 많다"라고 말했다가 나중에는 "비커 I이 더 넓기 때문에 더 많다"고 말하기도 하면서 혼란에 빠지기도 한다.

비커가 더 높기 때문에 양이 더 많다고 한다.

이러한 결과로 유아는 '직관적 규제'를 보임을 알 수 있다. 즉 두 가지의 지각적 차원을 고려하기 시작하지만 아직 두 차원을 동시에 고려하지 못하여 한 차원에서의 변화가 다른 차원에서의 변화와 상쇄된다는 것을 인식하지 못한다. 또한 혼란을 겪는다는 것은 스스로 모순에 빠져 있다는 것을 깨닫기 시작하는 것임을 의미하며, 곧 이 모순을 해결하여 보존개념의 단계로 나갈 것이라는 좋은 지표가 된다.

액체 보존개념 획득을 위한 세 가지 논거

첫째, "더 붓거나 덜지 않았으므로 액체의 양은 같다"라고 대답할 수 있다.

→ 동일성의 원리

둘째, "이 컵은 여기가 더 길지만, 저 컵은 여기가 더 넓다" 따라서 액체의 양은 같다.

→ 보상성의 원리(하나의 변화가 다른 변화로 인해 서로 상쇄됨. 변화를 조직화된 체계의 일부분으로 추정)

셋째, "이것을 전에 있던 컵에다 다시 부을 수 있기 때문에 두 컵의 액체의 양은 같다"

→ 역조작의 원리

3) 논리적 조작

길이, 면적, 양의 보존실험에서의 유아의 조작은 정신활동이며, '다시 원래의 컵에 부으면'과 같은 변형은 실제로 행하거나 본 것이 아니라 마음속으로 수행하는 것이다. 또 보존에 대해 논리적 조작을 하는 것은 가역적인 정신활동이며 원래의 양으로 되돌릴 수 있다는 것은 가역적이라는 것을 이해하는 것이다.

4) 유아의 보존개념 발달 순서

보존개념은 아무리 외형을 바꾸어도 그 물체의 본질적인 속성은 변함이 없다는 것을 이해하는 것이며, 피아제는 유아가 자발적으로 보존개념을 획득한다고 주장한다. 유아의 양보존 개념은 일정한 순서로 발달하는데, 첫 번째 단계는 보존개념이 전혀 이루어지지 않는다.

두 번째 단계는 기간적으로는 매우 짧은 보존개념 획득의 결정적인 시기로서 전조작기와 구체적 조작기 사이의 과도기인 6세 무렵에 해당된다. 이 시기의 유아는 처음에는 높이가 더 높아서 많다고 했다가 곧 넓이가 더 넓기 때문에 더 많다고 하면서 혼란을 겪는 내부 모순상태에 빠졌다가 좀 더 고차적인 단계로 발전한다.

> 예 이것이 더 많아요. 아니, 저것이 더 많아요. 아니, 저것이 더 넓은데. 기다려요. 둘 다똑 같아요, 이것이 더 큰(긴, 넓은) 것처럼 보이지만 넓은 컵에 부었기 때문에(시작이 다르기 때문에, 흩어 놓았기 때문에) 양은 똑 같아요.

세 번째 단계는 유아가 모든 물체가 그 속성에 상관없는 지각적 변형에 의해서는 사물의 양과 질에 영향을 받지 않는다는 것을 이해하고 보존개념을 완전히 획득하게 된다.

5) 보존능력의 유형과 획득시기의 차이

여러 보존개념은 시간적 간격을 두고 획득하게 된다. 이러한 시기의 차이를 피아제는 수평적 격차(horizonatal decalarge)라는 개념으로 설명하고, 수평적 격차는 특정한 단계 내에서도 동일한 인지구조로 조작되는 여러 보존과제를 수행하는 데 나타나는 시간의 간격이며, 여러 보존개념은 난이도에 차이가 나기 때문에 이러한 시간의 간격이 있게 된다.

양의 보존은 만 6~7세, 무게의 보존은 만 8세~10세, 부피의 보존은 만 11~12세에 획득하게 된다. 유아의 보존능력 유념과 획득시기의 차이는 다음과 같다(Piaget, 1964).

첫째, 유아는 자발적으로 보존개념을 숙달하게 된다.

둘째, 보존과제의 수행은 유아의 경험의 유무에 따라 다를 수 있다.

셋째, 가역성에 주의하면 좀 더 수월하게 보존개념을 학습할 수 있다.

넷째, 물, 찰흙 같은 연속적인 양에 대한 보존훈련 효과는 컸으나 딱지, 구슬, 공 등의 비연속적인 양에 대한 훈련은 효과가 적었다.

다섯째, 보존개념 훈련의 효과는 아동의 발달 수준, 문제의 영역이나 종류, 훈련의 종류나 정도 등에 따라서 다르며, 훈련의 성과를 판단하는 기준에 따라서도 달라질 수 있다.

주요 용어

유목포함 관계
전체와 부분 간의 관계로서 상위유목은 하위유목을 포함한다는 사실을 이해하는 능력

보존능력
유아는 직관적인 한계로 물체의 외관에만 의존하여 판단하며 성장함에 모순을 깨닫고 동일성, 보상성, 역조작의 원리에 의해 보존개념을 획득하는 능력

분류능력
인지활동 중 가장 기본이 되는 능력으로 범주화 개념에 대한 이해에 따라 크기, 모양, 색깔 등의 범주에 따라 주변의 사물을 모으는 능력으로 형태적 집합, 준분류, 복합분류의 순서로 발달함

가역성
어떤 변화 상태가 그 변화의 과정을 거꾸로 밟으면 다시 원래의 상태로 되돌아갈 수 있음을 뜻함

정리 하기

1 유아의 수학개념은 시간, 공간, 분류, 서열화, 수 특성의 이해와 측정치 등의 몇 가지 요소로 구성된다. 각각의 개념에 대한 이해는 전조작기를 거쳐 구체적 조작기가 되면서 나타나는데, 과제의 복잡성과 수량의 차이에 따라 과제 성공의 시기에 차이가 있다.

2 전조작기 유아는 사물을 기능에 따라 분류하지만 범주화 개념이 발달함에 따라 더 발전된 범주로 분류하게 된다. 구체적 조작기에 이르면 여러 차원의 특성을 통합하는 능력이 발달하여 복합분류의 과제도 수행할 수 있게 된다.

3 관계에 대한 유아의 이해는 전조작기에 많이 발달한다. 그러나 전조작기에는 사물 간의 중요한 관계에만 주의를 기울이는 능력이 여전히 제한되어 있어 서열과제의 수행에 실패할 수 있다.

4 전조작기 유아의 수, 길이, 양보존 능력은 직관적인 접근에 기초하며 지각적인 배열에 영향을 받는다. 그러나 구체적 조작기에 이르면 동일성, 보상성, 역조작의 논리에 근거를 제시하는데, 이러한 가역적 정신활동(정신적 조작)을 할 수 있게 되면서 유아는 더 이상 지각적 변형에 영향을 받지 않으며 보존개념을 획득한다.

참고 문헌

Piaget, J.(1952). *The construction of reality in the child*. New York: Basic Books.

Piaget, J.(1965). *The Children's Conception of Number*. NY: Norton and Company.

Piaget, J., & Inhelder, B.(1959). *La Genese des structures logiques elementaries: Classifications et seriations*. Neuchatel: Delachaux et Niestle.

CHAPTER 04

2019 개정 누리과정의 수학교육 목표 및 내용

본 장에서는 2019 개정 누리과정 중 자연탐구 영역 내용범주 중 '탐구과정 즐기기', '생활 속에서 탐구하기', '자연과 더불어 살기' 내용에서 수학교육과 관련된 내용을 살펴보고자 한다. 수학교육과 관련된 내용은 유아가 호기심을 가지고 궁금한 것을 적극적으로 탐구하는 과정을 즐기며, 생활 속의 문제를 수학적, 과학적으로 탐구해 보면서, 자연과 더불어 살아가는 태도를 가지는 것이다(교육부, 보건복지부, 2019 개정누리과정 해설서 p. 127).

1. 국가 수준 교육과정에서의 유아 수학교육

국가 수준 교육과정인 2019 개정 누리과정에서 유아 수학교육의 내용은 자연탐구영역에 명시되어 있다. 이러한 유아 수학교육의 내용으로 탐구과정 즐기기, 생활 속에서 탐구하기, 자연과 더불어 살기를 제시하고 있다.

유아 수학교육은 호기심과 탐구심이 왕성한 시기의 유아들에게 주변을 관찰하며 새로운 것을 알아가며 탐구하는 태도를 길러주고, 일상생활 속에서 경험의 기회를 주고자 하는 것이다. 이를 통해 수학적 지식을 익히고, 새로운 것에 대해 탐구하는 과정에서 사고력과 일상생활에서의 문제를 해결하는 능력을 길러주게 된다.

그래서 무엇을 어떻게 탐구할 것인가에 중점을 두고, 다양한 자료와 자연체험을 풍부하게 제공해야 한다. 유아가 자발적인 학습을 할 수 있도록 지원하고, 일상생활 속에서 문제를 발견하고 스스로 문제 해결을 위한 적극적인 태도를 즐길 수 있도록 해줘야 한다. 유아는 이런 과정을 통해 획득한 지식을 바탕으로 다양한 지식을 확장해 나가게 된다. 또한, 탐구과정에서 자신의 생각을 다른 사람과 공유하게 된다.

유아 수학교육의 성격, 목표, 내용구성을 간략히 살펴보면 다음과 같다.

1) 성격

자연탐구 영역은 탐구과정 즐기기, 생활 속에서 탐구하기, 자연과 더불어 살기의 세 가지 내용 범주로 구성된다. 자연탐구영역은 유아가 물질, 사물, 자연현상, 동식물 등의 특성과 변화를 수학적, 과학적으로 탐구하는 다양한 경험과 관련된 내용이다.

2) 목표

탐구하는 과정을 즐기고, 자연과 더불어 살아가는 태도를 가진다.

(교육부, 보건복지부, 2019 개정 누리과정 해설서 p. 127)

교사는 유아가 호기심을 가지고 주도적으로 탐구하는 과정을 즐기며, 스스로 궁금증을 해결해 가도록 도와야 한다. 또한 유아가 주변의 동식물, 생명, 자연환경에 관심을 가지며 생명을 소중히 여기고 사람과 자연이 더불어 살아가는 방법을 실천하도록 지원해야 한다.

크기별로 돌탑 쌓기

흙 탐색하기

나뭇잎 분류하기

나무 탐색하기

3) 내용 구성

유아 수학교육은 유아들이 주변의 사물과 자연에 대해 알고자 하는 호기심과 탐구하는 태도를 길러주고자 한다. 이런 탐구적인 태도는 자신이 속한 주변에 대한 지속적인 호기심으로 일상생활에서의 문제를 궁금해하고, 궁금증 해결을 위해 스스로 탐구하게 해준다. 유아들은 일상생활 속에서의 문제를 해결해 가면서 논리적이고 합리적인 수학적 능력을 획득하게 된다. 또한, 주변의 여러 사물과, 자연을 접하면서 자연과 더불어 살아가는 것이 중요하다는 것을 경험하게 된다.

유아 수학교육의 내용구성에서는 '3~5세 연령별 누리과정'의 내용범주, 생활 속에서 탐구하기 내용과 내용범주별 세부 내용, '수학적 탐구하기' 내용을 2019 개정 누리과정의 '생활 속에서 탐구하기' 내용을 비교하여 설명하면 다음과 같다.

(1) 내용 범주

자연탐구 영역은 유아가 호기심을 가지고 궁금한 것을 적극적으로 탐구하는 과정을 즐기며, 생활 속의 문제를 수학적, 과학적으로 탐구해 보면서, 생명과 자연환경을 존중하는 내용이다. 이를 위해 탐구과정 즐기기, 생활 속에서 탐구하기, 자연과 더불어 살기의 세 가지 내용으로 구성된다. 자연탐구영역의 내용 범주와 내용은 〈표 4-1〉과 같다.

표 4-1 **자연탐구 영역의 내용 범주와 내용**

내용 범주	내용
탐구과정 즐기기	• 주변 세계와 자연에 대해 지속적으로 호기심을 가진다. • 궁금한 것을 탐구하는 과정에 즐겁게 참여한다. • 탐구과정에서 서로 다른 생각에 관심을 가진다.
생활 속에서 탐구하기	• 물체의 특성과 변화를 여러 가지 방법으로 탐색한다. • 물체를 세어 수량을 알아본다. • 물체의 위치와 방향, 모양을 알고 구별한다. • 일상에서 길이, 무게 등의 속성을 비교한다. • 주변에서 반복되는 규칙을 찾는다. • 일상에서 모은 자료를 기준에 따라 분류한다. • 도구과 기계에 대해 관심을 갖는다.
자연과 더불어 살기	• 주변의 동식물에 관심을 갖는다. • 생명과 자연환경을 소중히 여긴다. • 날씨와 계절의 변화를 생활과 관련짓는다.

나뭇잎 분류하기

(2) 생활 속에서 탐구하기 내용 및 세부 내용

물체의 특성과 변화를 여러 가지 방법으로 탐색한다.

유아가 주변에서 쉽게 발견할 수 있는 친숙한 물체나 물질의 크기, 모양, 색, 냄새, 소리, 질감과 같은 기본적 특성에 관심을 갖는 내용이다. 나아가 그 물체나 물질을 자르고 섞는 등 다양한 방법으로 변화시켜 보며, 변화되는 특성과 변화되지 않는 특성이 무엇인지 탐색해 보는 내용이다.

예 우리밀 과자를 만드는 과정에서 유아들은 버터와 계란, 밀가루를 숟가락으로 휘저으며 놀라운 표정을 말한다. "어? 이것 봐! 반죽이 점점 갈색으로 변하고 있어.", "색깔이 진하게 변한다.", "점점 찐득찐득해지고 있어."

물체를 세어 수량을 알아본다.

유아가 일상에서 수에 관심을 가지고, 수량을 세어 많고 적음 및 수량의 변화를 알아보는 내용이다.

예 유아들이 모여 하고 싶은 놀이에 대해 자유롭게 이야기 나누고 있다.

소정: 야, 우리 같이 놀자. 뭐할까?

수진: 나는 술래잡기.

소정: 나는 꼬마야 줄넘기 할래.

수진: 우리 손들어서 정하자. 술래잡기하고 싶은 사람 손! … 한 명, 두 명, 세 명. 그러면 줄넘기 하고 싶은 사람 손!

소정: 똑같잖아. 술래잡기도 세 명이고, 줄넘기도 세 명이잖아.

물체의 위치와 방향, 모양을 알고 구별한다.

유아가 자신과 물체를 기준으로 앞, 뒤, 옆, 위, 아래 등 공간 안에서 위치와 방향을 알아가는 내용이다. 유아가 주변 환경에서 네모나 세모, 둥근 기둥, 상모양 등을 찾고 다양한 모양에서 공통점과 차이점을 알아가는 내용이다.

예 유아들이 숨바꼭질을 한다. 한 유아가 "선생님, 쉿! 나 여기 밑에 숨어 있다고 말하면 안 돼요."라고 말하곤 미끄럼틀 아래쪽에 들어가 숨는다.

일상에서 길이, 무게 등의 속성을 비교한다.

유아가 일상에서 길이나 무게 등 측정 가능한 속성을 알고 이 속성을 기준으로 물체를 비교하여 순서지어 보는 내용이다. 이 과정에서 유아는 자신의 신체를 비롯하여 다양한 물체를 활용하고, 다양한 비교 어휘를 사용하면서 순서를 지어 보는 내용이다.

예 복도에서 5세 수진이가 3세 승우와 4세 민석이를 만난다. 수진이가 "내가 키 재 줄게. 너희 둘이 여기에 서 봐."라고 말한다. 승우와 민석이가 등을 마주대고 서자 수진이는 "니가 더 큰데. 내가 누가 무거운지도 봐 줄게." 하며 두 유아를 차례로 뒤에서 두 팔로 안고 들어올린다. "수진이는 너보다 얘가 좀 더 무거워." 하며 웃는다.

주변에서 반복되는 규칙을 찾는다.

유아가 생활 주변에서 사물이나 사건의 양상이 일정한 순서로 반복 배열되는 것에 관심을 갖고 즐기며, 반복되는 배열에 숨어 있는 질서와 규칙을 발견하여 다음에 올 것이 무엇인지를 예측하는 내용이다.

일상에서 모은 자료를 기준에 따라 분류한다.

유아가 일상생활에서 흥미와 관심에 따라 필요한 자료를 다양한 방법으로 모으고, 수집한 자료의 공통점과 차이점을 탐색하며 이를 하나 또는 그 이상의 다양한 기준(예: 모양, 크기, 색깔 등)에 따라 정리하고 조직해보는 내용이다.

예 바깥 놀이터에서 유아가 친구들에게 "우리 이 열매 모으자. 개미는 이걸 좋아해." 하며 제안하자, 유아들이 "여기 많다."라고 말하며 바닥에 떨어진 작은 열매를 줍기 시작한다. 한 아이가 솔방울을 내밀자, "아니야. 솔방울은 너무 커. 좀 더 작은 게 필요해. 동그랗게 이렇게 생긴 것만."이라고 말한다. 잠시 후 유아들이 주운 열매를 모으고, "이것 봐, 진짜 다 똑같은 열매다.", "내일 오면 개미가 빨갛게 익은 건 다 먹겠지?"라고 말하며 빨간 열매와 초록열매를 골라낸다.

도구와 기계에 대해 관심을 가진다.

유아가 일상생활에서 사용하는 다양한 도구와 기계에 관심을 가지고 직접 사용해 보면서 도구와 기계가 우리의 생활에 어떠한 도움을 주는지에 대해 관심을 가지는 내용이다.

예 유아들이 선생님과 함께 콩나물 무침 요리를 하고 있다. 작은 절구를 보던 한 유아가 "와! 맷돌이다."라고 말하자, 다른 유아들이 "저건 콩콩 찧는 거야."라며 선생님을 쳐다본다. 선생님은 "이건 절구인데."라고 말하자 유아들이 "오늘 콩나물무침에 쓰려고요?" 하고 묻는다. 선생님은 "그래. 이걸로 깨소금을 만들어 볼까?"라고 말하며 절구 안에 깨를 넣는다.

(3) '수학적 탐구하기(2015 누리과정)' 영역과 2019 개정 누리과정의 '생활 속에서 탐구하기' 비교

2019 개정 누리과정에서 교육내용의 범주가 수의 기초 개념, 공간과 도형, 측

정, 규칙성, 자료의 이해로 구성된 점은 이전 교육과정과 크게 차이가 없으나 수학교육의 내용이 3~5세 수준별·연령별 구분 없이 교육 내용이 제시되어 있어 변경된 내용은 다음 〈표 4-2〉와 같다.

표 4-2 3~5세 연령별 누리과정의 '수학적 탐구하기'(2015) 영역과 2019 개정 누리과정의 '생활 속 탐구하기' 비교

	3~5세 연령별 누리과정(2015)	2019 개정 누리과정
목표	호기심을 가지고 주변 세계를 탐구하며, 일상생활에서 수학적, 과학적으로 생각하는 능력과 태도를 기른다. 1. 주변의 사물과 자연 세계에 대해 알고자 하는 호기심을 가지고 탐구하는 태도를 기른다. 2. 생활 속의 여러 상황과 문제를 논리, 수학적으로 이해하고 해결하기 위한 기초능력을 기른다. 3. 주변의 관심 있는 사물과 생명체 및 자연 성장을 탐구하기 위한 기초 능력을 기른다.	탐구하는 과정을 즐기고, 자연과 더불어 살아가는 태도를 가진다. 1. 일상에서 호기심을 가지고 탐구하는 과정을 즐긴다. 2. 생활 속의 문제를 수학적, 과학적으로 탐구한다. 3. 생명과 자연을 존중한다.

2019 개정 누리과정은 수학교육의 내용 범주를 구체적으로 제시하지 않고 포괄적인 '생활 속에서 탐구하기' 내용 범주 안에서 교사가 유아들의 개별적인 발달과 이해 수준에 따라 자유롭게 교육내용을 결정할 수 있도록 제시하고 있다.

2019 개정 누리과정에서 변경된 내용 범주는 〈표 4-3〉과 같다.

표 4-3 3~5세 연령별 누리과정(2015)과 2019 개정 누리과정 비교

<table>
<tr><th colspan="5">3~5세 연령별 누리과정(2015)</th><th colspan="2">2019 개정 누리과정</th></tr>
<tr><th rowspan="2">내용범주</th><th rowspan="2">내용</th><th colspan="3">세부내용</th><th rowspan="2">내용범주</th><th rowspan="2">내용</th></tr>
<tr><th>3세</th><th>4세</th><th>5세</th></tr>
<tr><td rowspan="8">수학적 탐구 하기</td><td rowspan="4">수와 연산의 기초 개념 알아 보기</td><td>생활 속에서 수에 관심을 갖는다.</td><td>생활 속에서 사용되는 수의 여러 가지 의미를 안다.</td><td>생활 속에서 사용되는 수의 여러 가지 의미를 안다.</td><td rowspan="8">생활 속에서 탐구 하기</td><td>물체를 세어 수량을 알아본다.</td></tr>
<tr><td>구체물 수량의 많고 적음을 비교한다.</td><td>구체물 수량에서 '같다', '더 많다', '더 적다'의 관계를 안다.</td><td>구체물 수량의 부분과 전체 관계를 알아본다.</td><td>물체의 위치와 방향, 모양을 알고 구별한다.</td></tr>
<tr><td>다섯 개 가량의 구체물을 세어보고 수량에 관심을 갖는다.</td><td>열 개 가량의 구체물을 세어 보고 수량을 알아본다.</td><td>스무 개 가량의 구체물을 세어 보고 수량을 알아본다.</td><td>일상에서 길이, 무게 등의 속성을 비교한다.</td></tr>
<tr><td></td><td></td><td>구체물을 가지고 더하고 빼는 경험을 해본다.</td><td>주변에서 반복되는 규칙을 찾는다.</td></tr>
<tr><td rowspan="4">공간과 도형의 기초 개념 알아 보기</td><td>나를 중심으로 앞, 뒤, 옆, 위, 아래를 알아본다.</td><td>위치와 방향을 여러 가지 방법으로 나타내본다.</td><td>위치와 방향을 여러 가지 방법으로 나타내어 본다.</td><td>일상에서 모은 자료를 기준에 따라 분류한다.</td></tr>
<tr><td></td><td></td><td>여러 방향에서 물체를 보고 그 차이점을 비교해 본다.</td><td rowspan="3">도구와 기계에 대해 관심을 가진다.</td></tr>
<tr><td>물체의 모양에 관심을 갖는다.</td><td>기본 도형의 특성을 인식한다.</td><td>기본 도형의 공통점과 차이점을 알아본다.</td></tr>
<tr><td></td><td>기본 도형을 사용하여 여러 가지 모양을 구성해 본다.</td><td>기본 도형을 사용하여 여러 가지 모양을 구성해 본다.</td></tr>
</table>

<table>
<tr><td rowspan="7">수학적 탐구 하기</td><td rowspan="2">기초적인 측정 하기</td><td>두 물체의 길이, 크기를 비교해본다.</td><td>일상생활에서 길이, 크기, 무게 등을 비교해본다.</td><td>일상생활에서 길이, 크기, 무게, 들이 등의 속성을 비교하고 순서를 지어 본다.</td><td rowspan="7">생활 속에서 탐구 하기</td><td rowspan="7">도구와 기계에 대해 관심을 가진다.</td></tr>
<tr><td></td><td></td><td>임의 측정 단위를 사용하여 길이, 면적, 들이, 무게 등을 재어 본다.</td></tr>
<tr><td rowspan="2">규칙성 이해 하기</td><td>생활주변에서 반복되는 규칙성에 관심을 갖는다.</td><td>생활 주변에서 반복되는 규칙성을 알아본다.</td><td>생활주변에서 반복되는 규칙성을 알고 다음에 올 것을 예측해 본다.</td></tr>
<tr><td></td><td>반복되는 규칙성을 인식하고 모방한다.</td><td>스스로 규칙성을 만들어 본다.</td></tr>
<tr><td rowspan="3">기초적인 자료 수집과 결과 나타내기</td><td></td><td>필요한 정보나 자료를 수집한다.</td><td>필요한 정보나 자료를 수집한다.</td></tr>
<tr><td rowspan="2">같은 것끼리 짝을 짓는다.</td><td rowspan="2">한가지 기준으로 자료를 분류해 본다.</td><td>한가지 기준으로 분류한 자료를 다른 기준으로 재분류 해본다.</td></tr>
<tr><td>그림, 사진, 기호나 숫자를 사용해 그래프로 나타내어 본다.</td></tr>
</table>

주요 용어

누리과정의 자연탐구 영역 수학교육의 내용

① 물체의 수량 알기
② 물체의 위치와 방향, 모양 알기
③ 길이, 무게 비교
④ 반복되는 규칙
⑤ 자료를 기준에 따라 분류

정리하기

1 누리과정의 자연탐구 영역에서 '탐구과정 즐기기'는 유아가 주변 세계와 자연에 대해 지속적으로 호기심을 가지고 궁금한 것을 탐구하는 과정에 적극적으로 참여하면서 서로 다른 생각에 관심을 갖는 내용이다. '생활 속에서 탐구하기'는 유아가 물체의 특성과 변화를 여러 가지 방법으로 탐색하고, 물체를 세어 수량을 알아보고, 물체의 위치와 방향, 모양을 알고 구별하며, 길이와 무게 등의 속성을 비교하고, 반복되는 규칙을 알아보고, 모은 자료들을 기준에 따라 분류하며, 도구와 기계에 관심을 가지고 생활 속의 문제를 다양하게 탐구하는 내용이다. ' 자연과 더불어 살기'는 유아가 주변의 동식물에 대해 관심을 가지고 생명과 자연환경을 소중히 여기며, 날씨와 계절의 변화를 생활과 관련짓는 내용이다.

참고문헌

교육부, 보건복지부(2019). 2019 개정 누리과정 해설서. 서울: 교육부, 보건복지부.

2

PART 2

영유아 수학교육의 내용과 실제

2019 개정 누리과정은 수학교육의 내용 범주를 구체적으로 제시하지 않고 포괄적인 '생활 속에서 탐구하기' 내용 범주 안에서 교사가 유아들의 개별적인 발달과 이해 수준에 따라 자유롭게 교육내용을 결정할 수 있도록 제시하고 있다.

영유아가 수학적 개념과 기초적인 수학적 능력을 개발하는 데 도움을 주고 놀이과정에서 자연스럽게 경험하고 수학적·창의적으로 생각하도록 한 놀이의 예시는 아래와 같다.

수와연산

블록덧셈놀이와 블록으로 기와집 쌓기는 영유아가 블록이나 자연물을 이용하여 더하고 재어 수를 세고 연산해보는 놀이다. 영유아의 사전경험이나 지식을 의사소통하고, 속성을 비교하거나 일반화하는 것을 볼 수 있다.

공간과 도형

도형찾아보기와 지령따라 보물찾기는 영유아가 평소 접하는 놀잇감에서 모양을 찾거나 대응시켜 보며 모양을 구별하고 공간을 활용하며 공간을 인지, 표현하는 놀이다. 비슷한 모양끼리 분류하고 관찰하고, 대응해보며 능동적으로 관계성을 찾고 수학적 과정을 경험하며 공간과의 관계를 탐구해나가는 것을 알 수 있다.

측정

과일의 크기와 무게 재기, 색팽이 놀이는 영유아가 일상에서 무게나 크기의 차이를 느껴보고, 양팔저울과 자를 이용하여 속성을 비교해가며 즐겁게 경험해보는 놀이다. 흔히 보는 일상의 사물에서 능동적인 수학적 탐구를 해나가는 것을 볼 수 있다.

규칙성

종이 땅따먹기와 광목천에 쑥물 들이기는 영유아가 주변에서 반복되는 규칙을 발견하고 탐색하는 놀이다. 영유아가 사회현상이나 자연현상에서 관계성을 찾고 자발적으로 탐색하는 것을 볼 수 있다.

자료수집 및 분석

'유아가 좋아하는 가을 꽃, 가을색을 찾아요'는 영유아가 일상에서 모은 자료를 기준에 따라 자율적으로 분류하거나 조직하는 놀이다. 수학적 관계의 어휘들을 자연스럽고 쉽게 이해하고, 주변의 사회적 현상을 이해하고 문제해결을 위한 수학적 유용성과 가치를 경험하는 것을 볼 수 있다.

CHAPTER 05

수와 연산

본 장에서는 수 개념에 대한 발달이 활발해지는 시기인 영유아기의 수와 연산에 대한 내용을 알아본다. 수 원리는 일대일 대응, 수의 순서 이해, 추상화 원리, 기수 원리, 순서무관 원리에 따라 알아보고, 유아기 연산능력의 발달을 위한 교수방법으로 더하기와 빼기의 학습은 숫자를 사용한 연습이 아닌 구체적인 상황이나 물체를 조작해 보는 방법을 알아본다. 이는 수의 활용에 관한 상황들을 다룸으로써 실제 생활에서 활용되는 수의 의미를 이해하도록 돕고 수의 학습이 단지 수의 산술적 계산을 위한 것이 아니라 일상생활에서 문제해결의 도구로써 활용될 수 있음을 인식하여야 한다.

영유아의 연령별 수 개념 발달 수준은 그림 표상능력의 획득이 3~4세 무렵이며, 언어적 표상능력의 획득은 4~6세 무렵이고, 숫자나 기호의 표상능력의 획득은 5~6세 무렵의 주요 발달 과업이므로 그림표상, 언어표상, 숫자나 기호표상 능력의 순으로 발달하고 있다(홍혜경, 1999). 특히 수학학습에서 영유아가 그리거나 쓰거나 말해 보는 활동은 수학적 사고의 과정, 이해 수준 등의 정보를 제공하므로 교육적 활용 가치가 클 뿐 아니라 영유아기는 수 개념에 대한 발달이 활발해지는 시기이며, 가장 기초적인 내용이므로 충분히 다루는 것이 중요하다.

1. 수의 의미와 활용

고대에 사람들은 손과 발 등 자신의 신체를 사용하여 수를 세었다. 하지만 세는 것이 많을 경우 몸으로 수를 세는 것에 한계가 있었고, 돌멩이 등 도구로 수를 표현하는 것 또한 여전히 어려움이 있었다. 이러한 어려움을 해결하고자 세거나 헤아리는 양의 크기를 추상화된 기호로 나타내는 '수(數)'를 고안하였다.

사전적 지식에 따르면 '수'란 셀 수 있는 사물을 세어서 나타낸 값으로 자연수, 정수, 분수, 유리수, 무리수, 실수, 허수, 따위를 통틀어 이르는 말로 정의하다. 또한 '수학'이란 수량 및 공간의 성질에 관하여 연구하는 학문으로 대수학, 기하학, 해석학 및 이를 응용하는 학문을 통틀어 이르는 말이다(네이버 어학사전).

유아는 수를 사용하고 이해하는 능력이 점차적으로 발달해 가는데 이는 수들 사이의 관계를 인식하고, 수를 여러 가지 방법으로 표상할 수 있는 능력, 그리고 수의 조작에 관한 지식, 실제 생활에서 수를 사용하고 해석할 수 있는 능력을 포함한다(권영례 외, 1998).

전조작기 유아가 가지고 있는 수 능력에 관한 연구는 피아제(Piaget, 1965)의 수 보존 과제 실험으로부터 시작되었다. 피아제는 수 보존 능력을 수 개념 형성을 위한 전제조건으로 보았다. 이 실험을 통해 피아제는 전조작기 유아가 수 보존 과제를 수행하지 못했으므로 수 개념을 가지고 있지 않다고 주장하였다(조우미, 2017).

하지만 과거 수와 연산을 유아의 발달 수준에 맞지 않다고 보는 피아제와 달리 오늘날 유아 수학교육에서는 유아의 수개념 발달에 있어 수 연산능력의 역할을 강조하고 있다. 유아들이 수의 개념 발달에 결정적 영향을 미치는 수 연산능력을 기르기 위해 수와 연산개념을 경험할 수 있는 기회를 제공해야 할 것을 강조하고 있다(양채은, 2016).

유아들이 일상생활 속에서 수가 활용되는 다양한 상황들을 경험하고, 이들 상황 속에서 수가 가지는 여러 가지 의미를 이해하는 것은 수 개념 발달에 매우 중요하다. 우리가 사용하는 자연수는 집합수(Cardinal number), 순서수(Ordinal Number), 이름수(Nominal Number)가 있다. 집합수(또는 기수)는 어느 집합에 속한 원소의 수를 나타내는 것이므로 사물의 수를 세고 그 수량을 알기 위해 사용한다. 순서수는 어떤 특정한 관점에 따라 사물을 늘어놓았을 때 그 순서를 나타내는 것이다. 이름수는 사물의 이름 대신 수를 사용해서 명명하는 것으로 시내버스 번호, 전화번호, 차량번호, 운동선수의 번호 등과 같이 명명 자체를 목적으로 수가 사용되는 것이다. 따라서 수 세기, 순서 짓기, 명명하기 등을 위해서 수가 사용되는 것을 유아들이 많이 경험할 수 있는 기회가 제공되어야 한다. 다음 활동을 통해 유아들이 일상생활 속에서 수가 활용되는 상황을 탐색할 수 있다(이정욱, 유연화, 2006).

- 유아의 나이만큼 생일 초를 꽂는다.
- 흥미영역에서 활동하고 있는 유아의 수를 세어 본다.
- 게임하는 순서를 정한다.
- 요리활동을 위한 순서표를 만든다.
- 자기 집 전화번호를 알아 온다.
- 좋아하는 운동선수의 선수번호를 안다.

2. 수의 부분과 전체

수의 부분과 전체의 관계란 전체는 두 개 또는 그 이상의 수량의 부분들로 구성될 수 있고, 이 부분들이 다시 합쳐져 전체를 구성할 수 있음을 의미한다. 부분과 전체의 개념은 추후 더하기와 빼기, 곱하기와 나누기, 분수 등 수리적 수 개념 학습과 밀접한 관계가 있고 논리적인 사고의 중요한 부분이기 때문에 부분과 전체의 관계를 이해하는 것은 중요하다. 유아들은 다양한 일상생활 속에서 부분과 전체의 관계를 접하고 익숙해진다.

1) 부분과 전체 개념의 발달 능력

피아제에 의하여 전조작기의 유아는 부분과 전체의 관계에 대해 완전한 이해를 하지 못한다고 보았다(홍혜경, 1999). 예를 들어 2세 된 정민이는 과자를 조각낸 후 과자를 조각 내지 않은 친구에게 "내 것이 더 많아."라고 말한다. 또한 세진이는 엄마가 사과를 하나 보여주면서 몇 개냐고 묻자 "한 개"라고 대답한다. 사과를 반으로 자르면서 사과가 몇 개 있냐고 묻자 이번에는 "두 개"라고 한다. 정민이와 세진이는 조각 수가 많다고 양이 많은 것은 아니라는 사실을 인식하지 못하고 있는 것이다(한유미, 2010).

사과 자르기

부분과 전체의 개념은 단순히 숫자를 세거나 같은 수로 나누거나 물체의 부분과 전체에 대한 것 이상으로 분수의 개념, 정비례와 반비례의 개념, 각기 다른 수량과 같은 수량으로 나눌 수 있다는 개념까지 포함되어 있으며, 유아들이 수의 부분과 전체에 대한 개념을 습득하기 위해서는 고차원적인 수 개념의 형성의 기초가 된다(김은옥, 2011).

예를 들어, 부분과 전체의 관계를 이해하게 되면 9를 8 다음의 수로 이해하기보다는 1과 8, 3과 5로 이해하여 특정수는 일정한 하위수의 조합으로 구성될 수 있음을 알게 되어 훨씬 효율적으로 수를 다룰 수 있게 된다(홍혜경, 1999).

또한, 구체적 조작기에 들어섬에 따라 유아는 초콜릿이 몇 조각으로 나뉘었어도 여전히 한 개라는 것을 이해하게 된다. 나아가 점차 전체가 부분으로 구성되었음을 인식하게 되며, 이때 부분들의 크기나 양은 같거나 다를 수 있음을 이해하기 시작한다.

김종은(2002)은 부분과 전체개념 활동은 유아들에게 전체를 구성하는 부분들의 속성이나 규칙성을 파악하여 같은 점과 다른 점을 파악하고, 이를 바탕으로 같은 것과 다른 것끼리 분류해 보고 서로 비교해 보는 조작을 통해서 전체와 부분들 간의 관계를 논리적으로 추론해 보고 분석해 보는 기회가 되었음을 연구를 통해 알 수 있었다. 이를 통해 전체를 부분으로 나눌 수 있고, 부분들이 모여 하나의 전체를 구성할 수 있다는 부분과 전체 개념을 경험해 보는 활동은 유아의 수학문제 해결능력을 증진시키는 데 효과적이라고 결론지었다.

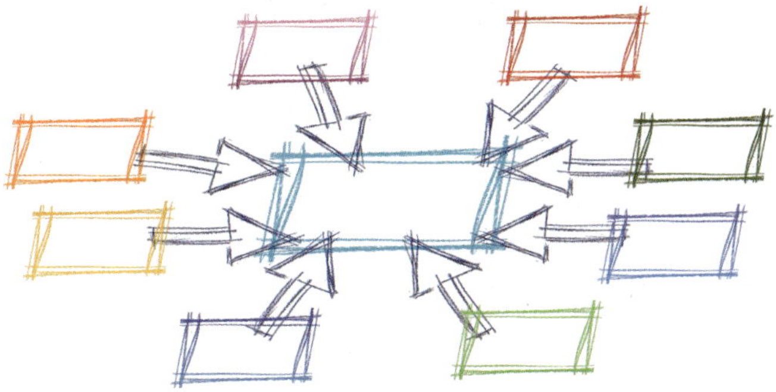

2) 부분과 전체의 학습 내용 및 방법

수의 부분과 전체를 지도하기 위해서는 일상생활에서 부분과 전체에 관련된 어휘를 사용하여 상호작용하고, 부분을 합하여 전체로, 전체를 나누어서 부분이 되도록 하는 경험을 제공한다. 또한 더하기와 빼기의 기초가 되는 부분과 전체 경험을 제공한다(유준호, 2014). 예를 들어, 간식 시간에 친구와 사탕을 나누어 먹거나 조각으로 나눠진 퍼즐을 맞춰 전체를 완성하는 경험 등을 통해 부분과 전체를 경험해볼 수 있다(양채은, 2016).

유아들에게 부분과 전체에 대한 학습을 위하여 교사는 다음 사항을 배려하여야 한다(Hohmann Barnet & Weikart, 1979 재인용).

첫째, 유사한 물건들은 함께 보관하여 둔다. 예를 들어 가위는 가위끼리 풀은 풀끼리 정리하여 두면 유아들이 가위나 풀을 사용하려고 꺼낼 때나 갖다 놓을 때 전체와 일부의 관계를 자연스럽게 볼 수 있다. 이것은 유아들이 사물의 부분 간의 같은 점과 다른 점을 찾아가고 이에 따라서 구분 지어 보며, 또 부분 간의 관계에서 일정한 규칙성을 발견하여 전체를 완성해보는 능력을 키우는 기회가 된다.

둘째, 교사는 구체적인 실제 상황 속에서 유아에게 부분과 전체를 나타내는 단어들을 사용하여 그 개념을 명확히 가질 수 있도록 돕는다. 예를 들면, "오늘 소풍을 가는데 친구 몇 명은 첫 번째 차에 타고, 나머지는 두 번째 차에 타고 갈 거야. 모두 두 차에 나누어서 타게 될 거야"와 같이 대화 문장의 맥락 속에서 자연스럽게 부분과 전체의 어휘를 이해할 수 있도록 한다.

셋째, 교사는 부분이나 전체의 단어를 사용하여 질문한다. 예를 들면, "전체가 다 풍선을 가졌니?", "전체가 다 앉을 수 있겠니?" 등의 질문을 통해서 유아들이 부분과 전체의 의미를 이해하고 있는지를 파악할 수 있다.

마지막으로 부분과 전체의 이해를 돕기 위해서는 종이나 점토 등 연속적인 양을 나눌 때뿐 아니라, 피자나 도화지 등 비연속적인 양을 나눌 때도 이를 적용하여 볼 수 있도록 계획한다. 예를 들어 피자를 크게 나누어 작은 수의 조각을 낸 것이나 적게 나누어 많은 수의 조각을 낸 것이나 그 양을 측정하여 비교해 보면 같은 양의 피자라는 것을 알게 된다. 이와 같이 부분과 전체의 관계에 대한 이해를 바탕으로 부분들 간의 관계를 직접적으로 비교해보고 측정해보는 경험을 할 기회를 마련한다.

3. 수 세기

1) 숫자의 인식

숫자 인식은 숫자의 모양이 서로 다르다는 것을 알고 숫자를 구별할 수 있는 것이다. 즉, 숫자를 시각적으로 변별하고 그 이름을 기억해야 하는 것인데, 흔히 6과 9, 1과 7, 2와 5, 3과 8을 서로 혼동한다(김영선 외, 1997).

숫자 인식은 수 개념의 획득의 기초 능력으로, 일반적으로 숫자 인식에는 수의 존재에 대한 이해, 수들 간의 관련성에 대한 이해, 수 감각을 여러 방식으로 표상하는 능력, 조작의 결과에 대한 지식 그리고 현실세계에서 수를 해석하고 사용하는 능력과 같은 것들이 포함된다(김숙자, 김현정, 2005). 수 인식하기는 일상생활에서 수가 상징성을 지니고 특정한 형태로 표상되며, 수가 활용되는 상황과 맥락에 따라 의미가 달라짐을 이해하는 것이다(한종화, 2019). 숫자 1이 '하나'와 같고 꽃한 송이와 같은 양을 의미하는 것을 이해하는 것은 많은 경험을 필요로 한다. 그러나 결국 다양한 수학적 상호작용과 수학활동을 통해서 영유아들은 그 개념을 인식하게 된다(이보라, 2020).

대부분의 유아들은 2세에서 3세 사이에 수 이름들이 각각 다른 수를 가리킨다는 것을 이해하게 된다. 그리고 3세 무렵이 되면 수 이름의 진정한 의미를 이해하고 사용하게 된다. 영아기에도 비교적 작은 수의 많고 적음을 분별할 수 있지만, 3세 전에는 집합 안에 사물이 3개, 또는 4개가 있는지 정확히 말하기 힘들다(이순형 외, 2011).

또한 우리나라의 수 단어 체계는 두 가지를 동시에 사용하므로 한 가지 체계를 사용하는 다른 나라에 비해 유아들이 수 단어를 획득하고 사용하는 데 어려움을 갖는다(이지현, 2015).

우리나라 유아들이 수 단어를 인식하고 획득하기 위해 첫째로 각 수 단어 체계에서 수 단어를 알아야 하며(예: 하나, 둘, 셋 등의 고유 수 단어와 일, 이, 삼 등의 한자 수 단어), 둘째로 수 단어 체계 간의 상호작용 관계를 이해하여야 하며(예: 하나와 일이 같다는 것), 셋째로 각 수 단어 체계의 적용 상황에 대한 관계를 이해해야 하는데(예: 수세기나 서수인 경우 고유 수 단어를 사용하며, 숫자를 말할 경우 한자 수 단어를 사용하는 것, 측정이나 시간인 경우 고유 수 단어와 한자 수 단어를 혼용한다는 것) 어려움이 추가된다(강대은, 2003).

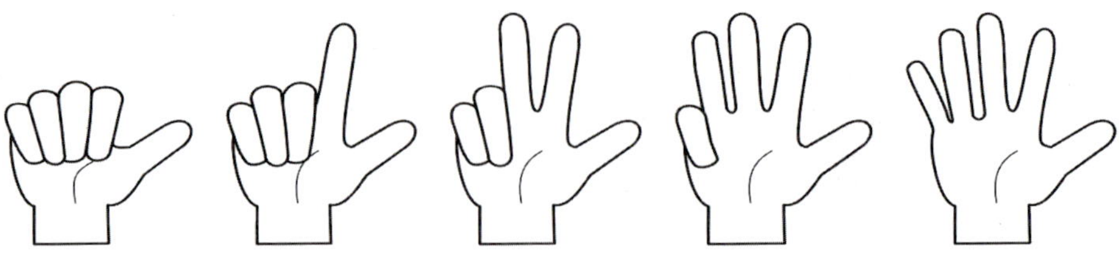

2) 숫자의 쓰기(표상하기)

숫자를 쓰는 것은 유아기 수준에서는 그리 중요한 기술이 아니다. 그러나 유아가 주변에 전시되어 있는 숫자들을 자연스럽게 볼 수 밖에 없기 때문에 그러한 숫자가 무엇을 표상하는지에 대한 이해가 발달하기 시작하므로 숫자의 사용에 대해 다루어 주어야 한다(손희정, 2016).

유아가 숫자를 인식하고 해당되는 수량과 연결할 수 있을 때, 숫자를 쓰도록 요구될 수 있다. 수의 의미에 대한 이해가 충분치 못한 유아에게 숫자 쓰기를 조기에 강조하게 되면 수학을 추상적인 것으로 만들고 유아에게 혼돈을 야기시켜서 실제로는 수에 대한 이해를 지연시키게 된다(권영례 외, 1998).

또한, 유아가 수를 인식하기 위해서는 수를 식별할 수 있는 시각적 변별력이 있어야 한다. 예를 들면, 특정 수 5를 인식하기 위해서는 5를 다른 수들과 정확하게 구별할 수 있어야 한다. 하지만 유아는 시각적 변별력이 충분히 발달되지 않은 과제로 종종 숫자 1과 7, 2와 5, 3과 8, 6과 9 등을 서로 혼동한다. 유아가 수의 모양이 서로 다르다는 것을 확실히 인지하게 되면 다음 단계인 수를 직접 써보는 과정으로 이해할 수 있다. 그러나 유아가 숫자를 바르게 쓰려면 눈과 손의 협응력, 소근육, 시각적 변별력, 개폐 개념과 공간 개념의 형성이 전재되어야 한다(김숙자, 김현정, 2005).

따라서 유아는 수를 쓰기 위해 정확한 정신적 이미지와 운동계획(Motor Plan)을 가져야 한다. 운동계획은 어디서 시작할지(위 혹은 아래), 끝은 어떤 방향으로 향할지(오른쪽, 왼쪽, 위, 아래, 대각선 방향), 무엇으로 그릴 것인지(직선, 아치), 어느 단계에서 멈춰야 하는지, 방향을 어떻게 바꿀 것인지, 다음 단계를 어떻게 시작할지, 어디서 멈출 것인지에 대해 생각해 보는 것이다(김숙자, 김현정, 2005).

숫자 쓰기

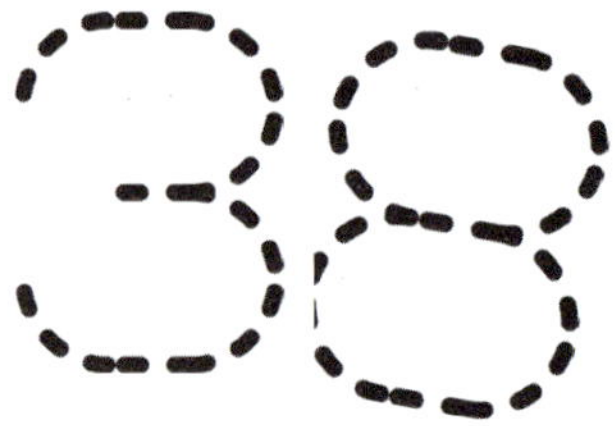

점선 따라 쓰기

숫자 쓰기 지도는 유아에게 숫자 1~10의 자세한 운동 계획을 제공하는 데 초점을 둔다. 교사는 운동 계획을 설명하면서 천천히 숫자를 그린다. 운동 계획을 설명하고 시범보인 후 교사는 유아에게 과정을 이야기한다. 교사는 유아를 위해 점을 찍어 시작점을 정의할 수 있다. 그 다음으로 유아는 교사가 설명한 운동 계획대로 숫자 쓰기를 연습한다. 만약 유아가 어려워하면, 교사는 연필을 다시 가져가 아동의 손을 교사의 손 위에 놓고, 설명을 하면서 운동 계획의 과정을 진행한다. 이 손 위에 손(Hand-Over-Hand) 기법은 유아가 숫자를 독립적으로 쓸 때까지 사용된다. 유아에게 연습 전, 중, 후에 운동 계획의 핵심을 설명하라고 하기도 한다(김숙자 외, 2005).

3) 수 세기

(1) 즉지하기

즉지하기(Subitizing)는 유아들이 적은 수의 물체를 즉각적으로 인식하고, 식별할 수 있는 능력이다((Klein & Starky, 1988). 아주 어린 영아들도 둘, 셋의 물체의 수량을 인식하는 즉지하기가 가능하며, 즉지하기 능력은 수 세기를 위한 지각적 기초를 제공한다고 하였다(정숙, 2010). 즉지할 수 있는 수량의 범위를 넘는 다섯 이상의 물체의 양에 대한 기수적 가치를 다루기 위해서는 수 세기라는 수단이 필요하다. 따라서 즉지하기는 수세기 이전에 나타나는 기초적인 능력이다(정효원, 2016).

지각적 즉지하기

지각적 즉지하기는 수학적 과정을 사용하지 않고 물체의 수를 인식하는 것으로, 즉지하기에 대한 전통적인 정의에 가깝다(Clements, 1999). 예를 들어 바구니에 담겨 있는 사탕 4개를 보고 갯수를 정확하게 아는 것을 의미한다.

개념적 즉지하기

개념적 즉지하기는 수학적 과정을 사용하여 수세기와 패턴을 만드는 능력 등의 수를 인식하는 것이다. 유아들은 개념적 즉지하기를 하면서 수 개념과 계산능력이 발달하게 되고 지각적 즉지하기를 할 때보다 조직적인 활동에 참여하게 된다(Clements, 1999). 예를 들어, 유아들은 카드 위에 점이 직사각형으로 배열되어 있을 때 가장 쉽게 즉지하며, 그 다음에는 직선과 원형 순으로 이해하고, 마지막으로 혼합된 배열을 가장 즉지하기 어려워한다(안진경, 2013).

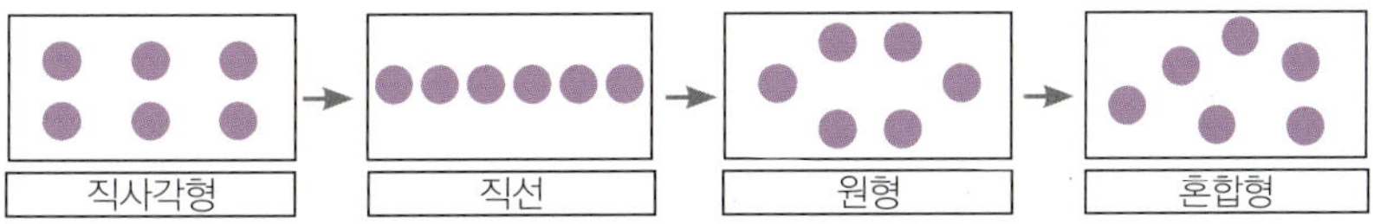

개념적 즉지하기에 영향을 미치는 공간적 배열
출처: 정효원(2016)

(2) 언어적 수 세기

언어적 수세기는 직접적으로 물체를 세지 않고 말로만 수를 세는 것이다(문영심 외, 2005). 유아의 수세기는 수 단어 습득과 함께 시작되며 유아는 수 세기의 의미를 알고 세기보다는 암기해서 말하는 방법으로 수 세기를 시작한다. 그러므로 수 세기 행동은 분리된 것이며, 기억된 수 명칭을 구술하는 고리로만 이해될 수 있다. 이런 점에서 볼 때 언어적 수 세기는 다른 수 세기 유형에 대한 언어적인 기초를 제공하고 있으며 수학영역보다는 언어영역의 학습으로 간주될 수 있다(김경미, 2012).

유아가 수를 정확하게 세기 위해서 우선 그 문화권에서 통용되는 수 단어를 배워야 한다. 우리나라의 수 단어는 우리말 수 단어(예: 하나, 둘, 셋…)와 한자 수 단어(예: 일, 이, 삼…)를 함께 사용하는 이 중 명명체계이다. 따라서 만 2세를 전후하여 우리말 수 단어를 먼저 습득하지만 만 5세 경에는 한자 수 단어를 주로 사용하고, 숫자가 커질수록 한자 수 단어를 사용하여 수 세기를 더 잘한다(김영실, 김지영, 2002).

(3) 합리적 수 세기

일대일 대응

하나의 사물에 하나의 수 단어를 부여하는 것이다. 즉, 사물의 개수를 셀 때 하나의 사물과 하나의 수 단어가 서로 대응해야 함을 이해하는 것이다. 유아가 실제로 일대일 대응을 하기 위해서는 센 것과 세지 않은 것을 구별하면서 동시에 각 사물에 한 번에 하나씩 수 단어를 부여하는 협응이 필요하다(이순형 외, 2011).

어린 유아들이 일대일 대응에 자주 실패하는 이유는 첫째, 배열된 사물을 중복하여 세거나 배열된 사물을 건너 뛰어 빠뜨리고 세기 때문이다. 둘째. 하나의 수 이름을 두 개의 사물에 중복하여 배치하는 것이고, 셋째는 두 가지 과정을 완전하게 협응시키지 못하는 경우이다(나귀옥, 김경희, 2005).

안정된 순서의 원리

수 세기를 셀 때마다 늘 같은 순서로 수가 사용되어야 함을 말한다. 예를 들어 수를 셀 때 마다 '일, 이, 삼, 사…'와 같이 일정한 순서로 수를 센다면 순서의 원리를 이해하고 있다는 의미이다.

추상화 원리

어떠한 집합이라도 셀 수 있다는 것을 이해함을 뜻한다. 눈에 보이는 물체의 집합도 셀 수 있을 뿐만 아니라 크기, 성격이 다른 집합, 나아가 눈에 보이지 않는 나이와 같은 추상적인 집합도 셀 수 있음을 이해하는 것을 의미한다.

기수 원리

집합의 마지막 항목에 적용된 수사가 그 집합의 항목 수를 나타냄을 의미한다. 물체의 집합을 셀 때 마지막으로 부여된 수사가 특히 중요하다는 것이다. 이 수사는 집합 전체의 소유(Property)를 나타낸다. 이 소유에 대한 공식적 이름은 기수다(김숙자 외, 2005).

이 원리를 이해함으로써 유아는 수 세기 과정과 한 집합의 전체 수량을 연결시킬 수 있게 되는 것이다(이정욱 외, 2010). 따라서 마지막 수 단어는 그 사물에 대응되는 수 단어이면서 그 집합 전체 수량을 표상하는 의미도 동시에 지님을 이해하는 것이다. 예를 들어, 유아가 네 개의 사탕을 셀 때 '하나, 둘, 셋, 넷' 하고 헤아려 '넷'이 사탕 전체를 대표함을 아는 것이다. '사탕이 몇 개지?'라는 물음에 '넷'이라고 답할 수 있으면 기수의 원리를 이해하는 것이다(이순형 외, 2011).

순서무관 원리

수를 셀 때 어떤 방향이나 순서로 헤아려도 결과가 무관하다는 것을 아는 것을 의미한다. 빠뜨리거나 더 세는 것이 아니라면 왼쪽부터 세든 위쪽부터 세든 결과에는 변함이 없음을 알 수 있도록 직접 확인해볼 수 있는 기회를 제공하는 것이 도움이 된다(한유미, 2010).

4. 수의 연산

수의 연산이란 두 개 이상의 수를 일정한 규칙에 따라 계산하는 것으로, 영·유아들이 정확하게 수 더하기와 빼기를 할 수는 없지만 수 더하기와 빼기 상황을 이해하고 있다(황의명 외, 2009).

유아들은 일상에서 더하고 빼는 연산경험을 한다. 시장놀이에서 물건을 사고 거스름돈을 받거나, 주사위 게임에서 누가 더 큰 숫자가 나왔는지 알아보는 등 일상에서 수를 더하고 빼는 경험이 활용됨을 느낄 때 학습이 더 효과적이다.

1) 더하기와 빼기

(1) 더하기 상황에 사용하는 전략

영·유아는 간단한 더하기를 할 수 있으며 이때 일정한 전략을 사용한다. 다음 표와 같이 초기 단계는 구체적 물체를 전부 세기(Counting all)이며, 이후 손가락 또는 다른 대체물 세기로 전환과정을 거쳐 마지막으로 다음과 같은 다양한 정신적 수 세기 책략이 나타난다. 이러한 과정을 거쳐 최종에는 '10이 되는 수의 결합'에 대한 지식을 이용하여 7+5의 경우 5를 3과 2로 분리하여 7+3으로 10을 만들고, 여기에다 다시 남은 2를 더하여 11, 12를 만드는 암산 기술을 보이게 된다(한종화, 2003).

영유아의 더하기 책략을 살펴보면 〈표 5-1〉과 같다.

표 5-1 영유아의 더하기 책략

단계	책략	내용
구체적 물체로 세기	모두 세기 (Counting All)	두 집합의 물체를 전부 센다.
과도기	손가락으로 세기 (Finger Counting)	구체적 물체가 없을 경우 손가락으로 대신 센다.
정신적 세기	이어세기 (Counting On From First Number)	• 첫 번째 수 다음부터 계속 센다. 5+7의 경우, 5, 6(하나 세어 오르기), 7(둘 세어 오르기), 8(셋 세어 오르기), 9(넷 세어 오르기), 10(다섯 세어 오르기), 11(여섯 세어 오르기), 12(일곱 세어 오르기)
	큰 수부터 세기 (Counting On From Larger Number)	• 두 수 중 큰 수 다음부터 계속 센다. 5+7의 경우, 7, 8(하나 세어 오르기), 9(둘 세어 오르기), 10(셋 세어 오르기), 11(넷 세어 오르기), 12(다섯 세어 오르기)

(2) 빼기 상황에 사용하는 전략

빼기는 더하기의 역산으로서 a+b=c이면 c-b=a의 형태를 취한다. 유아는 덧셈보다 뺄셈과정에서 더 많은 어려움과 실수를 나타낸다. 더하기를 위해 증가되는 수 세기를 하는 것은 익숙한 경험으로 별 어려움이 없지만 빼기를 위해 거꾸로 수 세기를 해 내려오는 것은 일상생활에서 드문 경험이며, 수 단어의 나열을 거꾸로 짚어가야 하는 어려움과 세는 단어의 수를 기억해야 하는 복잡함이 있기 때문이다. 영유아가 빼기에 사용하는 책략의 발달을 살펴보면 〈표 5-2〉와 같다(김숙자, 2005; 신은수, 1995).

표 5-2 영유아의 빼기 책략

단계	책략	내용
구체적 물체로 세기	덜어내고 세기 (Separating From)	구체적 물체를 사용하여 감수를 덜어내고 나머지를 센다.
	감수에서 피감수까지 더해가기 (Adding On)	감수로부터 구체적 물체를 피감수까지 더한다.
정신적 세기	세어 오르기 (Counting Up)	• 감수에서 피감수까지 세어 올라간다. 8-5의 경우, 5, 6(하나 세어 오르기), 7(둘 세어 오르기), 8(셋 세어 오르기)
	거꾸로 세기 (Counting Down)	• 피감수부터 감수까지 거꾸로 세어 내려간다. 8-5의 경우, 8, 7(하나 거꾸로 세기), 6(둘 거꾸로 세기), 5(셋 거꾸로 세기), 4(넷 거꾸로 세기), 3(다섯 거꾸로 세기)

유아의 수학적 사고는 감각적 교구를 사용하는 것이 바람직하고, 수학적 연산 개념을 이해하기 위해서는 교재, 교구를 통해 발달시키는 것이 보다 효과적이며, 이러한 유아의 수학적 사고능력을 배양할 수 있도록 교사는 구체물을 제공하고 이를 통해 단계적으로 수학적 경험을 하게 함으로써 유아 스스로 수 연산의 개념을

인식하고 사고의 틀을 만들어 갈 수 있도록 학습 여건을 조성해야 할 것이다. 특히 수 연산의 특성을 교구를 통해 반복적으로 접하면 수 연산의 특성이 학습된다고 본다(김경미, 2012).

또한 유아는 일상생활에서 물체의 수량을 더하고 빼 보는 경험을 한다. 예를 들어, 5명의 친구가 있는데 의자가 4개일 때 몇 개의 의자가 더 필요한지, 크레파스가 4개 필요한데 친구가 5개를 주었을 때 몇 개가 남는지와 같은 경험은 수의 더하기와 빼기를 이해하는 데 도움이 된다. 따라서 유치원에서의 더하고 빼는 학습 경험이 유아의 일상생활에서 실제 활용됨을 느낄 때, 유아는 더 의미 있다고 느끼게 된다. 유아는 더하고 빼기를 익혀 가면서 자기 나름의 전략을 만들고 그것을 확인하려 한다. 이러한 유아의 비형식적인 더하기와 빼기의 전략은 유아가 수 세기를 할 수 있게 되면서부터 발달한다(이순형 외, 2011).

블록 덧셈 놀이

놀이상황

유아들이 숫자 블록을 이용해서 쌓기 놀이를 하던 중 한 유아가 블록의 숫자를 모두 더하면 수가 많아질 것이라는 이야기를 해서 덧셈놀이를 시작한다.

활동자료

숫자블록(수가 커질수록 숫자블록의 높이가 일정하게 길어짐), 색 막대, 나무블록

놀이의 시작

- 은지와 민준이가 수 블록을 사용하여 높이 쌓기 놀이를 하고 있다.
  준혁: 그건 뭐야? 탑이야?
  민준: 응, 숫자 탑이야.
  준혁: 우와~ 우리가 쌓은 숫자 탑 다 더하면 진짜 많겠다.

- 준혁이와 하린이가 수 블록을 1부터 10까지 책상에 펼쳐 놓는다. 숫자 2와 숫자 3 블록을 붙여 높이를 비교해본다.
  준혁: 숫자 2에 다른 숫자를 더 올려볼까?
  하린: 그럼 3을 올려보자.
  숫자: 2 위에 똑같은 숫자 3 블록을 쌓아 올린다.
  준혁: 숫자 2, 3을 쌓으니까 5랑 똑같네?
  하린: 2더하기 3은 5잖아. 그래서 똑같은 거야.
  준혁: 그럼 숫자 1을 3개 쌓으면 3이랑 똑같겠네?
  하린: 그럼 숫자 1블록 3개를 숫자 3이랑 같은지 쌓아보자.

- 숫자 1블록 3개를 쌓아 숫자 3블록이랑 비교해본다.
  하린: 이 블록으로 더하기 할 수 있겠다.

- 숫자 블록을 이용하여 여러 가지 숫자를 쌓으며 덧셈에 관심을 가진다.

놀이의 흐름

- 지훈이가 색 막대 교구를 줄지어 나열한다. 아이들이 색 막대 교구를 가지고 온다.
  하린: 막대가 9개가 있네?
  지훈: 하나만 더 놓으면 10이야.
- 색 막대 하나를 옆에 내려놓는다.
  하린: 그럼 10개인지 세어 보자.
- 지훈이가 색 동그라미를 색 막대 밑에 나열하며 수를 세어 본다.
  지훈: 딱 10개야.
- 하린이가 갑자기 숫자 퀴즈를 낸다.
  하린: 그럼 색 막대가 5개에서 10개가 되려면 몇 개가 필요할까?
  지훈: 내가 한번 해볼게.
- 지훈이가 색 막대를 나열하며 숫자를 세어 본다.
  지훈: 하나, 둘… 다섯 개가 필요하네.
- 색 막대 5개를 나열한다.
- 아이들이 색 막대를 이용하여 덧셈 놀이를 한다.
- 다른 쪽에서는 나무 블록과 색막대를 이용하여 덧셈식을 만들고 있다.
  우현: 색 막대로 더하기 표시 만들어 볼까?
  승우: 더하기를 어떻게 만들어?
  우현: 막대 두 개로 이렇게 만들 수 있어.
  승우: 나도 해볼래.

우현: 우리 블록으로 더하기 해보자.

- 색막대와 나무블록을 이용해 덧셈 놀이를 한다.

- 다음날 현우가 교사에게 다가와 도움을 요청한다.

  현우: 선생님, 우리 숫자 게임하는 숫자 카드가 필요해요.

  교사: 숫자 카드로 어떤 놀이를 하려고 하는 거니?

  현우: 더하기 게임 할 건데 그 게임에 숫자카드가 필요해요.

- 유아의 말을 들은 교사는 숫자 카드를 제공해 준다.
- 숫자 카드와 색 막대를 챙겨서 책상에 앉는다.

  현우: 내가 숫자 퀴즈 내볼게. (숫자 카드를 책상에 올리며) 3 더하기 4는 뭘까요?

- 예린이가 색 막대를 숫자 카드 밑에 놓으며 게임에 참여한다.

  예린: 막대 3개랑 막대 4개는 7이네.

  현우: 정답이야. 이제 내가 맞춰볼게.

  예린: 그럼 이번에는 숫자를 맞춰 봐.

- 예린이가 막대 4개와 막대 2개를 올려놓는다.

  현우: (숫자 카드를 색 막대 밑에 놓으며) 4 더하기 2는 6이네. 정답은 6이야.

  예린: 정답!

- 예린이와 현우가 숫자 카드를 사용하여 더하기 게임을 하며 덧셈 놀이에 즐겁게 참여한다.

- 다음날 유아들과 소나무 숲에 가서 놀이를 하였다.
- 유아들이 솔방울을 주우며 개수를 세고 있었다.

  시현: 하나, 둘, 셋…. 솔방울 많이 모아서 더하기 놀이하자.

  보민: 더하기 표시는 뭐로 할 거야?

  시현: 음… 긴 나뭇가지를 주워서 만들어 보자.
- 솔방울과 나뭇가지를 이용해 덧셈 놀이를 한다.

놀이 경험 이해

〈유아 놀이 경험〉

유치원에서 해보았던 덧셈 게임을 집에 있는 블록을 이용하여 종이에 수를 쓰고 덧셈 게임을 설명할 수 있었다. 엄마에게 덧셈식을 적어달라고 하여 덧셈을 직접 계산해보기도 하고 가정에서 숫자 카드를 만들어 덧셈 놀이를 진행하였다.

〈교사의 놀이 이해〉

유아들이 교실에 있는 여러 가지 블록이나 놀잇감들을 이용해 덧셈 놀이를 진행하였다.

혼자서 덧셈 놀이를 하는 유아도 있었고 친구들과 함께 서로 맞추기 놀이를 하는 모습을 보였다. 교사에게 덧셈 문제를 내어 달라는 유아들이 있어 여러 가지 덧셈식이 있는 활동지를 미리 준비하여 제공해 주어야겠다. 덧셈을 하다가 블록을 빼며 '5개에서 1개를 빼니까 4개가 남았네?'라고 하며 빼기에 관심을 보이는 유아들도 있고 '2랑 4랑 더해도 6, 1이랑 5랑 더해도 6이네'라며 보수개념에 관심을 보이는 유아들이 있어 다음 주 놀이에서 다양한 연산 놀이가 이어질 것으로 예상된다. 블록쌓기로 시작되어 다양한 연산 놀이로 발전할 수 있다는 것을 알게 되었다.

교사의 지원

- 교구 사용 시 정해진 방법으로만 사용하지 않고 유아들의 의견에 따라 다양한 방법으로 활용할 수 있도록 허용하고 제공해준다.
- 유아들의 연산 놀이에 집중하고 있을 때 스스로 생각하고 해결할 수 있도록 중간에 개입을 최대한 줄이고 도움을 요청할 경우에만 놀이에 필요한 것을 제공하였다.

놀이하며 배우는 5개 영역의 통합적 이해

■ 자연탐구

생활 속에서 탐구하기 **물체를 세어 수량을 알아본다.** 유아들은 색 막대와 숫자카드를 더해가며 세어보는 활동에 즐겁게 참여한다.

■ 의사소통

듣기와 말하기 **상대방이 하는 이야기를 듣고 관련해서 말한다.** 유아들은 색 막대와 솔방울을 더해가며 세어보는 덧셈 놀이에 즐겁게 참여한다.

블록으로 기와집 쌓기

놀이상황

우리나라의 다양한 집에 대해 알아보다가 여러 가지 집 모양에 유아들이 관심을 보여 여러 가지 집 모양 사진을 쌓기 영역에 제시를 해주었다.

활동자료

종이블록, 종이상자, 종이컵, 털실 등

놀이의 시작

- 아이들이 교실에 있는 의자 및 다양한 블록을 이용하여 우리나라 전통 집을 표현하기 시작한다.

- 아이들이 기와집에 대해 관심을 보여 기와집을 만들기로 한다.

  교사: 기와집을 만들기 위해 무엇이 필요할까요?

  하준: 커다란 박스가 필요해요.

  승환: 기와 모양을 만들려면 둥근 종이가 필요해요.

  지윤: 색종이도 필요해요.

  지후: 꾸미기 재료도 필요해요.

- 다음날 유아들이 기와집을 만들 수 있도록 재료를 준비하고 기와집을 만들기 시작하였다.
- 재료 중 상자를 보고 집안에 들어가고 싶어 하는 유아들이 생겨 상자를 넓게 이어 붙이게 되었다.

하준: 집에 들어가려면 문이 필요해요. (문을 만든다.)

지후: 선생님 우리 키만큼 높은 집을 만들어 보면 좋겠어요.

- 유아의 이야기를 듣고 상자를 연결하여 유아와 함께 높게 만들어 본다.

승환: 종이컵으로 지붕 만든 것을 본 적 있어.

한결: 종이컵을 이대로 붙이면 될까?

승환: 내가 본 건 종이컵이 잘려져 있었어.

- 가위를 이용해 종이컵을 자르려 시도해본다.

승환: 종이컵이 동그란 모양이어서 자르기가 힘들어요. 선생님이 좀 도와주세요.

- 교사가 자르는 것을 조금씩 도와주니 유아들도 따라서 같이 잘라 테이프를 이용해 붙이기 시작했다.

하준: 집에 들어가려면 문이 필요해요. (문을 만든다.)

- 완성된 기와집을 보고 유아가 교사에게 질문을 한다.

승환: 선생님 엄마가 내 키는 120cm라고 했어요. 그럼 기와집은 120보다 작네요?

교사: 선생님도 궁금하네? 어떻게 확인해보면 좋을까요?

승호: 저기 키 재는 곳에 집을 옮겨서 재어 볼까요?

현지: 옮기다가 기와집이 부서지면 어떡해!

- 아이들이 기와집을 보며 고민을 하기 시작한다.

놀이의 흐름

교사: 우리 교실에서 기와집 재려면 어떤 방법이 있을까요?

- 교실에 있는 블록을 가져와서 기와집에 옆에 쌓아본다

단아: 이것으로 재어 볼까?

승호: 블록이 10cm니까 쌓아서 블록 수를 세어 보면 길이를 알 수 있을 거야.

- 유아들이 다시 교실을 둘러보며 길이를 잴 수 있는 도구를 찾아본다.

- 한 명의 유아가 미술영역에서 털실을 찾아온다.

단아: 이 털실로 재어보면 어떨까? 소윤아 나 좀 도와줘. 아래 털실을 좀 잡아줘.

승용: 알았어.

- 털실을 사용하여 길이를 잰 후 키 재는 곳으로 이동해서 털실의 길이를 재어 본다.

단아: 기와집 높이가 115야.

승용: 기와집은 나보다 작네? 우리 다른 것도 재어 볼까?

단아: (책을 가리키며) 책의 길이를 하나씩 재어 보고 다 더해 볼까?

- 승용이와 단아가 털실을 사용하여 책 길이를 재어서 더해본다. (교실에 있는 의자, 책상 등을 재어 보며 확장 놀이를 한다.)

- 다음날 유아들과 소나무 숲에 가서 놀이를 하였다.
- 유아들이 다양한 크기의 솔방울을 모아 놀이하다가 솔방울의 크기를 비교하고 있었다.

준원: 솔방울 크기가 여러 가지네? 큰 것도 있고 작은 것도 있고…

승연: 이것도 털실로 길이를 재어 보고 싶어요.

- 털실을 가져와 유아에게 주었다. 털실을 이용해 솔방울의 길이를 비교해본다. (이후 여러 가지 나뭇가지를 가져와 길이를 비교해본다.)

놀이경험 이해

〈유아 놀이 경험〉

유치원에서 털실로 길이를 재고 다른 사물들과 길이를 더하는 경험을 집에서 엄마와 이야기를 나눈 후 집에 있는 물건들의 길이를 재어 보고 더하는 활동을 하였다.

〈교사의 놀이 이해〉

유아들이 길이 재는 것에 관심을 가짐으로써 가정에서 가족들과 함께 신체를 사용하여 다양한 사물의 길이를 재어 보도록 연계해보는 것도 좋을 것 같다.

교사의 지원

- 유아들에게 필요한 다양한 재료를 제공해 준다. 수학과 관련한 다양한 수 개념에 관심을 가지도록 놀이를 확장시켜 준다. (높다/낮다, 길다/짧다, 많다/적다, 크다/작다, 넓다/좁다)

놀이하며 배우는 5개 영역의 통합적 이해

■ **자연탐구**

생활 속에서 탐구하기 **물체를 세어 수량을 알아본다.** 유아들은 사물의 길이를 블록이나 털실로 길이를 재어보는 것이 서로 다름을 경험한다.

■ **예술경험**

창의적으로 표현하기 **다양한 미술재료와 도구로 자신의 생각과 느낌을 표현한다.** 유아들은 다양한 미술재료를 사용하여 창의적으로 표현하는 과정을 즐긴다.

주요 용어

수 세기

수 세기는 사물마다 수 이름을 하나씩 붙여서 세는 절차임.

영유아의 수 세기는 사물을 직접 세지 않으면서 수 이름을 말하는 언어적 수 세기(oral counting)와 사물을 직접 세는 합리적 수 세기(rational counting)로 구분함.

연산

영유아는 일상생활에서 연산(operation)활동인 더하기와 빼기 등의 유아의 수 세기 전략은 물체가 주어지는 상황과 사회·문화적 환경에 따라 다른 양상으로 나타남.

영유아가 일상생활에서 획득한 수 세기 지식은 실제적 가치뿐 아니라, 형식적 수학학습 토대가 됨.

정리 하기

1 유아가 사물을 정확히 세기 위해서는 다음의 다섯 가지 수 세기 원리를 습득해야 한다.

① 일대일 대응(one to one correspond)
② 수의 순서 이해(stable order)
③ 추상화(abstraction) 원리
④ 기수(cardinality) 원리
⑤ 순서무관(order irrelevance) 원리

2 부분과 전체 개념의 발달은 부분과 전체의 관계를 이해한다는 것은 유아의 큰 수의 개념은 큰 수를 다양한 방법으로 수 세기하고, 큰 수를 소집합의 모임으로 집합화(grouping)하고, 큰 수를 부분으로 나누어 전체를 구성하는 관계로 이해하게 된다.

3 더하기 상황에 사용하는 전략은 초기 단계는 구체적 물체를 전부 세기(counting all)이며, 이후 손가락 또는 다른 대체물 세기로 전환과정을 거쳐 마지막으로 정신적 수 세기 책략이 나타난다.

4 빼기는 더하기의 역산으로서 $a+b=c$이면 $c-b=a$의 형태를 취한다. 유아는 덧셈보다 뺄셈 과정에서 더 많은 어려움과 실수를 나타낸다. 일상생활에서 사물의 수량을 더해 보거나 빼어 보는 구체적인 경험이 수의 더하기, 빼기관계를 이해하는 데 기초가 된다.

참고 문헌

강대은(2003). 3, 4, 5세 유아의 수세기와 더하기, 빼기 능력 및 전략에 관한 연구. 중앙대학교 교육대학원 석사 논문.

권영례, 이영자, 이정욱(1998). 3, 4, 5세 유아를 위한 수학교육과정 모델 개발의 준거. 서울: 창지사.

김경미(2012). 폴딩 칼라하는 활용한 수학활동프로그램이 유아의 수와연산의 기초개념 및 학문적 자아개념에 미치는 영향. 서울대학교 교육대학원 석사논문.

김숙자(2005). 유아수놀이교육. 서울: 문음사.

김숙자, 김현정(2005). 유아 수놀이 교육. 서울 문음사.

김영실, 김지영(2002). 유아의 수 세기 능력에 관한 연구. 한국교육, 29(1), 247-265.

김은옥(2011). 유아 수학교육 관련 활동에서의 평가준거 구안 한국교원대학교 대학원 석사학위 논문.

김종은(2002). 부분과 전체개념 활동이 유아의 수학문제해결능력에 미치는 영향. 중앙대학교 대학원 석사논문.

손희정(2016). 0~6세의 국가수준 보육·교육과정의 수와 연산 연계성 분석. 부산대학교 대학원 석사논문.

신은수(1995). 3, 4, 5세 유아의 비형식적 더하기와 빼기의 수학능력 및 인지적 전략의 발달에 관한 연구. 한국유아교육학회, 15(1): 101-122.

안진경(2013). 유아의 즉지하기와 수학적 개념과의 관계. 유아교육연구, 33(1), 135-151.

양채은(2016). 수와 연산개념이 포함된 신체활동이 유아의 수 연산능력과 수학적 태도에 미치는 영향. 이화여자대학교 대학원 석사학위 논문.

이보라(2020) 미술작품을 활용한 수학탐구활동이 유아의 수학적 능력과 수학적 성향에 미치는 영향. 강릉원주대학교 대학원 석사학위 논문.

이순형, 권미경, 김헤라, 김정민, 우현경, 유주연, 이정현, 정하나, 최은정(2011). 유아수학교육. 서울: 학지사.

이지현(2015). 유리수와 무리수의 합집합을 넘어서: 실수가 자명하다는 착각으로부터 어떻게 벗어날 수 있는가?. 수학교육학연구, 25(3), 263-279.

이정욱, 유연화(2006). 유아수학교육. 서울: 정민사.

정숙(2010). 유아의 즉지하기 능력과 측정 개념과의 관계. 원광대학교 대학원 석사학위 논문.

정효원(2016). 유아의 즉지하기 능력과 도형변별 능력간의 관계. 원광대학교 대학원 석사학위 논문.

조우미(2017). 3, 4, 5세 유아의 공간적 수 표상능력이 비상징 수 비교 및 연산능력에 미치는 영향. 서울대학교 대학원 박사 논문

한유미(2010). 개정 유아 수학 교육. 서울: 창지사.

한종화(2003). 탐구중심 유아수학교육 프로그램의 구성 및 적용 효과. 중앙대학교 석사학위 논문.

한종화(2019). 영유아 수학교육. 경기: 공동체.

홍혜경(1999). 유아 수학교육의 이론과 실제. 서울: 창지사.

Klein, A., & Starkey, P. (1988). *Universals in the development of early arithmetic cognition*. New Directions for Child Development.

Clements, D. H. (1999). Subitizing. What is it? Why teach it?. *Teaching Children Mathematics, 3*(March), 400-405.

Hohmann, M., Barnet, B., & Weikart, D. P. (1979). *Young Children in Action: A Manual for*.

CHAPTER 06

공간과 도형

피카소(1881~1973)

스페인에서 평범한 미술 교사의 아들로 태어난 피카소는 어린 시절의 연필낙서가 원과 같은 기하학적 도형이나 단조로운 화면 구성 단계를 거치면서, 색채의 배합을 알아내고 공간 구성에 대해 사유하며 20세기 최고의 입체파 거장이 되었다. 공간과 도형은 매우 밀접히 연결되며, 공간에 대한 인식은 도형을 이해하는 데 매우 중요하다.

우리가 살고 있는 3차원적인 공간은 여러 가지 도형으로 둘러싸여 있어, 인간은 태어나면서부터 기본적인 감각을 이용하여 자신이 속한 공간과 주변 물체들의 형태를 탐색하며 공간과 도형에 대한 개념을 형성하기 시작한다(이은영, 2010). 다시 말해서 공간과 도형이란 자기 주변과 그 안에 있는 물건들에 대한 직관적 느낌으로, 우리가 살고 있는 세상의 공간적 패턴(spatial), 형태(shapes), 움직임(movement)을 일컫는 기하학을 이해하는 것이다(안진경, 2002).

공간과 도형은 매우 밀접히 연결되며, 공간에 대한 인식은 도형을 이해하는 데 매우 중요하다. 따라서 이 장에서는 공간과 도형에 대해 알아보도록 하겠다.

1. 공간

1) 공간 개념

유아들이 복합놀이기구에서 놀면서 공간을 경험하고 있다.

공간이란 상하·전후·좌우 3방향으로 퍼져 있는 빈곳을 의미하며, 영유아 공간능력이란 영유아가 주변 사람과 물체들 간의 관계에서 자신을 인식하는 능력이라 할 수 있다(Copley, 2002). 한편, 수학에서 '공간'이란 위치, 방향, 거리 등과 관련된 것으로 위상학적 기하를 의미하며, 위상학적 기하는 수축이나 확장 등의 변형에도 불구하고 변화하지 않는 특성으로 정의된다. 예를 들면 풍선 위에 세모를 그린 후 풍선을 불었을 때(바람을 뺐을 때) 그 모양이나 크기는 달라져서 동그랗게 되지만 분리된 것은 여전히 분리된 것으로 남아 있게 된다. 이와 같이 크기나 모양은 변화하지만 근접, 개폐, 순서, 안/밖 등의 불변하는 특성을 포함하는 것이 위상학적 기하이다.

(1) 근접

근접성은 위치, 방향, 거리에 대한 최초의 위상적적 개념으로, '어디에 있니?(위-아래, 앞-뒤)', '어느 쪽?(향하여-저쪽으로, 앞으로-뒤로)', 그리고 '얼마나 멀리 또는 가까이에 있느냐?(가까이-멀리, 가까이에-멀리에)'의 견해이다. 가깝고 먼 것에 대한 인식은 먼저 영유아 자신의 관점에서 출발하게 된다. 즉, 자신의 관점에서 가깝고 먼 것을 비교하게 되며(예: 나는 창문 가까이 있고, 문에서는 멀리 있다) 그 다음 단계는 상대방의 관점에서 비교가 가능하며(예: 영희는 문 가까이 있다) 마지막으로 제3자의 관점에 비교가 가능하다(예: 영희는 철수에게서는 멀지만 나에게는 가까이 있다)(Barron, 1979).

교사는 카메라를 들고 둘이 놀고 있는 숨은 공간에 다가간다. 그 순간 현수는 카메라를 든 교사의 존재를 의식하고는, 곧바로 숨는 사람은 현수이고, 찾는 사람은 교사라는 술래잡기 놀이로 만들며 미끄럼틀 아래에서 빠져 나온다.

출처: 교육부와 보건복지부(2019). 2019 개정 누리과정 놀이이해자료

(2) 개폐

개폐란 동그라미, 네모 등의 모양을 구별할 수 있기 전에 그 모양이 열려 있는지 또는 닫혀 있는지를 이해하는 것이다. 개폐의 개념을 이해하는 데는 두 가지 교수 전략이 있다. 그려진 선을 따라갈 때 시작한 점에 돌아올 수 있으면 '닫혀 있고', 시작한 점에 돌아올 수 없으면 '열려 있다'라는 것을 이해시키는 방법과 영유아가 선을 넘지 않고도 밖으로 나올 수 있으면 '열려 있고' 선을 넘어야 밖으로 나올 수 있으면 '닫혀 있는' 것이라고 이해시키는 방법이다(이경우 외, 1997).

윤성이는 터널 모양의 문 만들기를 하고, 준우와 찬영이는 종이 벽돌 블록을 연결하여 폐쇄 공간을 만들었다.

민정: 선생님! 이거 봐요! 준이가 우리가 만든 집에 문을 만들어 주었어요!
성수: 준이야, 이 문은 네가 만든 거니까 네가 다 열어 줘!
준이: 문이 열립니다! 문이 닫힙니다!

출처: 교육부와 보건복지부(2019). 2019 개정 누리과정 놀이이해자료

(3) 안/밖

안과 밖의 관계 이해는 폐곡선의 개념과 연관되며 면적, 둘레의 개념학습에 기초가 된다. 폐곡선에는 안, 밖, 경계(또는 둘레) 등 세 가지 차원이 있다. 예를 들어, 우리집의 '안'은 가족들의 의식주가 해결되는 공간이며, '밖'은 외부 공간으로 놀이터와 주차장 등 공용 공간을 의미하며, '경계(또는 둘레)는 벽에 해당된다. 닫혀진 상태에서의 안과 밖의 개념은 울타리나 담의 안과 밖에 있는 물체를 구별하기, 호수 안과 밖에 있는 동물/식물을 비교하기, 원안에 팥주머니 던지기 등의 활동으로 안과 밖의 관계를 경험하도록 도울 수 있다.

교실의 넓은 공간에서는 태인이, 주민이, 유찬이, 성찬이가 함께 종이컵 울타리를 만든다. 종이컵을 동그랗게 원으로 만들고 좁은 종이컵 울타리 안에 모두 들어간다. 그리고 나서 종이컵 울타리를 넘지 않도록 서로를 잡아 준다.

은교, 수민이, 지수가 스티로폼 공을 져서 종이컵 안에 넣는 놀이를 한다. 서로 규칙을 만들어 지키며 스티로폼 공을 던져 종이컵에 넣는 놀이를 만들어 간다.

출처: 교육부와 보건복지부(2019). 2019 개정 누리과정 놀이이해자료

(4) 순서

순서의 위상학적 관계의 이해는 근접, 분리의 이해를 전제로 하며(Schultz et al., 1989), 앞, 뒤, 옆, 다음에, 사이, 위, 아래 등의 공간적 관계의 이해를 포함한다. 순서를 묘사하는 일반적인 두 가지 방법은 '처음부터 마지막까지' 또는 '마지막에서 첫 번째까지'이다. 예를 들면, 4~5세 유아는 순서를 이해하기는 하나 나란히 제시하지 않으면 가역적 사고의 미흡으로 순서대로 놓지 못하지만 6~7세가 되면 왼쪽에서 오른쪽, 원형의 형태 등 순서대로 놓는 문제를 해결하게 된다(Copeland, 1979). 순서에 대한 활동은 구슬 꿰기, 패턴대로 만들기 등의 경험을 통해 이해하도록 도울 수 있다.

서현이가 와서 "구슬 어디 있게? 찾아 봐!"라고 한다.

현아는 종이컵을 들여다보며, 구슬이 어디 있는지 찾아본다.

출처: 교육부와 보건복지부(2019). 2019 개정 누리과정 놀이이해자료

2) 공간개념의 발달

공간개념은 기하학의 기초로 영유아는 원, 삼각형, 사각형 등과 같은 유클리드 기하학적 모양을 분별할 수 있기 전에 안, 밖, 개폐와 같은 위치에 관련된 공간 즉, 위상기하학의 개념을 먼저 알게 된다고 하였다(Copeland, 1979). 그러나 영유아의 위상학적 개념 획득 우선에 대한 상반된 견해를 제시하는 연구가 있는데(Cousins & Abravanel, 1971), 3~5세 어린 영유아도 유클리드 공간관계에 민감하고 형태관계에 기초한 판단이 가능함을 주장하고 있다. 이처럼 영유아의 기하학적 개념 발달에 논란의 여지가 있지만 영유아를 위한 수학교육에서 유클리드 기하학보다 위상기하학이 먼저 발달한다는 견해가 많이 수용되고 있는 실정이다. 따라서 공간개념의 발달을 살펴보면 다음과 같다(Read & Patterson, 1980).

(1) 1단계(24개월 이전)

8개월 이전의 영아는 자신의 시야에 들어오는 물체만을 인식할 뿐 사물과 공간과의 관계를 인식하지 못한다. 그러나 8~12개월의 영아는 가지고 놀던 장난감

이 시야 밖으로 사라졌을 때, 그 장난감을 찾으려고 시도한다. 예를 들어, 공을 가지고 놀다가 공이 책상 밑으로 들어가면 책상 앞에 가서 공을 찾으려고 한다. 12~18개월에는 공간 안에서 자신의 위치를 이해하고 물체와 물체의 관계를 인식할 수 있다. 18~24개월의 영아는 정신적으로 공간을 표상하는 능력을 가지게 된다. 자신이 가지고 놀던 공이 사라지면 없어진 경로를 생각한 후 마지막으로 도달한 곳에 곧바로 가서 공을 찾으려고 한다.

(2) 2단계(2~4세)

4세 전부터 근접, 개폐, 안, 밖, 분리, 순서 등의 위상학적 수학개념을 습득하기 시작하나 크기, 형태, 방향에 대한 개념 등은 아직 발달하지 않았다. 사물을 다른 곳으로 이동시켜도 여전히 모양과 크기가 동일하다는 것을 이해하지 못하며, 사물을 다른 측면에서 보았을 때 어떻게 보일지를 이해하지 못한다. 이 시기 유아가 그린 사람 그림을 보면 사람의 형태나 크기를 제대로 표현하지는 못해도 다리는 몸체에 붙어 있게 그리거나, 눈과 눈은 나란히 떨어져 그린다거나, 머리카락은 얼굴 밖에 그린다든지 하는 위상학적 관계의 표현은 정확함을 볼 수 있다.

유아들이 동대문놀이를 통해 개폐개념을 익히고 있다.

(3) 3단계(4~7세)

이 시기 유아들은 사물을 다른 사물과 관련지어 생각할 수 있다. 즉, 공간의 구조를 생각하기 시작한다. 처음에는 자신이 중심에 있는 것처럼 공간을 바라본다. 예를 들어, '개미가 있어요. 나비가 있어요'와 같이 물체들 간의 관계를 고려하기보다는 임의적으로 지각한다. 점차적으로 '개미는 땅속에 살아요. 그 옆에는 지렁이도 있어요. 그런데 나비는 하늘에 살아요'와 같이 하나의 사물과 다른 사물 간의 관계를 상호 관련짓고, 공간에도 순서와 구조가 있다는 것을 인식하기 시작한다. 사물을 상호 관련지어 의식적으로 지각하는 것은 좌우개념과 대칭 개념의 발달에 영향을 준다. 이 시기 유아는 주변세계를 사물들의 임의적인 집합 이상의 것으로 표상하기 시작하지만 길이, 면적, 부피에 대한 보존개념이 없기 때문에 여전히 사물의 상대적인 크기나 서로 간의 거리는 고려하지 못한다.

유아가 거울을 통해 대칭을 이해하고 있다.

2. 도형

1) 도형 개념

도형은 점, 선분, 모양, 크기 등의 형태를 다루는 유클리드 기하로 규정되며, 자연 세계와 인간이 만든 세계를 나타내고 묘사하며 이해하는 데 도움을 줄 수 있다(NCTM, 1989). 유클리드 기하의 특성은 회전하거나, 뒤집거나, 이동 등 변형의 경우 위치는 변하지만 크기, 모양, 각도 등의 특성은 변화하지 않고 보존된다는 특성이 있다.

(1) 도형의 인식과 명명

도형은 크게 평면도형과 입체도형으로 구분되는데, 평면 위에 있는 원, 삼각형, 정사각형, 직사각형, 타원형 등은 평면도형, 공간에 존재하는 구, 원기둥, 정육면체, 직육면체 등은 입체도형이라고 한다(Smith, 1997). 영유아는 일상생활에서 삼각형, 사각형 등의 평면도형보다는 빵 모양, 공 모양, 책 모양과 같이 입체도형을 자주 접하고 인식하게 된다.

영유아는 입체적인 물체들로 구성되어 있는 환경 속에서 생활하므로 평면도형에 대한 소개 이전에 입체도형에 대한 탐색이 먼저 이루어지는 것이 바람직하다(신현옥, 김동춘, 이수경, 김영숙, 류칠선, 2004). 영유아를 대상으로 입체도형을 이해시키기 위해서는 정육면체, 구, 원뿔과 같은 형식적인 이름을 학습시키는 것을 지양하고, 주변의 여러 가지 물체들의 모양을 살펴보고 '둥글고 굴러 갈 수 있는 것', '납작하고 쌓을 수 있는 것' 등과 같이 그 특성을 인식하고 설명할 수 있어야 한다. 평면도형은 입체도형에 대한 탐색 후에 입체도형의 한 면과 연결하여서 소개하는 것이 바람직하다. 예를 들어, 네모는 상자의 한 면과 연결되어 있고 동그라미는 둥근 기둥의 밑바닥과 연결하여 소개하는 것이 효과적이다.

일상생활에서 도형에 대한 인식 능력을 기르기 위해서는 영유아 주변의 물체의 모양을 인식할 수 있게 명명해야 한다. 예를 들어, 교사는 "동화책을 '여기'에 두자"보다는 "동화책을 '둥근' 책상 위에 두자"와 같이 구체적인 용어로 표현하는 것이 좋다.

놀이를 하면서 영준이는 골판지의 결대로 곡선을 만들고 이것을 평평한 종이에 고정하여 입체물을 만들어 본다.

영준: 여기 공을 놓고 안 떨어지는 게임도 할 수 있고, 이렇게 망원경처럼 볼 수도 있어요.
교사: 어디까지 보여?
영준: 저기 멀리까지 보여요.

출처: 교육부와 보건복지부(2019). 2019 개정 누리과정 놀이이해자료

(2) 도형의 변형과 대칭

도형의 변형에는 이동, 회전, 뒤집기 등이 있으며, 변형을 통해 위치는 변하지만 크기, 모양, 각도 등은 변하지 않는다. 도형의 변형을 해 볼 수 있는 대표적인 교구는 패

턴 블록, 칠교판, 퍼즐 조각 등이며, 이들 교구의 공통점은 이동시켜 방향을 바꾸고 회전해서 다른 모양을 만들 수 있다는 것이다. 예를 들어 단면 퍼즐을 완성하기 위해서는 퍼즐 조각의 위치를 상하 또는 좌우로 '이동'시키고 방향을 '회전'해야 하지만 '뒤집기'를 할 필요는 없다. 이에 비해 양면 퍼즐은 이동과 회전 그리고 뒤집기를 통해 최종적으로 퍼즐을 완성시킬 수 있기에 단면 퍼즐보다 난이도가 높다.

영유아는 비대칭적인 모양보다 대칭적인 모양을 더 잘 기억하고, 변별하고, 선호한다. 특히 수평선을 중심으로 한 상하 대칭보다는 수직성을 중심으로 한 좌우 대칭이 먼저 발달한다(김경희, 2007). 대칭은 물체, 사진, 그림 또는 디자인이 두 개의 똑같은 조각으로 나누어짐으로써 균형감을 주며 눈을 즐겁게 해주는 특징이 있다. 대표적인 활동은 나비나 사람 등을 반쪽만 플라스틱 거울로 비춰보기 또는 종이로 도형 접기 등이다. 이러한 활동을 통해 수직선과 수평선도 이해하게 된다.

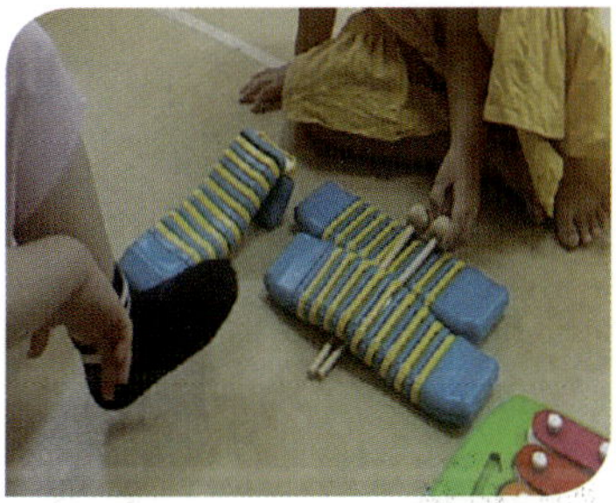

두 유아는 세로 방향의 이불 한 개로 두 개의 실로폰 채를 덮을 수 없자, 이불의 방향을 가로로 바꾸어 같이 덮는다. 스스로 문제 상황을 해결해 낸 은지와 수연이는 만족해 하며 마주보고 웃는다.

출처: 교육부와 보건복지부(2019). 2019 개정 누리과정 놀이이해자료

(3) 도형의 합성과 분할

영유아는 칠교판, 패턴 블록, 유니트 블록 등 기하학적 놀잇감을 결합해서 어떤 모양을 만들어 보는 것을 좋아한다. 이러한 놀이에서 영유아는 도형의 속성을 인식하고, 회전이나 뒤집기 등 도형의 변형을 경험한다. 더 나아가 자연스럽게 여러 가지 도형을 조합하고, 다시 분해해 보는 기회를 가지게 된다. 예를 들어 칠교판 놀이를 하면서 도형과 도형의 조합을 통해 새로운 도형으로 변화될 수 있는 것과

분해하면 원래의 도형으로 되돌아가는 가역성의 개념도 획득할 수 있다.

교사는 영유아가 도형의 합성과 분할을 다양하게 경험하도록 자유롭게 모양을 구성해보는 활동과 완성된 사진을 제공한 후 따라 해보는 활동 등 다양하게 운영해보는 것이 좋다.

다은이는 과학 공간에서 키우는 장수풍뎅이를 지켜본 후, 쌓기 놀이 공간으로 와서 곡선 모양의 나무 블록을 골라내서 장수풍뎅이를 만든다.
옆에서 지켜보던 윤성이도 나무 블록으로 장수풍뎅이를 만든다.

출처: 교육부와 보건복지부(2019). 2019 개정 누리과정 놀이이해자료

2) 도형의 발달단계

영유아는 일상생활 속에서 물체의 모양, 크기 같은 속성에 따라 분류해 보고, 공간에서의 크기와 방향, 위치 관계를 탐색할 기회를 제공받는다. 즉, 영유아는 블록을 쌓고, 방향을 따르고, 물체를 찾고, 이들을 합치거나 나눔으로써 공간에 대한 이해를 발달시킨다. 또한 모든 물체는 모양을 가지며 모양에 의해 물체가 구별됨을 깨닫고 원, 사각형, 그리고 삼각형 같은 몇몇 도형의 이름을 인식하고 경험하면서 2차원과 3차원 도형들의 특성에 대해 고찰해 나간다(Althouse, 1994). Piaet에 의하면 도형개념의 발달은 다음과 같다(Copeland, 1979).

칠교판 놀이의 예이다.

(1) 1단계(3세)

3세 이전에는 아무렇게나 낙서하고 목적 없이 그림을 그리다가 3세가 되면 확실한 형태를 보이기 시작한다. 이 시기에는 동그라미, 세모, 네모 등의 전체로 형태를 인식하며, '동그라미', '세모', '네모'라고 말할 수 있다. 또한 '공', '트라이앵글', '주사위' 같이 일상생활 속 친숙한 사물에 대한 촉각적, 시각적 탐색을 통하여 기하학적 모양을 인식한다. 하지만 변의 길이나 관계, 각도, 크기 등의 구체적 속성에 대한 인식은 아직 부족하다.

유아들이 세모를 몸으로 표현하고 있다.

(2) 2단계(4~5세)

이 시기는 단순한 형태를 인식하지만 복잡하거나 변형된 형태는 인식하기 어렵다. 예를 들어, 삼각형의 한 변이 증가되어 사각형이 되고, 원이 둘로 나뉘어져 반원이 된다는 것을 인식하지 못한다. 즉, 선이 증가하여 다른 모양이 된다는 것은 구별하지 못한다.

(3) 3단계(6~7세)

유아는 사각형, 원, 삼각형, 직사각형과 같은 일반적인 형태를 인식한 후 각 형태의 일반적 특성(도형의 면, 각도 등)을 알게 된다(Kenndey & Tipps, 2000). 유아는 관찰이나 조작 또는 실험 활동을 통하여 모양의 특성을 이해하고 묘사할 수 있다. 예를 들어, "선(변)이 4개 있고, 점(꼭지점)도 4개예요. 선이랑 점이랑 똑같아요"라고 말할 수 있다. 하지만 모양의 집합 간에 대한 관계는 이해하지 못한다. 정사각형은 똑같은 4개의 변을 가지고 있음을 알지만 그것이 직사각형에 속할 수 있음을 알지 못한다.

도형 찾아보기

놀이상황

모양 퍼즐을 맞추고 있는 영아들이 주변의 친숙한 도형을 찾아보는 상황

활동자료

도형 퍼즐, 입체 도형 퍼즐, 교실 내 여러 가지 놀잇감

놀이의 시작

채린: 이거는 하트, 이거는 별 모양, 이거는 동그라미

- 도형 퍼즐에 관심 있는 영아들이 도형 퍼즐을 맞추며 좋아하는 도형을 명명하거나 퍼즐을 맞춘다.
- 교사의 질문과 함께 퍼즐 조각을 살펴보며 어린이집 교실 내 퍼즐 조각과 같은 도형(모양)을 가진 놀잇감 혹은 물건을 찾아본다.

서진: 네모 모양은 벽돌 블록이랑 같아요.

강은: 동그라미 모양을 찾아볼까? 어 솜 공이랑, 화장품 놀잇감, 접시 놀잇감이랑 같아요.

세하: 그림책도 네모 모양이야.

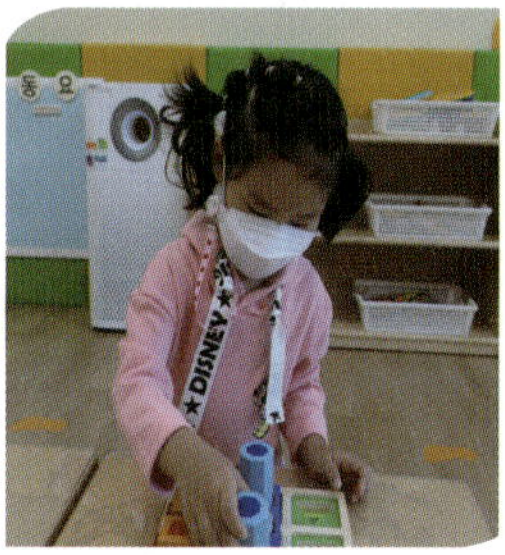

"교사: 애들아 우리 그러면 퍼즐 속 모양과 같은 놀잇감을 찾아보자."

- 퍼즐 조각과 대응하는 같은 모양의 놀잇감을 찾아본다.

교사: 그렇다면 너희들이 찾아온 놀잇감과 퍼즐 조각을 선생님이 분류해볼게요.

강은: 내가 할래요.

(교사는 아이들이 자유롭게 도형 퍼즐 속 조각과 같은 모양의 놀잇감을 찾아올 수 있도록 놀이 공간을 충분히 확보한다.)

놀이의 흐름

- 퍼즐 조각과 같은 모양의 놀잇감을 찾아온다.
  채린: 선생님 내가 네모 모양이랑 같은 놀잇감을 찾았어요. 여기에 놓아둘게요.
  시윤: 난 동그라미 모양과 같은 놀잇감을 찾았어.

- 유아들이 모은 놀잇감을 살펴본다.
  교사: 어떤 모양이 가장 많을까요?
  세하: 동그라미가 많아요

"같은 모양의 놀잇감을 분류해서 살펴보자."

- 퍼즐 조각을 일렬로 나란히 놓아둔 후 조각과 모양이 같은 놀잇감을 나누어 놓는다.
  세하: 나는 동그라미를 모을래요.
  서진, 시윤: 우리는 네모 모양을 모을게.
  강은: 그럼 난 세모를 모을게.

- 퍼즐 조각 모양에 따라 같은 모양의 놀잇감을 분류한 후 이야기를 나눈다.
  교사: 너희들은 어떤 모양이 제일 좋아요?
  서진: 네모 모양이 제일 좋아.
  강은: 나도 나도.
  채린: 난 모든 모양이 좋은데.

- 분류한 놀잇감을 살펴보며 같은 모양이지만 다른 점에 대해 이야기를 나눈다.

교사: 벽돌블록이랑 퍼즐 조각은 같은 네모지만 무엇이 다를까요?

서진: 벽돌블록은 크고, 퍼즐 조각은 작아요.

교사: 그렇다면 모형 음식과 탬버린은 같은 동그라미 모양이지만 무엇이 다를까요?

채린: 탬버린이랑 모형 음식 통은 동그라미지만 달라요.

교사: 어떻게 다른가요?

채린: 탬버린은 (손으로 탬버린을 바닥에 누르듯이 손짓하며) 이렇고, 이것은(모형 음식 통은) (양손이 위, 아래로 벌어지는 손짓을 하며) 이래서 달라요.

교사: 탬버린은 납작하고, 모형 음식 통은 길어서 다른 것일까요?

채린: 맞아요.

교사: 같은 모양이라고 생각하였는데, 다른 점도 있었네요.

- 모양 퍼즐 속 모양을 살펴보며, 가정에서 볼 수 있는 물건 중 퍼즐 속 조각과 같은 모양의 물건을 떠올려 본다.

교사: 어린이집에서의 네모 모양 놀잇감을 찾아보았는데요. 집에서도 네모 모양과 같은 모양의 물건이 있을까요?

서진: 얼마 전에 김치 냉장고 샀어요. 김치 냉장고는 네모 모양이에요.

강은: 우리 엄마 전화기도 네모인데.

교사: 그렇다면 이번엔 어려운 모양이에요. 집에서는 별 모양과 같은 물건이 있을까요?

채린: 우리 엄마 옷에 별 모양 무늬가 있어요.

시윤: 내 장난감에 별 모양이 있어요.

"우리가 좋아하는 모양과 모양이 만나면 또 어떤 모양이 될까?"

서진: 이것 보세요 동그라미랑 네모 모양이 만나면 헬리콥터가 돼요.

채린 : 서진아 내 것도 봐봐. 동그라미가 바퀴고, 네모가 만나면 트럭이 된다.
더 크게도 만들어 볼까?
짜잔 이렇게 많이 합치면 큰 트럭이 된다.
서진아 나도 너처럼 헬리콥터를 만들어 볼게.
내 것으로도 헬리콥터를 만들 수 있어.

서진: 네모랑 동그라미만 있으면 헬리콥터를 만들 수 있네.

놀이 경험 이해

〈영아의 놀이 경험〉

평소 퍼즐류 놀잇감에 관심이 높았던 아이들이라 바뀐 놀잇감 중 퍼즐 조각을 자주 맞추어 보며 놀이하였다. 평면도형 퍼즐부터 입체와 크기에 따라 맞출 수 있는 퍼즐을 제공하자 퍼즐을 반복적으로 맞추어 놀이하는 아이들이 보였다. 이 놀이 후 특히 채린이가 등원할 때 혹은 교실 속 자유 놀이 등 일상생활 중 다른 친구의 옷 무늬, 교실 속 비치된 놀잇감, 창 밖 너머 보이는 사물 등 주변에 사물을 살펴보며 모양을 명명하는 모습이 보였다. 그리고 모양을 합쳐 새로운 모양을 만들어 보는 놀이에 대부분의 영아들이 높은 흥미를 보이기 시작하였으며, 교사에게 놀이를 제안하거나 혹은 스스로 모양과 모양을 합쳐 새로운 것을 창의적으로 만들어 보는 놀이에 적극적으로 참여한다.

〈교사의 놀이 이해〉

친숙한 모양과 영아들이 자주 가지고 놀이하는 놀잇감에서 모양을 찾아 대응시켜 보거나 찾아볼 수 있도록 놀이하여 여러 가지 모양에 관심을 가질 수 있도록 하였다. 영아들의 발달 차이에 따라 평면 모양과 입체 모양을 살펴볼 수 있도록 제안해보았다. 또한 놀이 중 새로운 모양을 창의적으로 만들어 보는 것에 높은 흥미를 보여 다음 주에도 놀이가 이어질 것으로 예상하여 모양과 모양을 합쳐 동물의 형태를 만들어 볼 수 있도록 제안하였다. 이를 통해 영아들의 흥미를 지속시켜 볼 것이며 더 나아가 입체형태의 모양에도 관심을 가질 수 있도록 놀이해 보면 좋을 것 같았다.

교사의 지원

놀이 중 도형에 대한 같은 점, 차이점 등 이야기를 할 때 언어적으로 표현하기 어려워 몸이나 손동작으로 표현하는 영아들의 비언어적 모습을 다시 언어적으로 표현해 주었다.

그리고 놀이 중 아이들이 모양을 인식하고 똑같은 모양끼리 매칭, 분류하는 모습이 보였으나 모양들의 차이를 구별하는 것은 아직 어려워하는 모습이 보여 가정과의 연계를 통해 지속적으로 여러 가지 모양을 인식하고 비슷한 모양끼리 매칭, 분류 등 인식할 수 있도록 지원했다.

놀이하며 배우는 5개 영역의 통합적 이해

■ **자연탐구**

생활 속에서 탐구하기 **물체의 위치와 방향, 모양을 알고 구별한다.** 놀이감과 퍼즐을 같거나 다른 모양으로 구별하고, 새로운 모양으로 만들어 보며 즐겁게 탐색하였다.

■ **의사소통**

듣기와 말하기 **상황에 적절한 단어를 사용하여 말한다.** 다른 사람의 말이나 이야기를 관심있게 듣고 자신이 찾은 모양에 대해 적절한 언어로 표현하였다.

지령따라 보물찾기

놀이상황

놀이터에서 숨바꼭질 놀이를 하는 유아들

활동자료

지령 메모지, 필기구, 보물, 놀잇감

놀이의 시작

주원: 숨바꼭질 할 사람 여기 여기 모여라.
진명: 어, 나도 나도 할래.
범준: 숨바꼭질 할 사람 여기 여기 모였다.
주하: 가위바위보 하자. 순서 정하자. 가위 바위 보.
도하: 아~ 내가 술래다. 100까지 센다. 시작!

- 술래가 된 유아는 어린이집 벽을 보고 뒤돌아서서 손으로 눈을 가리고 선다. 다른 유아들은 각각 복합놀이터 미끄럼틀 아래, 터널 속, 놀이집 뒤, 화단의 나무 뒤로 숨는다.

도하: 97...98...99...100! 자 이제 찾는다. 찾은 사람은 여기 내가 서 있던 데 (어린이집 벽) 와서 손 붙이고 서 있는 거야. 맞지?

- 술래가 고양이 걸음을 하며 놀이터를 걸어다닌다.

- 복합 놀이터 주변으로 걸어가 고개를 숙여 미끄럼틀 아래를 들여다본다.

범준: 쉿!
도하: 어, 찾았다! 박범준 찾았다 술래 자리로 가세요. 나 또 다음 친구 찾으러 간다. 으흐흐.

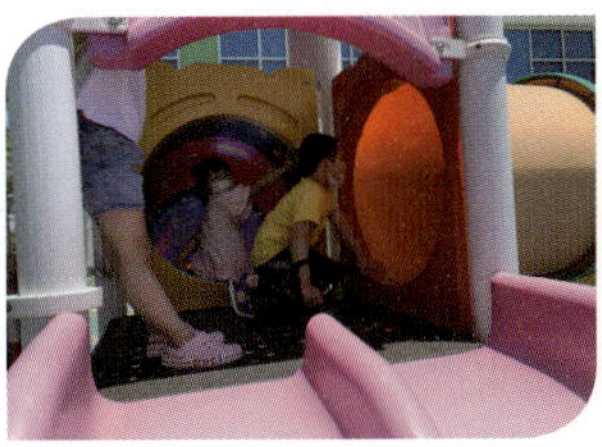

"어디 있나. 여기 통(터널)안에 있나? 터널 위에 있나? 내가 간다 간다."

- 술래에게 잡힌 범준이, 서현이가 함께 술래를 찾는다.

서현: 도하야, 저기 저기 가 봐. 저기 놀이 집 뒤에 있을 것 같아.

범준: 김도하, 수돗가 뒤에도 있는 것 같아.

도하: 찾으러 간다. 어디 있지. 꼭꼭 숨어라. 머리카락 보일라.

놀이의 흐름

- 숨바꼭질을 통해 친구가 숨어 있었던 장소에 대해 이야기한다.

도하: 선생님~ 주원이는 수돗가 뒤에 밑에 쪼그려 앉아 있었어요. 깜짝 놀랐어요.

- 자신이 만든 색종이 도마뱀을 두 손으로 숨기듯 쥔 채 교실을 돌아다닌다. 잠시 후, 교사에게 다가온다.

도하: 선생님, 선생님도 나랑 숨바꼭질 해요. 내 반짝이 도마뱀 어디 있는지 찾아봐요.

교사: 도마뱀 숨바꼭질이야? 선생님이 술래인가? 어디 숨었을까?

진명: 도하야, 이건 꼭 보물찾기 같애. '도마뱀 보물찾기' 어때?

도하: 그래. 그럼 너도 같이 도마뱀 보물 찾아 봐.

진명: 내 생각에 거북이 어항 위에 있을 것 같은데.

- 진명이가 어항 위, 블록장 안, 공기청정기 위, 공기청정기 뒤편을 차례로 훑어본다.

진명: 어! 찾았다. 바로 여기에 공기 청정기 뒤에 숨어 있었네. 내가 찾았다!

- 잠시 후, 놀잇감 정리시간이 되어 교사가 정리 음악을 튼다.

도하: 선생님 내가 쌓기영역 블록 어딘가에 숨겼는데 한번 찾아봐요.

교사: 도하가 아까 가지고 있던 와플 블록 로봇? 어디 있을까? 여기! 언어영역 매트 속에 숨겨 놓았네. 그럼 선생님이 찾은 와플 블록은 와플 블록 바구니에 쏙~

도하: 와! 선생님 진짜 잘 찾는다. 얘들아, 우리도 장난감 보물찾기하자!

지아: 그래! 그럼 난 뭐 찾아볼까?

주하: 아까 내가 갖고 있던 펭귄인형 찾아 봐.

지아: 오, 주하가 갖고 있던 펭귄인형 아까 여기 있었는데. 어디 갔지? 아, 찾았다!

나무블록 교구장 제일 아래 칸에 숨어 있었네.

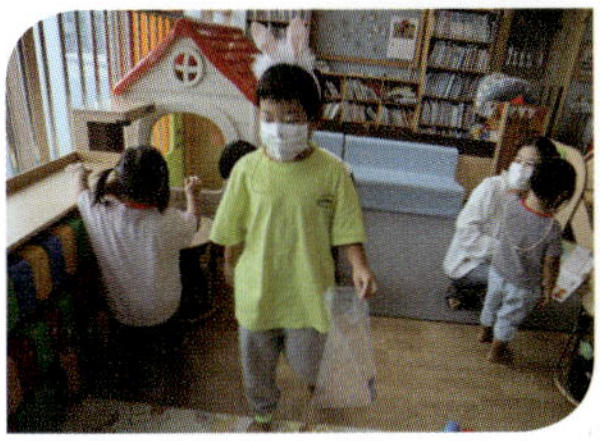

"놀잇감 숨바꼭질, 아니 보물찾기 하자!"

- 각각의 다른 공간에 있던 놀잇감을 찾아 제자리에 정리한다.
  범준: 나는 물통 바구니 안에서 한글 딱지 찾았다. 제자리 돌려놓기.
  주하: 나도 나도. 책상 아래에서 곰돌이 장난감 찾았다.
  진명: 어디 어디 있나. 요기? (책꽂이 아래를 보며)여기 밑에는 없네. 또 또 어디 있나. 여기(의자 옆을 보며) 의자 다리 옆에 색연필 있다.

- 놀이 후, 어질러진 놀잇감을 찾아 제자리에 정리한다.
  진명: 우와~ 우리 보물찾기하다 보니깐 교실이 엄청 깨끗해졌네.
  주원: 맞아. 우리 보물찾기로 놀잇감 정리 다 끝났어.
  범준: 우리 다음에 또 보물찾기 놀이로 정리하자.

- 이동식 칠판 아래에 있던 공기놀이 놀잇감을 찾더니 "칠판 아래에서 공기 찾았다." 라고 하며 제자리에 정리한다.

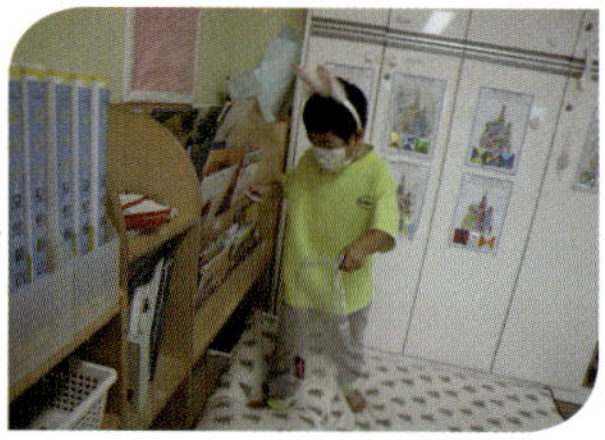

놀이 경험 이해

〈유아의 놀이 경험〉

유아들이 숨바꼭질을 통해 다양한 장소, 공간에서 무언가를 찾으며 성취감을 느끼고 함께 놀이하며 다 함께 놀이하는 것에 흥미를 보이기 시작하였다. 교실에 돌아와서도 실외놀이터에서 했던 놀이를 회상하며 누가 어떤 공간에 숨어 있었는지에 대해 서로 이야기 나누었으며, 이내 자신이 갖고 있는 놀잇감을 숨길 테니 찾아보라고 하며 보물찾기 놀이로 연계될 수 있었다. 이에 교사도 함께 놀이에 참여하였으며, 다양한 공간에 숨겨져 있는 놀잇감을 찾으며 위, 아래, 안, 밖뿐만 아니라 유아의 발달 정도에 따라 오른쪽, 왼쪽까지 표현하며 사물이 있는 위치를 공간을 나타내는 어휘로 표현하였다.

〈교사의 놀이 이해〉

실외놀이터에서의 숨바꼭질 놀이를 통해 자신이 찾고자 하는 목표를 이룸으로써 성취감을 느낌과 동시에 다양한 공간지각 능력을 발달시킬 수 있었다고 평가하였다. 이를 실내놀이에서도 적용하고자 하였더니 자연스레 자신이 갖고 놀던 놀잇감을 교실, 유희실 곳곳에 숨겨두고 다른 유아들이 찾아볼 수 있도록 하는 보물찾기 형태의 놀이로 전개되었으며, 이에 확장하여 놀잇감 정리시간이 되자 눈에 보이지 않거나 각각의 임의의 장소에 놓여 있는 놀잇감을 찾고 어떤 장소에 있었는지 이야기하며 공간지각 능력과 방향 등을 표현할 수 있었다. 이에 교사는 가정과의 연계 매체인 키즈노트 등의 연결 매체를 이용해 오늘의 활동 내용에 대해 학부모님들께 알려드리고 각 가정에서도 보물찾기 놀이를 통한 기본생활습관(정리습관)을 기르고 공간 인지 및 표현 능력을 향상시킬 수 있도록 심화할 예정이다.

교사의 지원

유아들의 놀이가 자율적으로 이루어질 수 있도록 각각의 유아들이 자신의 생각을 자유롭게 표현할 수 있도록 하여 놀이에 필요한 준비물, 놀이 규칙, 결과를 스스로 도출해 낼 수 있도록 격려하였으며 교사가 놀이에 함께 참여하며 유아들의 놀이가 심화, 확장될 수 있도록 충분한 공간을 확보 해 주었다.

놀이하며 배우는 5개 영역의 통합적 이해

■ **자연탐구**

생활 속에서 탐구하기 **물체의 위치와 방향, 모양을 알고 구별한다.** 유아들은 다양한 장소, 공간을 활용하며 숨바꼭질에서 보물찾기에 이르기까지 몰입하며 즐겁게 참여하였다.

■ **신체운동·건강**

신체활동 즐기기 실내외 신체활동에 자발적으로 참여한다. 유아들은 몸을 움직여 놀이하는 것으로 좋아했으며 숨겨져 있는 놀잇감을 찾으며 놀이에 자발적으로 참여하였다.

■ **의사소통**

듣기와 말하기 **자신의 경험, 느낌, 생각을 말한다.** 유아들은 놀이터에서 숨바꼭질한 경험을 자유롭게 말하며 즐거워하였다.

주요 용어

공간

상하·전후·좌우 3방향으로 퍼져 있는 빈곳을 의미함

도형

점, 선분, 모양, 크기 등의 형태를 다루는 유클리드 기하로 규정됨

정리하기

1 공간개념은 기하학의 기초로 영유아는 원, 삼각형, 사각형 등과 같은 유클리드 기하학적 모양을 분별할 수 있기 전에 안, 밖, 개폐와 같은 위치에 관련된 공간 즉, 위상기하학의 개념을 먼저 알게 된다.

2 도형은 크게 평면도형과 입체도형으로 구분된다. 평면 위에 있는 원, 삼각형, 정사각형, 직사각형, 타원형 등은 평면도형, 공간에 존재하는 구, 원기둥, 정육면체, 직육면체 등은 입체도형이다.

참고문헌

교육부, 보건복지부(2019). 2010 개정 누리과정 놀이이해자료. 세종특별자치시: 교육부.

김경희(2007). 사회적 구성주의 활동이 유아의 수학능력, 수학적 과정, 수학적 태도에 미치는 영향: 측정영역을 중심으로. 순천향대학교 대학원 박사학위논문.

신현옥, 김동춘, 이수경, 김영숙, 류칠선(2004). 유아를 위한 수학교육. 서울: 교문사.

안진경(2002). 통합적 탱그램 활동이 유아의 기하 및 공간 감각에 미치는 영향. 원광대학교 대학원 석사학위논문.

이경우, 홍혜경, 신은수, 진명희(1997). 유아 수학교육의 이론과 실제. 서울: 창지사.

이은영(2010). 역할놀이를 활용한 유아수학교육 프로그램 구성 및 적용 효과. 중앙대학교 대학원 박사학위논문.

Althouse, R. (1994). *Investigating mathematics with young children*. New York Teachers Clooege Press.

Barron, L. (1979). *Mathematics Experiences for the Early Childhood Years*. Columbus, Ohio: Charles E. Merrill Publishing Co.

Copeland, R. W. (1979). *How Children Learn Mathematics*. New York: Macmillan Publishing.

Copley, J. V. (2002). The early childhood collaborative: A progressional development model to communicate and implement the standards. In D. H. Clements, J. Jarama, & A. Dibiase(Eds.), *Engaging young children in mathematics*. Mahah, NJ: Lswrence Erlbaum Associates.

Cousins, D., & Abravanel, E. (1971). Some Finding relevant to the hypothesis that topological spatial features are differentiated prior to euclidean features during growth. *British Journal of Psychology*, *62*(4), 475-479.

Kenndey, L. H. & Tipps, S. (2000). *Guiding children's learning of mathematics.* Belmont, CA: Wadsworth.

NCTM (1989). *Curriculum and Evaluation of Standards for School Mathematics.* Reston. VA: Aythor.

Read, K., & Patterson, J. (1980). *The nursey school and kindergarten-human relationship and learning.* New York: Holt, Rinehart and Winston.

Schultz, K. A., Cloarusso, R. P., & Strawderman, V. W. (1989). *Mathematics for every young child*. Columbia, OH: Merrill.

Smith, S. P. (1997). *Early Childhood Mathematics*. Needham Heights, MA: allyn and Bacon.

CHAPTER 07

측 정

측정은 연속적인 속성을 가진 사물에 수를 부여하는 것이다(Clements & Stephan, 2004). 측정하기 위해서는 측정대상의 특성에 적합한 측정단위를 선택할 수 있고, 이를 이용하여 실제로 측정하는 기술이 필요하다. NCTM(2000)에서는 측정교육의 내용 기준으로 측정 가능한 속성과 측정단위의 이해뿐만 아니라 측정의 과정을 이해하는 측면과 적절한 기술 및 도구와 공식을 적용하여 실제로 측정하기를 들고 있다. NCTM과 NAEYC(2000)에서는 유아기 측정교육의 주요 내용으로 측정의 속성을 비교하고 적절한 어휘 사용하기와 임의 단위를 사용하여 측정하기, 일상생활에서 어림하기 사용을 제시하였다.

개정된 누리과정에서 측정은 자연탐구영역의 '생활 속에서 탐구하기' 내용 범주 안에서 '일상에서 길이, 무게 등의 속성을 비교한다'로 제시하고 있다. 이러한 내용은 다시 기초적인 측정하기 내용 범주 안에서 세부 내용을 두 가지로 나누어서 첫째, 길이, 크기, 무게, 부피, 시간 등의 속성에 따라 비교하고, 순서를 지어 보기, 둘째, 임의 측정단위를 사용하여 길이, 부피, 무게 등을 재어 보는 것으로 구분된다.

측정은 수학 내용에서 일상생활에서 가장 폭넓게 사용되는 개념이며, 유용한 수학적 기술 중 하나다. 이는 영유아 수학교육에서 중요하다고 보는 기하와 수를 연결하는 영역이다. 즉, 측정은 사물을 측정하는 것뿐만 아니라 사물을 대응시키고 비교할 수 있고 측정한 결과를 가지고 토의하면서 원활하게 의사소통을 할 수 있으며, 공간, 개념, 수 세기와 같은 다른 수학적 개념들을 연결시킨다. 본 장에서는 측정의 발달 과정과 측정의 개념을 세분해서 길이와 높이, 면적과 영역, 부피와 양, 무게, 시간, 온도, 화폐의 순으로 설명해 보고, 측정의 지도방법을 제시하였다.

1. 측정의 발달과정

1) 어림하기와 비표준화 측정단위 사용하기

손뼘 그림을 이용하여 칠판 길이를 재어 본다.

전조작기 말과 구체적 조작기 초에 오면 임의의 단위를 사용하여 측정하기를 배우게 된다. 이때 유아는 자신의 신체단위(손뼘, 발 길이, 팔 길이)를 사용해 측정하다가 점차 다른 임의단위(블록, 연필, 클립 등)를 사용하게 되며, 측정 경험이 증가함에 따라 다른 사람과 의사소통을 하기 위해 공통적으로 사용하는 표준 측정단위의 필요성을 인식할 수 있고, 대략적으로 어림 측정과 추측을 한 후 실제 측정결과와 비교할 수 있다.

어림하기와 측정활동을 경험할 수 있는 활동은 다음과 같다. 첫째, 선택한 바구니가 모든 구슬을 담을 만큼 충분히 큰지 아닌지 추측한다. 둘째, 새집의 무게가 다섯 개의 곰 인형과 같은지 어림짐작하고 균형(양팔) 저울에 놓아 본다. 셋째, 자신 들이 만든 구슬목걸이가 블록 7개만큼 긴지 대 본다. 넷째, 사물의 높이나 길이를 비교하기 위해 적당한 측정 막대를 사용한다. 다섯째, 키가 비슷한 친구끼리 키를 대본 후 누가 얼마나 더 큰지 정확하게 알기 위해 표준단위가 필요함을 알 수 있다.

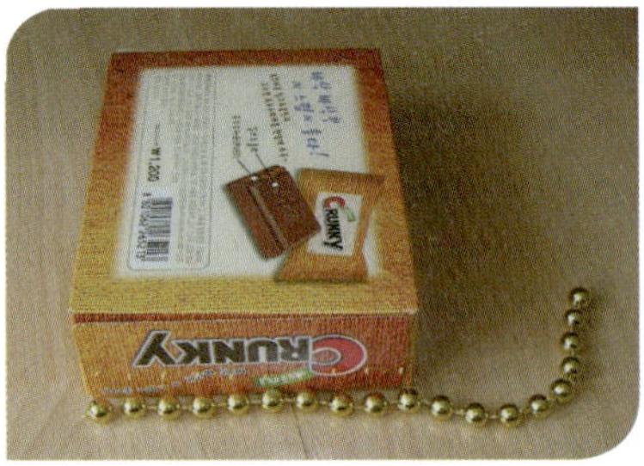

구슬을 이용해 길이를 재어 본다.

영유아기 측정개념은 대체로 4단계를 거치면서 발달하며, 이를 위한 적절한 교수 방법을 다음과 같이 제안해 볼 수 있다(Charlesworth & Lind, 1995).

2) 놀이와 모방 단계

이 단계의 영아는 유아와 성인의 행동을 흉내 내는데, 다른 사람이 하는 대로 자, 계량컵, 계량스푼, 저울 등을 가지고 재면서 놀이를 한다. 또한 양과 부피에 대한 탐색은 모래, 물, 쌀, 콩 등을 한 용기에서 다른 용기에 이동하면서 경험하고, 무게에 대한 탐색은 물건을 들어 올리거나 옮기면서 이해한다. 이러한 높이에 대한 첫 개념은 키를 비교하면서 배우게 되는데, 팔이 길어서 자신이 닿을 수 없는 곳까지 닿는 사람을 보고 길이에 대해 알게 된다. 또한 뜨거운 음식과 찬 음식, 따뜻하거나 찬 목욕물을 통해 온도에 대해 배우게 된다. 이러한 단계는 출생에서부터 감각운동기와 전조작기까지 지속된다.

3) 비교 단계

'~보다 큰, ~보다 작은', '더 무거운, 더 가벼운', '더 긴, 더 짧은'과 '더 뜨거운, 더 차가운'과 같은 비교를 하게 되는데, 이는 구체적인 활동을 통해 비교 용어와 개념을 연관시켜 주는 기회를 제공해야 한다. 이 단계는 감각운동기와 전조작기 영유아에게 주로 나타난다.

4) 임의의 측정 단위를 사용하는 단계

전조작기 말기와 구체적 조작기 초기 단계의 영유아는 일상생활에서 무엇인가를 재고자 할 때 임의의 단위를 사용하여 측정하기를 배우게 된다. 모래놀이를 할 때 컵을 사용함으로써 한 컵의 부피가 임의의 단위가 됨을 알게 되고, 이 시기에 점차적으로 표준측정단위의 필요성을 느끼게 된다.

5) 표준화된 단위의 필요성 인식 단계

구체적 조작기에 들어가면 표준화된 단위의 필요성을 인식하기 시작한다. 또한 다른 사람과의 의사소통을 위해 공통으로 사용하는 단위의 필요성을 인식하도록 해 주어야 한다. 대체로 유아는 두 번째 단계에서 3, 4단계로 전환하는 데 다양하고 구체적인 측정 경험을 제공하여 보존 단계로 발달하도록 도와주어야 한다.

〈표 7-1〉은 영유아기 측정개념의 발달 단계에 관한 것으로 0~4세까지는 놀이와 모방을 통해서 비교의 초기 개념만 나타나다가 점차 5세부터 임의의 측정단위를 사용하기 시작한다는 내용이다.

표 7-1 영유아의 측정개념의 발달

피아제의 발달 단계	나이	측정 발달 단계
감각운동기와 전조작기	0~4세	1단계: 놀이와 모방 2단계: 비교
이행기: 전조작기에서 구체적 조작기	5~6세	3단계: 임의의 측정단위 사용 4단계: 표준 측정단위 필요성 인식
구체적 조작기	6세	5단계: 표준 측정단위의 사용

출처: Charlesworth & Lind, 1995.

2. 측정의 개념

측정은 사물의 속성을 양적으로 파악하는 것으로 길이, 무게, 크기 등의 측정 가능한 속성을 이해하여야 한다. 또한 측정활동은 비교하기, 순서 짓기, 보존성, 이행성, 측정단위와 같은 개념과 기능이 포함되어야 한다.

1) 길이와 높이

길이의 측정을 위해서는 길이에 의해 물체를 순서화하거나 비교하는 등의 준비 활동이 필요하다. 영유아기의 적절한 활동은 '더 긴', '더 짧은', '같은 길이' 등과 같은 개념을 강화할 수 있는 것이어야 하는데, 예를 들면, 책상 위에 블록을 쌓거나 높이가 다른 블록을 올려놓고 높이의 차이를 비교할 수 있다. 즉 '더 높은', '더 낮은', '더 큰', '더 작은' 등과 같은 어휘를 사용하여 높이 개념을 이해하도록 한다.

블록을 이용하여
나무 길이를 알아본다.

또한 더 긴 것을 알도록 하기 위해 친숙한 두 가지

물체를 비교해 보도록 한 후 물체에 비표준 측정단위(클립, 아이스크림 막대, 블록 등)를 길이로 맞대어 놓아 직접 비교하도록 하기도 한다. 이때 교사는 자나 줄자 같은 표준 측정단위보다는 비표준 측정단위를 사용하도록 격려하고, 영유아기에 측정에 흥미를 가지면 교실에 있는 여러 가지 물체를 측정하고 비교하게 하며 가장 합리적인 방법을 찾고 표준화 도구의 필요성을 인식한 다음 기록적인 표준도구를 소개한다.

나무토막을 이용하여 길이를 알아본다.

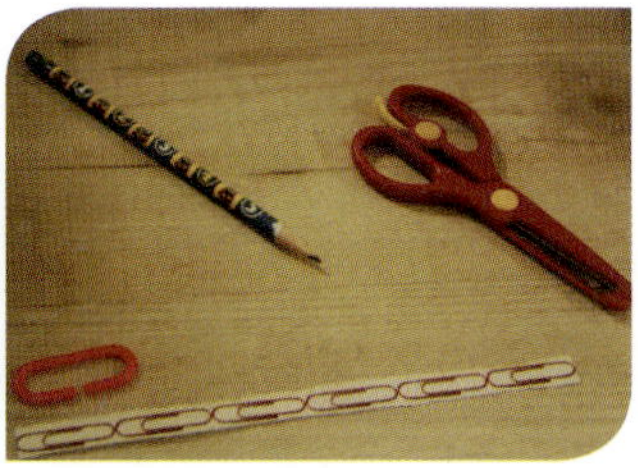
클립과 동그란 블록을 이용하여 가위의 길이를 알아본다.

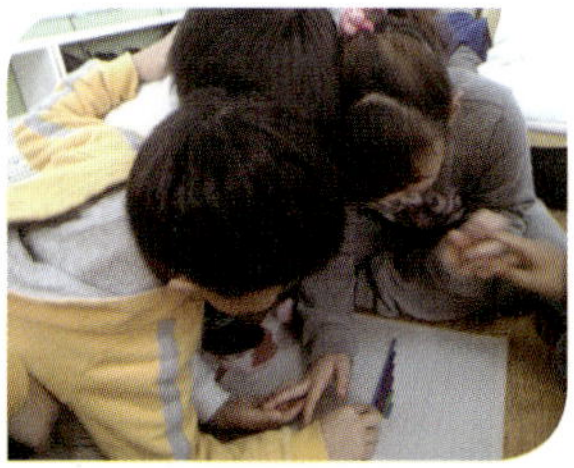
다양한 물건을 클립을 사용하여 길이를 알아본다.

2) 면적과 영역

면적은 어떤 장소의 일정 부분을 덮고 있는 표면의 양이고, 영역은 일정 장소 주변의 거리를 의미한다. 특히 영유아는 면적과 어떤 영역에 관한 개념을 혼동하기 쉬우며 영유아는 물체가 일정하게 덮고 있는 부분을 가진다는 것을 이해함으로써 면적과 영역의 개념을 점차적으로 배우게 된다.

나무토막을 이용하여 종이의 면적을 알아본다.

면적과 영역에 관한 개념은 영유아에게 어려운 개념이기 때문에 일상생활에서 선험적으로 '안에', '밖에', '위에'와 같은 개념을 이해할 수 있는 놀이를 통해서 이러한 개념의 차이점을 구별할 수 있는 활동을 해야 한다.

영유아에게 있어 면적과 관련된 어휘를 형성시켜 줌으로써 비교할 수 있도록 하고, 측정할 때는 작은 면적의 물체를 세어 본다든가, 몸을 그려서 서로 겹쳐보게 하는 활동경험을 통해서 배우며, 표준단위의 소개는 충분한 준비활동이 이루어진 후 가능하다.

이를 위해서 교사는 처음에는 연필이나 막대와 같이 길이로 된 것보다는 색종이, 책받침 등 평면을 이용하여 측정하도록 하는 것이 좋다. 가령 상자의 면과 같은 표면적 측정부터 하는 것이 좋으며, 영유아는 자신이 선택한 임의단위가 얼마나 필요한지 어림잡아 측정할 수 있게 된다. 또한 교사는 영유아에게 "하얀 칠판을 다 채우려면 색종이(책받침)가 몇 장이 더 들어가야 할까?" 또는 "이 부분이 얼마나 될까?"라는 질문을 함으로써 영유아는 자신이 어림잡아 측정해 본 결과와 실제로 측정해 본 결과를 비교해 볼 수 있다.

3) 부피와 양

부피와 양의 개념은 3차원 개념이다. 부피는 용기 내의 공간의 양을 의미하고, 양은 어떤 물체가 차지한 공간의 양을 일컫는다.

상자를 이용하여 부피를 알아본다.

교사는 부피와 양의 개념지도를 위해서 나무블록을 이용하도록 하면 부피의 단위를 알려주는 좋은 기회가 될 수 있다. 영유아에게 가지고 있는 상자를 채우려면 얼마나 많은 센티미터 블록이 필요한지 추측해 보도록 하고, 그런 다음 실제로 센티미터 블록을 사용하여 상자를 채우면서 그 수를 세도록 하고, 기록하도록 한다.

또한 양에 대한 개념을 밀가루나 찰흙놀이 등을 통해 획득할 수 있는데, 공 모양의 찰흙덩어리와 변형된 모양의 찰흙의 양이 같음을 확인함으로써 양의 개념을 획득할 수 있다.

4) 무게

무게에 대한 준비를 위해 유아에게 "어떤 물체가 다른 것보다 더 무겁다"와 같은 판단을 내리도록 하는 경험을 제공해야 한다. 예를 들면 그림을 보고 "이것은 저것보다 더 무겁다"와 같은 판단을 하기 전에 실제로 물건을 들어 보도록 한다. 무게를 나타내는 어휘가 있고, 물체의 무게는 물건의 크기에 따라 결정되지 않는다는 것을 가르치는 데 중점을 두어야 한다. 이를 테면 솜과 돌의 무게 측정을 통해 인식할 수 있다.

양팔저울을 이용하여 다양한 물건의 무게를 비교한다.

5) 시간

시간의 개념은 경과시간 및 기간, 시간적 관계, 시간의 순서를 포함하는 개념이다. 시간에는 연령의 개념까지도 포함되는데, 피아제에 따르면 5세 연령의 유아들은 자신들이 '더 크기 때문에' 동생들보다 나이가 많다고 믿지만 어머니와 할머니는 나이가 같다고 믿고 있다. 유치원 연령의 유아는 시간보존 개념이 형성되지 못하였기 때문에 표준단위를 사용한 시간측정 활동이 어려우며, 영유아를 위한 교육과정은 매일의 일상생활 속에서 시간의 순서를 익히도록 하고, 하루 일과표와 같은 것에서 매일 반복

적으로 일어나는 '이야기 나누기와 바깥놀이'에 중점을 두도록 한다.

시간의 측정은 사건의 지속기간을 말해 주는 '시간 위 숫자'에 의해 나타내지만 유아기에서는 모래시계나 소금시계를 이용하여 시간의 경과를 관찰하게 해보고, 줄넘기의 횟수만큼 시간이 경과했다는 사실을 알 수 있게 해줌으로써 시간의 측정을 경험하게 하며 주간계획표와 같은 것들은 영유아에게 내일의 개념을 예측하도록 하며, 생일이나 공휴일 같은 행사들은 숫자들과 달(months)에 대해 흥미를 유발시킨다. 그리고 유아는 특정 시기를 기준으로 날짜가 바뀌는 달력에 대한 경험이 필요하다.

(1) 사건의 배열과 속도

시간은 사건과 병행하여 형성되는 것이기 때문에 사건의 시각적 독립이란 존재하지 않는 것이며, 공간과 시간은 두 개의 관련된 체제로 간주하며 지각적으로 식별은 되지만 실제로는 분리될 수 없는 것이다. 이러한 관점은 공간과 시간의 상관성에 대한 이론을 가능하게 한다. 찰스워드와 린드(Charlesworth, & Lind, 1995)는 유아가 삶 속에서 만나는 시간을 개인적·사회적·문화적 시간의 세 가지 방법으로 구분함으로써 유아기에 경험하는 시간의 개념을 분석하였다.

표 7-2 유아가 경험하는 시간의 개념

개인적 시간 (personal time)	• 유아는 자신의 과거, 현재, 미래를 일컫는다. • 유아는 현재보다는 과거와 미래를 이해하는 데 어려움을 겪는다.
사회적 시간 (social time)	• 삶 속에서 하는 일이나 사건의 연속성을 말한다. • 교사는 일과 중 연속적 일(윗옷 걸기, 놀이시간 갖기, 간식 먹기)에 대해 이야기함으로써 유아가 사회적 시간을 생각해 보도록 도울 수 있다.
문화적 시간 (culural time)	• 시계와 달력에 의해 측정하는 시간이다. • 교사는 시계, 달력을 참조하여 시간에 관한 언어와 익숙해지도록 한다.

사회적 시간의 예

문화적 시간의 예

사건의 연속적 순서배열과 속도에 관한 교수전략으로는 첫째, 어떤 활동을 똑같이 시작한 후, 그 활동의 지속시간을 관찰하게 한다. '더 긴 시간', '더 짧은 시간', '같은 시간' 등의 의미를 소개할 수 있다. 둘째, 시작하는 시간을 다르게 하면서 모래 모으기, 물 옮기기 등을 통해 사건의 지속시간을 재는 활동을 한다. 셋째, 시작시간을 달리하면서 사건의 지속시간을 재되, 간단한 측정단위를 소개한다. 넷째, 숫자로 된 다이얼의 일정 지점을 옮기면서 사건의 지속시간을 비교하며 초시계 같은 기계적인 도움을 받으며, 큰 소리로 세면서 사건의 지속시간을 비교한다. 다섯째, '더 빠른', '더 느린' 등의 속도와 관련된 어휘를 소개하고 시간과 음악을 통합하여 빠른 리듬과 느린 리듬으로 손뼉을 친다. 여섯째, 시계를 사용하고 점차로 표준단위를 소개한다. 일곱째, 시간과 나이를 연관시켜 유아에게 집에서 출생에서부터 현재까지의 사진을 가져오게 하여 어렸을 때부터 현재까지의 모습을 서열화하도록 한다.

(2) 하루

유아에게 있어서 시간과 연관된 의미 있는 단어는 '지금(오늘)'이라는 단어이며, 유아에게 오늘은 과거나 미래보다 의미 있는 것이며, 측정할 수 있는 단어이다. 예를 들면 '오늘'은 구체적인 경험과 연관될 수 있는 의미 있는 것이다.

유아에게 오늘을 중심으로 내일(미래), 어제(과거)를 이해하도록 경험을 제공하여야 하며, 유아는 미래를 과거보다 쉽게 이해한다. 구체적으로 “네가 집에 가서 한 밤 자고 유치원에 오면 견학을 갈 거야. 우리는 내일 농장에 가는 거야.”라고 구체적으로 내일의 개념을 설명한다.

(3) 달력과 계절

유아기에 들어서면 일주일의 요일은 같은 순서나 이름으로 항상 진행되고, 달력의 날짜도 같은 날짜들로 구성되는 것을 이해하기 시작한다.

달력과 계절에 관련하여 고려해야 할 교수전략으로는 첫째, 달력은 중요한 위치에 걸어 두며, 영유아의 생일에 별표나 웃는 얼굴 등으로 표시해두며 자주 사용해야 한다. 둘째, 사계절의 날씨, 식물, 동물, 새에 관해 토의하고, 계절에 관련된 사건의 개념, 계절의 순환, 계절의 순서에 관해 이해하도록 하며, 계절은 중요하다는 것을 알려준다. 셋째, 요일의 이름, 한 주 동안에 일어난 사건의 순서를 이해하도록 한다. 넷째, 달의 모양을 관찰하고 달에 대한 개념을 발달시키며, 1년 중 달의 이름과 수를 알도록 한다.

날짜와 요일을 알아보는 활동판

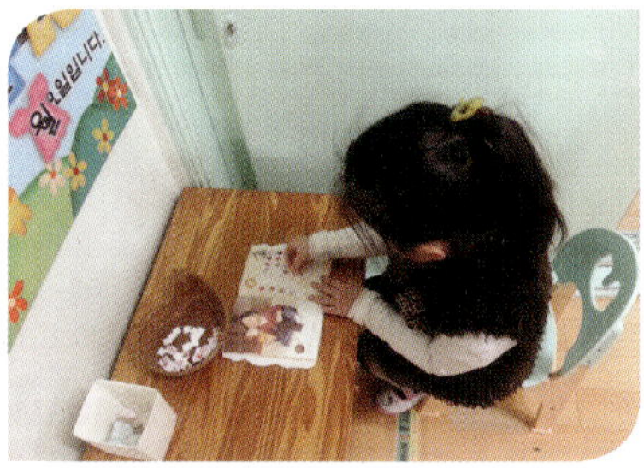

출석카드 날짜, 요일에 맞는 칸에 스티커를 붙인다.

6) 온도

영유아는 계절의 변화에 따른 신체적 느낌을 통해 온도를 경험하게 되며, 피부로 온도 차이를 느낄 수 있도록 더운 물과 찬 물이 나오는 수도꼭지를 통해서 '뜨겁다', '차갑다'의 개념을 구분할 수 있는 활동을 할 수 있다.

손뼘 그림을 이용하여 칠판 길이를 재어 본다.

영유아 교육기관에서 온도계를 읽는 활동이 온도의 개념을 이해시키는 활동이라고 여기는 경우가 있지만, 온도계의 눈금을 측정하는 활동보다는 바깥놀이 후 "교실보다 바깥이 얼마나 더 추울까?"와 같은 질문을 통해 온도에 대한 어휘와 개념을 이해하는 활동이 유아기에서 더 적절하다. 온도계 활동을 할 경우에는 온도 변화에 따라 온도계의 눈금이 어떻게 오르고 내리는지 관찰할 수 있는 기회를 제공해 준다.

7) 화폐

화폐는 모든 사람의 생활 속에서 필요하며, 5세 유아는 동전들의 이름을 배우고 동전의 이름 맞추기를 좋아한다. 따라서 화폐에 대한 활동을 도입할 때에는 우선 돈으로 무엇을 살 수 있는지 토의를 하고, 시장놀이 할 때 사고팔기를 통하여 화폐에 대한 이해를 도와준다. 교사는 가능하다면 실제 돈을 이용하여 직접 활동을 제공하는 것이 좋으며, 실제 물건과 교환하는 활동은 화폐의 가치 중 제일 작은 단위로 시작하며, 10원, 100원, 1000원짜리 동전과 지폐를 시각적·물리적으로 구별하게 한 후 화폐 간의 동등 가치를 유지할 수 있는 방법을 알려준다. 즉 100원짜리 동전 5개는 500원이 된다는 등의 설명을 해주어, 100원짜리 동전 10개와 1000원짜리 지폐 1장의 가치가 같다는 사실을 인식시켜야 한다.

모조화폐를 이용하여 실제 시장놀이를 한다.

3. 측정의 지도방법

측정은 물리적 환경에 대한 학습을 위한 중요한 도구로서 양, 높이, 무게, 길이, 부피, 화폐, 비교개념, 지속시간, 임의단위 등이 수업계획 안내에 포함되어야 한다.

구체적 조작기에 들어가면 유아는 일상생활에서 사용하는 여러 측정도구에 관심을 갖고 탐색하게 되며, 다른 사람과의 정확한 의사소통을 위해 공통으로 사용하는 단위를 사용해야 함을 알려준다.

측정도구들을 어떻게 사용해야 하는지 알기 위한 활동은 다음과 같다. 첫째, 극놀이 때 측정도구를 가지고 놀이를 한다. 둘째, 물체의 무게를 비교할 때 양팔저울을 사용한다. 셋째, 물놀이 때 컵을 사용하거나 요리시간에 티스푼 사용한다. 넷째, 나무의 높이를 재기 위해 막대를 사용한다. 다섯째, 요리, 집 짓기, 과학실험 같은 활동을 할 때 교실에 있는 측정도구(저울, 자, 컵)를 사용한다.

양팔 저울을 이용하여 무게를 재어 본다.

과일의 크기와 무게 재기

놀이상황

유아가 과일 모형을 가지고 크기와 무게를 비교하는 데 관심을 가지는 상황을 관찰한 교사가 실물 과일을 준비했다.

활동자료

크기와 모양이 다양한 과일(예: 사과, 배, 귤, 딸기, 체리), 저울, 자

놀이의 시작

- 교사: 어제 민준이랑 수주, 한결이, 준영이가 과일마다 무게가 다른데 모형으로는 다 비슷한 것 같다고 말해주어서 선생님이 실제 과일을 준비해왔어요.

- 어제 유아들이 과일 모형에 관심을 가지며 크기를 비교하고 무게를 측정해보려 했으나, 모형이라 무게에 차이가 크지 않았다. 놀이를 관찰한 교사가 다음 날 크기가 다양한 실물 과일을 준비해주었다.

  교사: 선생님이 교실에 있는 모형과 같은 과일을 준비했어요.

  민준: (양손에 과일을 하나씩 들고 무거운 쪽 손을 내리며) 봐 봐. 실제로 보니까 이게 훨씬 무겁잖아.

  수주: 나도 들어보자!

  한결: (딸기와 체리를 들어 보며) 이건 별로 차이가 안 나는데?

  교사: 한결이는 두 과일의 무게가 같게 느껴지는구나. 얼마나 같은지 한번 알아볼까?

- 무게를 예측하고 실제로 측정해보는 놀이에 관심을 가진다.

놀이의 흐름

- 무게를 예측해보고 어떤 도구로 측정해볼 수 있을지 찾아 본다. 과일을 손으로 만질

때 어떻게 하면 좋을지 미리 유아와 충분히 논의하여 놀이가 제한되지 않도록 한다.

한결: 한~ 이만큼 정도? (손으로 표현한다) 잘 모르겠어요.

준영: 이 조그만한 딸기가 그만큼이면 저 큰 사과는 도대체 얼마라는 거야!

교사: 잘 모르겠나 보구나. 그럼 직접 재어 보는 건 어떠니? 우리 변의 물건들은 크기나 무게를 재어 볼 수 있단다.

수주: 아! 저기에 있는 저울로 무게를 재어 볼래요.

준영: 나는 사과랑 귤을 양팔저울에 올려 봐야겠다.

한결: 선생님, 자 있어요? 저는 자로 재보고 싶어요.

교사: 수주는 저울을 사용해볼 생각이구나. 준영이는 양팔저울에 올려볼 생각이고, 한결이는 자로 재어 보고 크기를 측정해보고 싶구나. 그럼 선생님이 자를 가져다 줄게요.

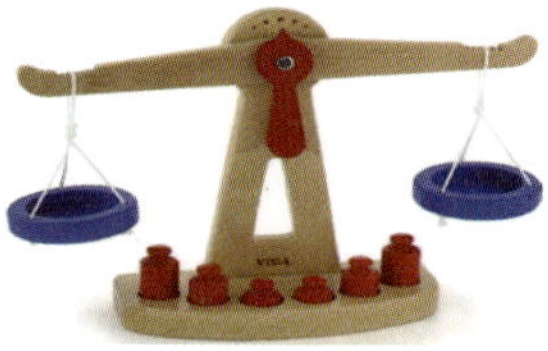

- 교사가 자를 준비해온다.

준영: 사과 하나에 어디 보자. 귤이 세 개는 올라가야 높이가 똑같아지네.

수주: 그럼 사과 빼고 딸기 올려보자!

한결: (숫자를 확인하며) 선생님, 사과는 8이에요! 8.

교사: 자로 재어 보니 사과의 크기는 8cm였구나. 딸기 몇 개를 길게 놓아야 사과 하나와 크기가 같아질까요?

놀이경험의 이해

〈유아의 놀이 경험〉

양손에 과일을 들고 어림 잡아 무게를 측정하는 것에 관심을 보인다. 양팔 저울에 올려 사과 1개와 무게가 같아지려면 귤은 3개가 필요하다는 사실을 알아낸다. 다른 과일을 올려 무게가 같아지는 것에 관심을 가지며 놀이를 이어 간다. 한편, 크기를 측정하는 것에 관심을 가진 유아는 자를 책상에 두고 사과를 대어 보며 사과의 크기가 숫자 '8'인 것을 알아낸다. 다른 과일의 크기를 측정하고, 길게 줄을 세워 보며 사과와 크기가 같아지려면 몇 개가 필요한지 탐구해보며 놀이를 이어간다.

〈교사의 놀이 이해〉

모형 과일의 무게 차이가 크지 않아 측정하기가 어려운 상황이었다. 실물 과일을 제공하여 측정에 대한 관심이 놀이로 이어지도록 지원해주고 싶었다. 처음에는 민준이와 수주 둘이서 무게에 관심을 가졌으나 준영이와 한결이가 무게를 예측하는 토의에 참여하였다. 실물 과일의 무게와 크기를 측정해보며 사과 1개와 귤 3개의 무게가 같다는 것을 알 수 있었다. 한결이가 사과의 크기가 '8'이라고 말한 것에 대해 "사과의 크기는 8cm였구나"라고 언어적 지원을 주어 단위에 대해 알 수 있었다. 놀이를 통해 과일의 무게를 측정하고 비교해볼 수 있었다. 실물 과일을 제공해준 것이 신기했는지 다른 유아들이 모여 반복 놀이를 하였다.

교사의 지원

- 유아가 관심을 가진 과일 모형을 실물로 준비하여 무게를 측정하는 것에 대한 관심으로 놀이가 연결되도록 지원해주었다. 도구를 사용한 측정으로 놀이가 확장될 수 있도록 질문을 하며 제안하였다. 유아의 요청에 따라 도구를 제공하여 환경을 구성해주었다. 언어적 지원을 주며 무게(g)와 크기(cm)의 단위를 알려 주었다.

놀이하며 배우는 5개 영역의 통합적 이해

■ **의사소통**

듣기와 말하기 **바른 태도로 듣고 말한다.** 유아들은 무게를 예측하는 토의에 즐겁게 참여한다.

■ **자연탐구**

생활 속에서 탐구하기 **일상에서 길이, 무게 등의 속성을 비교한다.** 유아들은 실물과일의 무게를 측정하고 비교해보는 것을 경험한다.

색팽이 놀이

놀이상황

유아들이 미술 놀이에서 만든 색팽이로 '누가 더 오래 돌아가는지' 논쟁이 발생하자 교사에게 유아가 정확한 시간을 측정하는 방법에 대해 알아보자고 제안하였다.

활동자료

색팽이, 시계, 모래시계, 타이머

놀이의 시작

- 잠깐! 잠깐만! 네 팽이가 돌아갈 때만 숫자 더 빨리 세지 마!
- 기율이와 수빈이가 미술 놀이 때 만들었던 색팽이를 돌리며 누구의 팽이가 더 오래 돌아가는지 숫자를 헤아리고 있다.
- 각자 자신의 팽이가 돌아갈 때만 숫자를 빨리 헤아린다며 논쟁 중이다.

팽이를 들고 교사에게 다가간다.

기율: 선생님! 박수빈이 자기 팽이 돌릴 때만 숫자를 빨리 헤아려요!
수빈: 아니야! 선생님, 아니에요. 저는 똑같이 세었어요.
교사: 숫자를 소리 내어 말하면 각자 다르게 느껴질 수도 있겠구나. 그럼 다른 방법으로 알아보는 건 어떠니?
기율: 시계로 해봤는데 잘 안 보였어요.
수빈: 맞아요. 시계 바늘이 너무 작아서 잘 안 보였어요.

놀이의 흐름

- 교사가 모래시계와 타이머를 가져와 보여 준다.

수빈: (모래시계를 들고) 어! 나 이거 엄마랑 목욕탕 갔을 때 본 적 있어.

기율: 나도. 모래가 조금씩 밑으로 빠져나가잖아.

교사: 모래시계를 본 적이 있구나. 이걸로 시간을 재어 보면 어떨까요?

기율: (타이머를 가리키며) 그런데 이건 뭐예요?

교사: 이건 타이머라는 도구예요. (버튼을 보여 주며) 이걸 누르면 시작이고, 다시 한 번 누르면 시간이 멈춰요. 다시 시작할 때는 바로 옆에 있는 버튼을 누르면 돼요.

수빈: 저는 모래시계보다 타이머가 더 정확할 것 같아요.

기율: 저도요. (수빈이에게) 타이머로 다시 시간을 재어 보자!

교사: 수빈이와 기율이의 말처럼 타이머로는 시간을 정확하게 잴 수 있어요.

기율: 선생님! 그래도 모래시계도 주세요.

교사: 그래요. 이 도구들은 다른 친구들도 사용할 수 있게 교실에 둘게요. 어디에 두는 게 좋을까요?

수빈: 양팔저울 옆에 둬요!

- 기율이와 수빈이는 타이머를 이용해 색팽이가 돌아가는 시간을 잰다. 교사가 모래시계를 양팔저울 옆에 배치해 둔다.

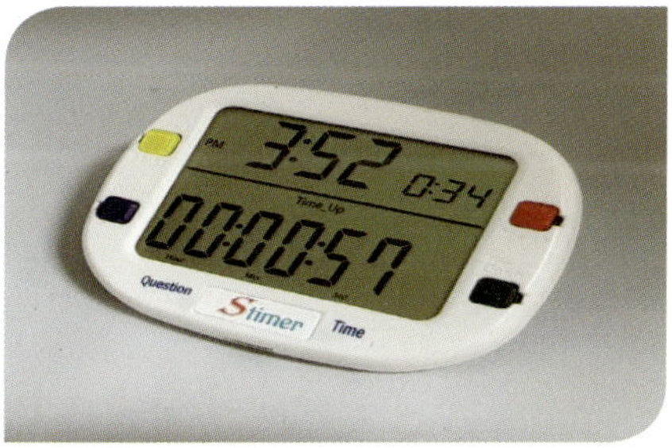

놀이경험의 이해

〈유아의 놀이 경험〉

색팽이가 돌아가는 시간을 재기 위해 입으로 소리 내어 숫자를 말하는 것이 정확하지 않다는 것을 깨닫는다. 교사에게 시계 바늘이 너무 작아서 잘 보이지 않는다는 불편함을 말하며 교사가 제안하는 도구 중 하나를 선택해 도구의 사용 방법과 정확하게 시간을 측정하는 방법을 알아보았다. 이렇게 토론을 통해 새로운 방법을 고안하며 시간을 정확하게 측정하는 것에 관심을 가지고, 도구를 사용하는 방법을 익힐 수 있다.

〈교사의 놀이 이해〉

시계에 1부터 12까지의 숫자들이 각각 몇 분을 의미하는지 크게 붙여 두었는데 초 단위를 측정하기에 어려움이 있었다. 일상생활 속에서 볼 수 있는 모래시계나 체육대회 때 달리기 선수를 뽑으며 사용했던 타이머를 사용해 시간을 측정해보는 것을 제안했다. 예상대로 유아가 모래시계를 목욕탕에서 보았다고 말하는 걸 보니 일상생활 속에서도 시간에 관심이 있었던 것 같다. 앞으로도 시간에 대한 관심이 이어질 수 있도록 가정과도 연계해주어야겠다.

교사의 지원

- 논쟁이 싸움으로 이어져 놀이가 중단되지 않도록 해결 방안을 제안하였다. 시계 보기를 어려워하는 유아에게 다른 도구를 제안하는 지원을 해주었고, 이를 교실에 배치해 두어 후에 다른 유아도 시간 측정에 관심을 가질 수 있도록 환경을 구성해주었다.

놀이하며 배우는 5개 영역의 통합적 이해

■ **자연탐구**

생활 속에서 탐구하기 **물체의 특성과 변화를 여러 가지 방법으로 탐색한다.** 미술 놀이에서 만든 색팽이로 '누가 더 오래 돌아가는지' 시간을 측정하며 즐겁게 놀이에 참여한다.

생활 속에서 탐구하기 **도구와 기계에 대해 관심을 가진다.** 유아들은 타이머와 모래시계를 이용해 색팽이가 돌아가는 시간을 재어보는 활동에 즐겁게 참여한다.

■ **신체운동 · 건강**

신체활동 즐기기 **신체 움직임을 조절한다.** 유아들은 자유롭게 색팽이 돌리기를 하며 보다 오래 돌아갈 수 있도록 신체를 조절한다.

주요 용어

측정

일정한 양을 기준으로 하여 같은 종류의 다른 양의 크기를 잼. 기계나 장치를 사용하여 재기도 하고 헤아려 어림잡아 결정하기도 함

정리 하기

1 측정은 사물의 속성을 양적으로 파악하여 길이, 무게, 크기 등의 속성을 이해하고, 비교하기, 순서 짓기, 보존성, 이해성, 측정단위와 같은 개념이 포함될 수 있다.

2 측정의 개념을 세분해서 길이와 높이, 면적과 영역, 부피와 양, 무게, 시간, 온도, 화폐 순으로 설명하고 지도할 수 있다.

참고 문헌

Charlesworth, R., & Lind, K. K.(1995). *Math and science for young children* (2nded.). Albam, NY: Delma Publishes.

Clements, D. H., & Stephan, M.(2004). Measurement in Pre-K to grade 2 mathematics. In D. H. Clement, J. Saarama, & A, DiBiase (Eds), *Engaging young children in mathematics*. Mahwah, NJ: Lawrence Erlbalum Asso.

Sperry Smith, S.(1997). *Early childhood mathematics*. MA: Allyn & Bacon.

CHAPTER 08

규칙성

규칙성은 흔히 패턴으로 불린다. 규칙성은 어떠한 사물이나 현상의 기본 단위가 일정한 순서로 반복되는 것으로 수학의 관계를 설명하는 방법이 된다. 수학적 사고의 중요한 구성요소인 규칙성은 수의 체계를 이해하는 기초를 제공하고 활용할 수 있게 해준다. 일상생활에서 영유아는 규칙성을 발견할 수 있다. 교실환경에서는 교실 커텐의 무늬, 벽지의 디자인, 욕실의 타일무늬, 친구들이 입은 옷의 색깔, 다양한 놀이교구, 그림카드에서 자연스럽게 규칙성을 접하거나 스스로 규칙성을 구성할 수 있게 된다. 또한 친구의 생일을 축하하기 위해 반복적으로 색종이를 끼워 만든 생일축하 목걸이, 색깔 스티커로 만든 역할극을 위한 머리띠 등 놀이에 사용되는 사물들에서도 규칙성을 관찰하게 된다. 또한 일주일이 월·화·수 목·금·토·일을 단위로 반복되고, 봄·여름·가을·겨울의 순서로 계절이 순환되며, 나무줄기를 따라 차례로 붙어 있는 잎 등의 자연 현상을 관찰하며 규칙성을 발견하고 이해한다. 이것은 영유아가 규칙성에 대한 기본적인 인지적 기술을 가지고 각종 현상에 대한 통찰력을 갖게 한다. 자신의 일상생활에서 규칙성을 발견하는 기회는 다음에 일어날 일에 대한 예측이 가능하게 되고 문제해결력과 자신감을 가질 수 있게 된다(이정욱 외, 2006). 한편, 패턴 인식과 분석은 추상적 사고력과 통찰력을 발달시키고, 무게와 거리, 경사와 속도, 높이와 압력의 함수관계 등에 대해서도 예측할 수 있도록 하는데(이경우 외, 1997), 영유아는 자신이 알고 있는 규칙성을 표현해 보는 기회를 통해서 주어진 정보와 주변의 변화를 예측하고 조직하는 능력을 향상시킬 수 있게 된다. 따라서 교사는 놀이지원 시 영유아가 패턴을 인식하고 예측하며 스스로 구성해 보는 경험을 통하여 규칙성 개념을 이해하고 습득할 수 있도록 도울 수 있다.

교통신호에서 발견하는 규칙성

달력에서 발견하는 규칙성

유치원, 어린이집의 실내 환경에서 발견하는 규칙성

최근 수학교육의 동향은 현재는 물론 미래에 필요한 수학적 요구를 반영할 수 있도록 수학교육이 광범위한 영역의 내용을 포함해야 하며, 진정한 수학 기초능력으로 문제해결 능력을 발달시켜야 한다고 강조하고 있는데(최혜진, 2003), 규칙성에 대한 이해는 문제해결력 및 논리·수학적 지식획득의 기초가 되므로 영유아 수학교육의 중요한 내용이 된다(Clements, 2004). 규칙성을 찾아 인식하는 것은 사물의 공통점과 차이점을 이해하는 것뿐만 아니라 분석적 사고와 반성적 사고를 위한 문제해결의 주된 전략이 된다. 유아가 규칙성에 대해 지각하는 것은 반복의 원칙을 의식하는 행동으로 이를 통해 여러 사물의 관계를 파악하고, 이들 사이의 공통적인 특성을 발견하며, 이 사실을 일반화하여 그 다음을 예측하는 과정에서 사물들의 관계에 대한 통찰력을 향상시킨다. 영유아가 일상생활에서 규칙성을 발견하고 그것을 수학에 연결시킨다면, 영유아는 배운 것을 더욱 잘 기억하고 자신의 지식을 다양하고 새로운 상황에 적용하여 문제를 해결할 수 있다. 따라서 영유아기 패턴 따라 하기, 패턴 인식하고 표현하기, 패턴을 확장하기, 패턴 창안하기 등의 다양한 활동을 여러 유형(시각적 유형, 청각적 유형, 운동적 유형)을 통해 해볼 수 있는 기회가 제공되어야 한다.

따라서 이 장에서는 규칙성의 발달 과정과 유형, 개념, 지도방법에 대해 살펴보고자 한다.

1. 규칙성의 발달 과정

영유아의 규칙성 이해능력 발달 과정은 다음과 같다(차현화, 홍혜경, 2005).

1) 수준별 단계

수준 1	규칙성 인식 전 단계

이 수준에서는 사물이나 양상의 규칙성을 표현하지 못한다.

수준 2	규칙성의 단순 인식 및 따라하기

영유아는 예시로 제시한 규칙성을 인식하고 모방한다.

수준 3	규칙성 구성 및 전이 출현 단계

영유아는 규칙에 따라 사물을 여러 가지 방식으로 놓아보고, 다른 유형으로 바꾸어 표현한다.

수준 4	복잡한 규칙성 구성 및 전이 단계

영유아는 자발적으로 규칙성을 새롭게 구성하며, 구체물에서 영상적 표상, 상징적 표상으로 규칙성을 전이할 수 있다.

2. 규칙성의 유형

규칙성은 다양한 양식으로 나타날 수 있으며, 일반적으로 반복패턴, 성장패턴, 관계패턴이 있다. 반복패턴은 두 사물이 반복하여 나타나는 것이고, 성장패턴은 패턴의 핵심이 성장하는 것이다. 또한 관계패턴은 두 개의 세트 사이에 어떤 연결이 이루어지는 것이다(문연심 외, 2005).

반복패턴	성장패턴	관계패턴
• AB (○-△, ○-△)	• AB (손뼉-머리, 손뼉-손뼉-머리)	• 젓가락 (1-2, 2-4, 3-6)
• ABC (빨-파-노, 빨-파-노)	• ABC (★-♥, ★-★-♥, ★-★-★-♥)	• 무지개 (1-7, 2-14, 3-21)
• ABB (1-2-2,1-2-2)	• ABB (1-2, 1-1-2, 1-1-1-2)	• 손가락 (1-10, 2-20, 3-30)

또 다른 유형을 살펴보면, 운동적 패턴, 청각적 패턴, 시각적 패턴으로서 신체나 소리, 물체나 그림을 이용하여 규칙성을 만들 수 있다(유지연, 2002).

1) 운동적 패턴

영유아가 신체를 이용하여 패턴을 만드는 것이다. 예를 들면 음악에 맞추어 손뼉치기-앉기-발구르기-일어서기 등의 동작을 반복하며 놀이하는 것이다.

동물카드에 규칙을 정한 후 신체를 이용하여
동물을 표현하기 신호음을 듣고 움직이기

2) 청각적 패턴

영유아가 음악, 신체, 물체 등을 이용하여 스스로 규칙성을 만들어 보고 다음 순서에 오게 될 것을 예측해 보는 것이다. 예를 들면 음악-동물소리-주변 물건 소리를 반복하여 패턴을 만들며 놀이하는 것이다.

소리의 크기에 따라 손뼉치기

신호음을 들으며
파라슈트 흔들기와 멈추기

3) 시각적 패턴

영유아가 색깔, 모양, 그림 장면, 물체 등을 규칙적인 순서로 표현하며 놀이하는 것이다. 예를 들면 모양이 같은 다양한 색깔의 단추를 놓아 보거나 벽지나 그림카드를 이용하여 반복적으로 패턴을 만들며 놀이하는 것이다.

다양한 색깔의 단추와 조각을 놓아 보기

모양과 색깔에서 규칙성 발견하기

3. 규칙성의 개념

규칙성의 개념에는 패턴 인식하기, 패턴 표현하기, 패턴 따라 만들기, 패턴 이어 나가기, 패턴 끼워 넣기, 패턴 창조하기 등이 있다. 영유아에게 일상생활에서 동작, 색, 소리 위치 및 수량 등에 나타나는 규칙성과 반복을 관찰할 수 있는 기회가 제공되어야 한다.

1) 패턴 인식하기

영유아는 생활에서 규칙을 발견한다. 가정에서의 아침, 점심, 저녁의 일상생활과 어린이집·유치원에서의 반복되는 일과운영의 패턴을 생활 경험에서 인식하게 된다.

교실 벽면의 환경시계에서 패턴 찾아보기

일과운영표에서 패턴 찾아보기

2) 패턴 표현하기

영유아는 그림이나 장면을 관찰하고 규칙을 말로 표현할 수 있다. 대·소집단활동인 동화듣기, 게임, 산책활동에서의 자연물 관찰하기, 요리활동의 순서표에서 발견한 장면과 규칙을 언어로 표현할 수 있다.

순서에 따라 실뜨기

날짜와 날씨 스티커 찾아보기

3) 패턴 따라 만들기

영유아는 주어진 패턴을 보고 모방하여 배열할 수 있다. 영유아 스스로 주어진 패턴을 자세히 관찰하고 교사가 만들어가는 패턴을 그대로 따라 만들어 보는 놀이 과정을 경험할 수 있다.

운동기구를 패턴에 따라 배열한 후 게임하기

흥미영역에서 친구생일 목걸이 만들기

4) 패턴 이어나가기

영유아는 패턴을 보고 패턴의 순서대로 이어나간다. 다음에 오게 될 패턴의 내용을 예측하며 놀이할 수 있다.

패턴을 보고 순서대로 만들어보기

5) 패턴 끼워 넣기

영유아는 주어진 패턴의 중간 또는 끝의 빈칸에 알맞은 것을 찾아 끼워 넣으며 놀이할 수 있다.

1	2	3
4		6
	8	

내가 자라는 과정 (사진)		
태어났을 때	아기 때	입학할 때

빈칸에 알맞은 내용 끼워 넣기

6) 패턴 창조하기

영유아는 스스로 규칙을 만들어 패턴을 구성한다. 주변에서 여러 유형으로 나타나는 색, 모양, 수 또는 관계 등에 의한 패턴을 발견하여 스스로 창조할 수 있다.

모양 패턴 구성하기

공간을 구성하고 놀이하기

4. 규칙성 지도방법

NCTM(1989)은 영유아가 환경과 자연물에서 직접적으로 패턴을 찾아보게 하는 방법, 영유아 자신의 신체를 이용하는 방법, 익숙한 패턴을 보고 다양한 움직임을 통해 이해하도록 하는 방법과 패턴카드를 이용하여 패턴을 구성해보며 이해하는 방법 등으로 규칙성을 지도할 수 있으며, 교사는 영유아의 다양한 놀이를 위한 환경을 지원해 주어야 한다고 강조하였다.

(1) 유아가 생활 주변에서 자연스럽게 관찰하고 패턴의 규칙을 발견할 수 있도록 한다

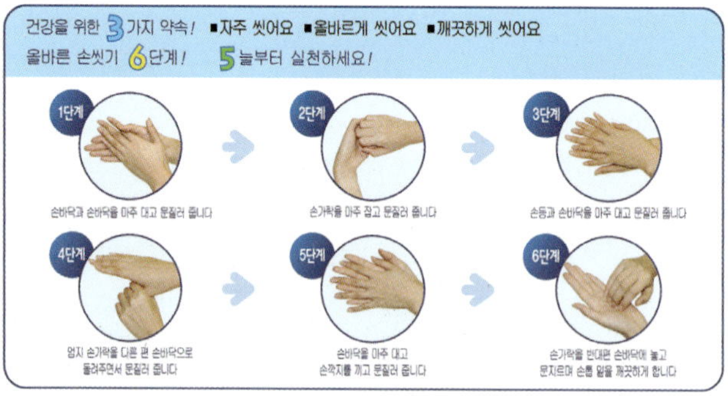

손씻기 활동판에서 규칙 발견하기

윷놀이 게임도구에서 규칙 발견하기

(2) 교사는 교실환경에서 기본패턴을 제시하고 놀이 과정에서 스스로 이를 모방해 볼 수 있도록 한다

기본패턴 모방하기

(3) 영유아의 예측능력이 향상되면 영유아 스스로 실물이나 모형, 신체, 그림카드 등을 사용하여 패턴을 변형시키거나 확장할 수 있는 기회를 가지도록 한다

기본패턴 변형하기

(4) 규칙성을 발견하고 탐색하기 위한 발문은 다음과 같다(NAEYC & NCTM, 2002)

① 규칙을 발견할 수 있니? 그것에 대해 말해줄래?

② 그 다음에 어떤 것이 올까?

③ 다른 자료를 가지고 이러한 규칙성을 만들 수 있을까?

④ 이 규칙성을 어떻게 기억할 수 있을까?

⑤ '만약 ~'가 변화된다면 규칙성에 어떤 일이 생길까?

종이 땅따먹기

놀이상황

코로나 19로 인해 다른 유아들과 협동놀이를 하기가 어려운 상황이다. 색종이 접기와 블록으로만 놀이하다가 보다 색다른 활동을 하고 싶어 교사가 놀이를 제안하였다.

활동자료

흰 종이, 색이 다른 3개의 사인펜

놀이의 시작

교사: 짝이랑 둘이서 놀이할 수 있는 게 무엇이 있을까?
이수: 색종이 접기 하고 싶어요.

- 둘이서 할 수 있는 놀이를 생각하다가 종이 땅따먹기가 생각이 났다.

교사: 땅따먹기 놀이를 아는 친구가 있니?
준우: 저요! 땅에다가 선을 긋고 한 발로 숫자 밟는 거잖아요. 난 다 알아요.
서연: 나도 해봤는데. 그거 1번부터 순서대로 밟아야 돼.
원혁: 6살 때, 행복반에서 해봤어요. 재미있어요. 그런데 교실에서 못 뛰잖아요.
교사: 그럼 교실에서 한다면 어떻게 놀이 하면 좋을까?
땅따먹기를 종이로 할 수 있을까?

- 아이들이 종이로 하는 땅따먹기 놀이에 관심을 가진다.

놀이의 흐름

- 아이들과 종이 땅따먹기 놀이의 방법을 알아본다.

교사: 선을 하나 점과 점 사이에 긋고, 다른 친구가 점과 점 사이에 선을 하나 그어요. 마지막에 점과 점 사이에 그어 삼각형이 만들어지면 자~땅이 만들어지는 거란다.
라임: 음. 삼각형을 만들면 되네.
영제: 한 번에 선 하나만 그을 수 있는 거예요?
준우: 맞아. 선을 이어서 삼각형이 만들어지면 내 땅이네.

라임: 종이에 해보고 싶어요.

- 라임이가 융판 앞으로 나와 선을 그어 보며 땅만들기를 한다.

땅 만들어 시범 보이기

- 짝과 함께 종이 땅을 만들고 난 후 서로 따먹기 놀이를 해본다. 짝이랑 색 사인펜의 색깔을 전한다.

  윤재: 나는 파란 색 할 거야.

  도율: 난 빨간 색 할게.

  윤재: 우리 가위 바위 보 해서 순서 정하자.

- 놀이의 방법과 규칙을 지키며 종이 땅따먹기를 한다.

  영제: 한 번에 선 하나만 그을 수 있어.

  지후: 나는 큰 삼각형 만들어야. 멀리 있는 점에 선을 그어야지.

  라임: 선생님. 그런데 내 땅인 걸 표시해야겠어요. 누구 땅인지 모르겠어요.

  정인: 이름을 적을까?

  서연: 난 하트 그릴래.

  승호: 난 별표 그려야지.

- 자신의 모양을 하나씩 정한 후 삼각형이 만들어진 땅에 표시를 한다.
- 서로 한 번씩 번갈아 가며 점과 점 사이에 선을 긋는다. 마지막에 선을 그어 삼각형을 만들어 완성한다.

짝과 함께 규칙적으로 선을 그으며 땅 만들어 보기

땅따먹기 놀이하는 모습

- 점심 식사 후 자유놀이 시간에 미술영역에서 이면지를 들고 와서 책상자리에 앉는다.
- 영제와 라임이가 종이 땅따먹기를 한다. 가온이와 도윤이도 사인펜을 들고 온다.

가온: 우리 같이 하자.

영제: 이거 두 명에서 밖에 못해.

도윤: 네 명도 할 수 있어. 색깔을 다르게 하면 되지.

라임: 순서를 정하자. 가위 바위 보로 하면 어때?

도윤: 영제, 라임, 나, 가온이 순서대로 하는 거야.

라임: (정삼각형을 보며) 어? 와! 이건 예쁜 삼각형이 되었어.

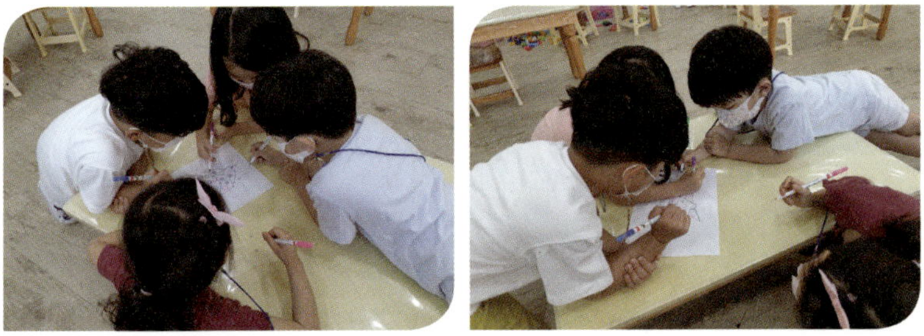

점과 선을 연결하여 땅따먹기 놀이하는 모습

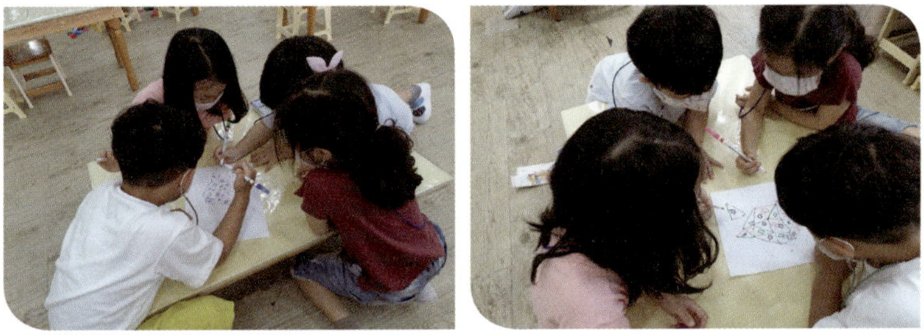

친구 여럿이 땅따먹기 놀이하는 모습

놀이경험의 이해

〈유아의 놀이 경험〉

점 3개를 찍고 선을 차례로 이어서 땅을 만들었을 때 나오는 모양이 '삼각형'인 것을 발견한다. 짝과 순서를 정하여 순서대로 선을 이으며 놀이하는 모습을 보였다. 처음에는 짝과 놀이를 하였지만 점심 식사 이후 자유놀이 시간에는 다른 친구들과 함께 4명에서 순서를 정하여 놀이를 하였다. 땅따먹기 활동의 순서와 놀이 방법을 알고 규칙을 지키며 놀이를 하였다.

〈교사의 놀이 이해〉

코로나 19로 인해 친구와 협동하여 놀이하기가 어려운 상황이었다. 매번 색종이 접기와 블록 놀이를 하다가 색다른 놀이를 알려주고 싶었다. 유치원에서 바깥놀이를 하게 될 때 땅따먹기를 즐겨 하였는데 이번에는 종이에 할 수 있는 종이 땅따먹기를 알려주었다. 아이들은 종이 땅따먹기를 하며 선 3개가 모여야 삼각형이 만들어진다는 것을 스스로 알아가는 과정을 즐겼다. 종이 땅따먹기를 하면서 삼각형의 또 다른 매우 다양한 모양과 크기를 찾거나 탐구해나가며 규칙성을 발견하였다. 놀이하는 과정에서 친구의 순서를 기억하고 알려주며 약속을 지키며 반복 놀이를 하였다.

교사지원

- 유아가 재미있게 놀이하고 있었기 때문에 중간에 개입하지 않고 주도적으로 놀이하도록 하였다.

놀이하며 배우는 5개 영역의 통합적 이해

■ **자연탐구**

생활 속에서 탐구하기 **주변에서 반복되는 규칙을 찾는다.** 유아들은 게임 속 반복되는 규칙을 찾아보며 몰입하고 탐구하였다.

■ **의사소통**

읽기와 쓰기에 관심 가지기 **자신의 생각을 글자와 비슷한 형태로 표현한다.** 유아들은 자신의 생각을 적절하게 말하는 경험을 즐긴다.

광목천에 쑥물 물들이기

놀이상황

한지에 쑥을 탁본하여 쑥물이 한지에 스며드는 것을 관찰하였다. 한지에 탁본하다가 옷 소매에 쑥물이 염색된 것을 보고 옷에도 염색이 되는지 궁금해하였다.

활동자료

광목천, 쑥물, 고무줄

놀이의 시작

- 옷에 쑥이 물들었어. 초록색이 되었어.
- 옷에도 쑥 물이 묻나 봐.
- 하얀 광목천에 쑥물을 물들이기 활동에 대해 알아본다.
  교사: 쑥물이 옷에도 염색이 될까요?
  아린: 여정이 옷에 물든 것 봤어요. 염색할 수 있을 것 같아요.
- 하얀 광목천에 고무줄로 홀치기 한 것을 보여주며 활동에 관심을 가진다.
  민기: 고무줄로 왜 묶었어요?
  승민: 저렇게 하면 모양이 나와. 나 어린이집에서 해봤어.

놀이의 흐름

- 다양한 홀치기하는 방법의 사진을 보여주며 활동에 관심을 가진다.
- 광목천에 고무줄로 홀치기를 해본다.
  정안: 나는 스파이더맨 만들어야. 동그랗게 묶으면 돼.
  승현: 나는 큰 동그라미 만들어야지. 여기에 하나만 묶으면 동그라미 한 개가 나오겠지?
  아인: 고무줄 3개를 묶으면 동그라미가 3개 나오겠네?

광목천에 고무줄로 홀치기하는 모습

민재: 나는 줄무늬 모양 만들어야지.

정연: 그러면 부채 접기처럼 왔다 갔다 하면서 접어야 돼.

지민: 나는 내가 하고 싶은 대로 고무줄을 묶을 거야.

현승: 나는 고무줄이 잘 안 묶어져.

지민: 이렇게 돌리면서 묶어야지.

- 유아들 스스로 만들고 싶은 모양의 패턴을 접어 고무줄로 홀치기를 한다. 고무줄을 묶을 때 같은 방향으로 여러 번 돌려서 묶으면 염색이 잘된다고 알려준다.

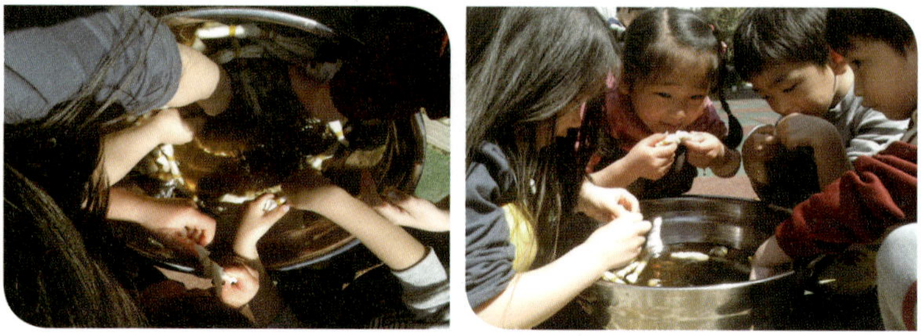

다양하게 묶어서 염색해보기

시연: 이거 냄새 맡아 봐, 쑥 냄새가 정말로 나.

정연: 정말 쑥 냄새가 나. 냄새가 좋아.

광목천에 쑥물로 염색된 모습

- 하얀 광목천에 쑥물이 들어 홀치기 한 모양이 나타나자 아이들이 환호성을 지르며 마술을 보듯 신기해한다.
  정안: 내꺼 봐. 우와~ 정말 스파이더맨 모양이 나왔어. 동그라미가 3개야.
  민재: 나는 줄무늬 모양이 나왔어. 네모 모양 같아.

놀이경험의 이해

〈유아의 놀이 경험〉

쑥물을 한지에 탁본하다가 우연히 옷소매에도 염색이 된 걸 발견하였다. 아이들이 옷에도 염색이 되는지 궁금해하여 광목천에 염색하기 활동을 하였다. 고무줄로 홀치기를 하여 모양을 내어 염색을 할 수 있음을 알게 되었다. 스파이더맨, 줄무늬 모양을 내기 위해 홀치기 하는 방법이 있다는 것을 알았다. 만들고자 하는 모양의 패턴을 스스로 반복적으로 접고 고무줄로 같은 방향으로 돌리며 접어야 고무줄이 세게 묶어지는 것을 알 수 있었다. 경험을 통해 고무줄을 세게 묶는 방법을 알고 반복되는 규칙을 알 수 있었다.

〈교사의 놀이 이해〉

쑥을 이용하여 쑥의 특징과 모양 등을 알아보았다. 염색활동을 하면서 모양패턴의 반복과 규칙성을 찾아볼 수 있었다. 매듭 묶기 같은 경우는 아이들이 어려워하는 부분이 있는데 고무줄 묶기를 하면서 매듭 묶기의 방법을 알아갈 수 있었다. 쑥 활동이 끝나면 지끈을 이용하여 매듭 묶는 활동을 하여 소근육 발달을 해보면 좋을 것 같다.

교사지원

- 고무줄을 세게 묶는 것을 어려워하는 유아는 교사가 도와주었다.

놀이하며 배우는 5개 영역의 통합적 이해

■ 자연탐구

생활 속에서 탐구하기 **주변에서 반복되는 규칙을 찾는다.** 유아들은 물들이기 과정에서 반복되는 규칙을 발견해가며 즐겁게 탐색하였다.

■ 예술경험

창의적으로 표현하기 **다양한 미술재료와 도구로 자신의 생각과 느낌을 표현한다.** 유아들의 놀이는 우연히 즉흥적으로 창조되고 변화했다. 창의적인 표현에서 규칙성을 발견하며 자신의 느낌을 표현하였다.

주요 용어

규칙성

사물이나 현상이 어떠한 환경이나 조건에 따라 일정한 방식으로 존재하거나 변화하는 성질로서 관계를 다루는 규칙성이 있는 것들을 간결하게 추상화하여 조직하는 능력

패턴

청각적·시각적·운동적 기본단위를 일정한 규칙으로 반복하여 조화를 이루도록 만드는 것으로 반복, 조화, 리듬 등 사물의 모양이나 사건의 양상이 일정한 규칙을 갖고 반복되는 형태

패턴의 유형

반복패턴, 성장패턴, 관계패턴, 운동적 패턴, 청각적 패턴, 시각적 패턴 등으로 구분

정리하기

1 유아는 규칙성 발견과 이해를 통해 수학적 상황과 구조를 표상할 수 있다. 또한 유아 자신의 신체를 이용하거나 악기나 물체 등의 소리를 이용한 활동, 여러 가지 물건의 크기, 색깔, 디자인 등을 이용한 다양한 시각, 청각, 운동적 패턴으로 스스로 구성해 볼 수 있다.

2 낮은 수준에서는 유아가 단순한 형태의 패턴인식과 그대로 따라하기를 탐색하나, 좀 더 높은 수준에서는 유아가 좀 더 다양한 형태의 패턴을 구성하는 경험을 해보는 것이 필요하다.

참고문헌

문연심, 이화영(2005). 통합적 접근에 기초한 영유아 수·과학교육. 서울: 양서원.

유지연(2002). 수학·음악 통합활동이 유아의 패턴 이해 능력에 미치는 영향. 덕성여자대학교 석사학위논문.

이경우(1997). 수학교육을 위한 문학적 접근. 서울: 다음세대.

이경우, 홍혜경, 신은수, 김명희(1997). 유아수학교육의 이론과 실제. 서울: 창지사.

이정욱, 유연화(2006). **유아수학교육**. 서울: 정민사.

차현화, 홍혜경(2005). 유아의 대수적 사고능력의 발달에 대한 고찰. 한국유아교육학회 정기학술대회.

최혜진(2003). 유아수학능력검사 개발 연구. 부산대학교 대학원 박사학위논문.

Clements, D. H. SARAMA. J.(2004). Themes and Recommendations. In D. H. Clements. J. Sarma A. iBiase(Eds.). *Engaging young children in mathmaties*. Mahwah, NJ: Lawrence Erlbalum Asso.

NAEYC & NCTM(2002). *Early childhood mathematies: Promoting good begining Position Statement*.

CHAPTER 09

자료수집 및 분석

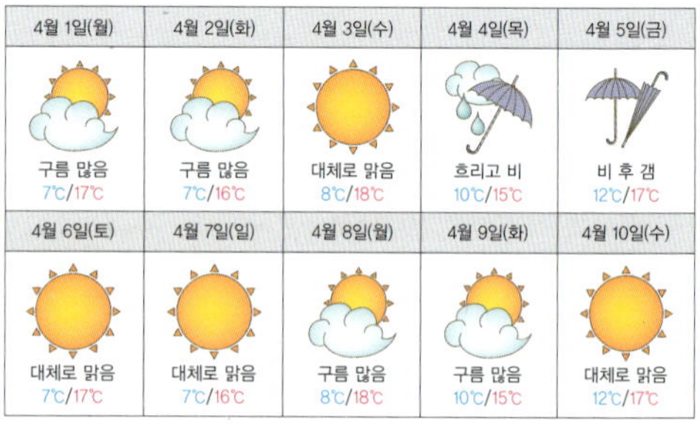

영유아는 주변의 세계를 더 잘 이해하기 위해 일상생활에서 자료를 수집하고 조직하여 표상, 전시, 해석하는 기능을 사용하게 된다.

영유아는 실제 생활에서 자료를 모으고 알아볼 기회를 가질 수 있다. 내 키가 얼마나 자랐는지, 이번 달의 날씨조사와 비교, 생일선물로 받고 싶은 것, 우리집과 친구의 집의 각각 식구 수, 유치원 올 때 버스로 등원하는 친구와 걸어서 등원하는 친구, 칭찬 스티커가 가장 많이 붙어 있는 모둠 등 유아는 생활하면서 의식적 또는 무의식적으로 관계를 탐구하거나 추측하는 활동을 하게 된다. 예를 들면, 동화 '배고픈 애벌레'에 나오는 과일의 종류와 수를 알아보거나 '빨간 모자'가 만난 순서대로 동물카드를 놓아보고, '돌멩이 수프'에 어떤 재료들이 들어갔는지 요리 재료의 종류를 그래프로 만들어 보는 등 동화를 활용한 방법, 수집, 조사, 투표하기 등의 통계를 활용한 다양한 방법을 경험하게 된다. 따라서 주변의 수많은 정보로부터 유아를 보호하기 위해 유아 스스로 자료를 모으고 조직하고 정리하여 해석할 수 있는 기회를 제공해야 한다. 영유아는 발달에 적합한 자료를 통해 표현할 기회가 주어지면 스스로 이해가 가능하다. 따라서 매일 대량의 정보가 쏟아지는 정보화 사회에서는 다양한 도표와 숫자, 통계로 제시되는 정보가 많으므로 자신에게 필요한 자료를 수집하고 분석하는 능력이 필요한데, 기본적인 통계지식과 분석력의 기초로서 영유아에게 분류, 표현, 분석하는 활동이 제공될 수 있다.

NCTM(2000)에서는 유아기에 다음의 활동이 포함되어야 한다고 제안했다. 첫째, 문제를 제기하고, 그 문제에 답하기 위한 자료수집과 조직, 표현을 할 수 있도록 한다. 둘째, 자료를 분석하기 위한 적절한 통계적 방법을 선택하고 사용한다. 셋째, 자료에 기초하여 추론과 예측을 시도하고 평가한다. 넷째, 확률의 기본개념을 이해하고 적용한다. 이러한 측면에서 유아기부터 생활 속에서 궁금한 문제를 해결하기 위해 필요한 자료를 수집하고 이를 적절하게 조직하고 분석하는 경험을 할 필요가 있다. 또한 유아가 자료를 수집하고 이를 조직하기 위해서는 사물을 준거에 따라 분류할 수 있는 능력이 선행되어야 한다. 영유아는 생활 속에서 비형식적으로 자료를 모으고 분석하며 경험을 축적해 나간다. 또한 의식적 또는 무의식적으로 통계활동을 경험하게 되는데 분류하기는 크게 단순분류 개념과 복합분류 개념으로 나누어 설명할 수 있다.

교사는 일과운영 중 또는 교육행사를 통하여 영유아가 수집한 자료를 표현해 볼 수 있도록 그래프 활동을 다양하게 진행할 수 있다. 본 장에서는 이러한 입장에서 영유아기의 자료수집 및 분석을 분류하기와 그래프 활동으로 나누어 살펴보고자 한다.

1. 분류하기

분류하기란 사물의 속성에 따라 영역이나 범주로 나누거나 모으는 과정을 말한다. 사물 간의 차이를 알고 유목으로 조직하는 분류능력은 신생아기부터 생기는 데, 연령이 증가하면서 한 가지 기준 또는 분류기준을 중간에 바꾸거나 성인의 관점에서 볼 때는 맞지 않고 자신에게만 의미가 있는 분류기준이 사용되는 등 일관성 없이 분류를 하기 시작하다가 점차 분류능력을 발달시킨다.

분류의 기능은 다음의 네 단계를 거쳐서 발달하게 된다(Simth, 2006).

1) 단순분류(2세)

색깔이나 크기, 모양 등의 한 가지 속성에 따라 물체를 분류한다. 주변의 사물을 탐색하는 과정에서 감각을 통해 지각적으로 차이가 뚜렷한 대상이나 상황에서는 공통점과 차이점의 단순분류로서 비슷해 보이는 것을 함께 놓아보는 등의 자연적 분류행동이 나타난다.

유아들이 시각적 차이에 따른 분류작업을 하고 있다.

2) 논리적 분류(3~5세)

유아는 좀 더 능동적으로 물체의 특성을 탐색하여 공통적 특성을 알고, 다른 사물에서도 같은 속성을 동시에 발견하여 특정 준거에 따라 분류를 시도한다.

교통표지판을 색깔별 또는 모양으로 분류한다.

직업에 따라 필요한 물건을 분류한다.

3) 복합분류(6~7세)

사물을 동시에 둘 또는 그 이상의 속성에 의해 물체를 분류할 수 있으며, 사물이 동시에 여러 유목에 속할 수 있다는 것을 알고 지속적인 분류를 한다.

계절에 따라 열매를 분류한다.

바다생물을 모양과 색깔에 따라 분류한다.

색깔과 모양에 따라 스티커를 분류한다.

4) 유목포함 관계

사물의 위계적 관계에 대해 알고 한 가지 유목에 속하는 물체는 다시 상위 유목에 포함될 수 있다는 것을 이해하는 것으로 전체와 부분 포함관계의 기초가 형성된다. 둘 이상의 속성을 고려한 복합분류가 가능하게 된다.

자연

자연학습장의 꽃의 종류를 알아본다.

하루일과

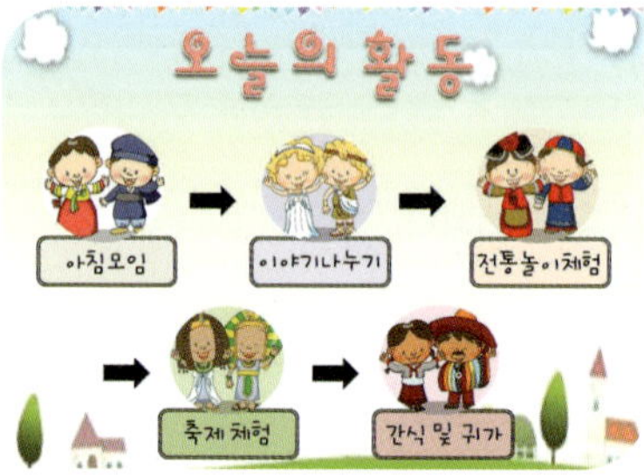

하루 일과운영표에서 활동을 알아본다.

가족	물건(구슬)	음식
• 우리가족은 모두 몇 명일까? • 여자는 몇 명일까? • 남자는 몇 명일까? • 어린이는 몇 명일까?	• 구슬을 모아볼까? • 하얀 구슬만 모아보자. • 하얀 구슬이 아닌 구슬은 따로 모아보자.	• 우리가 주문한 음식은? • ㅇㅇ는 몇 개일까?

전체와 부분관계 알아보기의 예

2. 그래프 활동

통계는 일정한 준거에 의해 자료를 수집, 분류, 표현, 분석, 해석하는 것이다. 영유아는 일상생활 속에서 자연스럽게 통계활동을 경험하게 된다. 교사는 체계적인 방법을 통해서 통계적인 경험을 가질 수 있도록 영유아가 관심을 가진 주제로 정보를 수집하고 조직하여 시각적으로 제시하는 그래프 활동을 전개할 수 있다.

찰스워스(Charlesworth, 2000)에 의하면, 유아의 그래프 이해 발달 단계는 다음과 같다.

1단계	실물 두 가지를 비교하는 단계

실물을 이용하여 그래프를 만든다. 높이 또는 길이를 시각적으로 비교한다.

2단계	그림을 이용하여 두 개 이상의 항목을 비교하는 단계

그림이나 사진을 오려 붙여서 비교한다.

3단계	상징물을 이용하여 비교하는 단계

실물 없이 종이조각을 붙여 표현하거나 기호를 사용한다.

4단계	눈금이 그려진 종이를 사용하는 단계

눈금이 그려진 종이를 사용하며 네모 칸 안에 색칠을 하여 그래프를 만든다.

5단계	꺾은 선 그래프를 사용하는 단계

지점에 표시를 하는 것으로서 기온이나 강우량 등의 변화를 볼 수 있는 그래프를 만든다.

6단계	실물 그래프

실제 영유아가 교실 바닥에 커다란 그래프 위에 서서 그래프가 되어 보는 활동을 한다.

7단계	그림 그래프

실물 대신 그림을 이용하는 그래프이다.

8단계	상징 그래프

어떤 물체를 표상하기 위해 추상적인 기호나 매체를 활용하여 그래프 활동을 한다.

내가 좋아하는 색깔						
최00						
김00						
나00						
이00						
	노랑	빨강	파랑	초록	주황	보라

다양한 그래프 활동을 한다.

유아는 하루 일과를 통해 무의식적으로 통계를 경험하는데, 예를 들어 "반 친구들이 자유선택활동영역에서 미술영역이나 쌓기놀이영역에 많이 가고, 과학영역에는 잘 안 가는 것 같아요" 등 비형식적으로 정보를 수집하거나 현상을 이해한다.

1) 일과운영에서의 그래프 활동

기온의 변화를 알아본다.

내가 좋아하는 꽃을 조사한 후
그래프 활동을 한다.

2) 조사활동에서의 그래프 활동

일기예보를 발표하며 비가 올 것을 알린다.

3) 게임활동에서의 그래프 활동

○○팀보다 몇 개가 더 많은지 적은지 팀 활동 결과를 비교하며 알아본다.

4) 현장학습에서의 그래프 활동

우리반이 체육공원에 가져가고 싶은 물건	
줄넘기 줄	■■■■■■■■■■■■■■■
공	■■■■■■■

견학에 가지고 가고 싶은 물건을 결정한다.

3. 교사의 지도방법

교사는 영유아가 수집한 자료를 조직하거나 표현할 수 있는 태도를 기르고, 그래프 활동의 목적을 이해하도록 한다.

- 일과 중에 자연스럽게 그래프 활동을 경험하도록 한다.
- 영유아의 관심과 흥미, 수준에 적절한 그래프 활동을 한다.
- 궁금한 자료를 결정한 후 자료를 수집한다.
- 다양한 언어 상호작용을 한다.
- 만든 그래프에 제목을 붙이며 모은 자료는 어떤 자료이며, 왜 모으게 되었는지를 설명하도록 한다.
- 그래프나 표를 해석하며 유아가 자료로부터 비교, 이해할 수 있도록 한다.
- 자신이 알고자 했던 부분과 나온 결과들이 어떤지 설명해 볼 수 있도록 한다.

우리가 좋아하는 가을 꽃

놀이상황

교실에 전시된 가을 꽃 사진을 보면서 꽃에 대한 이야기를 하게 되었고 각자 좋아하는 꽃의 이름을 이야기하였다. 친구들이 좋아하는 꽃을 알아보고 싶다고 하였다.

활동자료

종이, 색연필, 연필, 그래프

놀이의 시작

- 전시된 가을 꽃 사진에 관심을 가지고 관찰한다.

  혜인: 수호야 우리 꽃 사진 볼까?

  수호: 그래.

  혜인: 난 코스모스가 좋아. 색깔도 여러 가지고 예쁜 것 같아.

  수호: 나는 국화가 좋아. 잎도 엄청 많아.

  혜인: 가을에 피는 꽃이 참 많이 있네.

  수호: 다른 친구들은 무슨 꽃이 좋다고 할까?

꽃 사진을 보며 좋아하는 꽃을 찾아보고 있다.

놀이의 흐름

- 다른 친구들은 어떤 꽃을 좋아하는지 다른 친구들의 생각에 관심을 가진다.

수호: 다른 친구들은 무슨 꽃 좋아하는지 한 명씩 물어볼까?
혜인: 우리반 친구들 한 명 한 명 다 물어보려면 힘들 것 같은데.
수호: 좋은 생각있어? 안 그러면 어떻게 알아?
혜인: 선생님한테 물어보자.
수호: 아 맞다. 우리 옛날에 좋아하는 놀이에 이름 붙이기 했었잖아.
혜인: 맞네. 그거 하면 되겠다.
수호: 그런데 그거 하려면 종이도 있어야 하고 붙이는 큰 종이도 있어야 하는데 어떻게 하지? 너 만들 수 있어?
혜인: 아니. 나 못 만드는데?
수호: 선생님한테 도와달라고 할까?
혜인: 같이 가서 말하자.

- 수호와 혜인이가 우리 반 친구들이 제일 좋아하는 꽃이 무엇인지 궁금해서 그래프 활동을 해보고 싶다고 도움을 요청하였다.

- 다른 친구들에게 수호와 혜인이의 이야기를 전하고 다른 유아들도 그래프 활동을 해보고 싶다고 하여 활동에 필요한 것을 준비해주었다.

교사: 수호와 혜인이가 우리 반 친구들이 가장 좋아하는 꽃이 궁금하대요. 그래프 활동을 하고 싶다는데 해볼까요?
유아들: 네. 우리도 궁금해요.
교사: 그러면 가을꽃 종류가 너무 많은데 다 각자 좋아하는 것을 그리면 될까?
민수: 선생님. 난 가을꽃 잘 몰라요. 그림도 어떻게 그릴지 잘 모르겠어요.
채민: 저도요. 하고 싶은데 잘 모르겠어요.
교사: 가을꽃을 잘 모르는 친구가 있는데 어떻게 하면 좋을까?
서아: 선생님~ 선생님이 붙여준 가을꽃 사진 보면서 해도 되요?
수호: 선생님이 붙여준 꽃에서 제일 좋아하는 꽃 선택하면 되겠다.
민수: 나도 그렇게 할래.

교사: 여러 가지 가을꽃이 많지만 잘 모르는 친구도 있으니까 서아 말처럼 이번에는 교실에 있는 가을꽃 중에서 선택해서 활동해도 될까?

유아들: 좋아요~!

교사: 그림을 그릴 수 있는 작은 종이를 준비했는데 여기에 좋아하는 가을꽃을 그려 보자.

좋아하는 가을꽃을 종이에 그리고 있다.

-준비된 작은 종이에 꽃 그림을 그리고 다 하면 그래프에 붙인다.

교사: 그림을 다 그린 친구들은 자유롭게 그래프판에 자신이 그린 것을 붙이세요. 그림을 붙일 때는 밑에서부터 차례차례 붙여야 해요.

민수: 나는 방울꽃 좋아. 다른 친구들도 방울꽃 붙였네.

수호: 나는 국화에 붙여야지. 국화 붙인 사람은 아무도 없네!

자신이 좋아하는 꽃을 그래프에 표시하고 있다.

채민: 선생님~ 오늘 안 온 친구들은 어떻게 해요?

교사: 안 온 친구들도 궁금해?

채민: 우리반 친구들 전부 알고 싶어요.

교사: 그러면 어떻게 할까?

채민: 선생님이 친구들한테 말해주세요.

교사: 그러면 다른 친구들한테도 이야기해서 하고 싶다고 하는 친구들은 그려서 붙이라고 할게요.

- 코로나로 모든 유아들이 등원하지 않아 함께 활동은 안 한 유아들에게 활동에 대해 이야기하고 놀이 시간에 자유롭게 참여해서 할 수 있도록 하였다.

좋아하는 꽃을 그래프에 표시한 결과를 보고 있다.

- 모든 유아들이 그래프 활동에 참여해서 완성된 후에 교실에 전시해서 유아들이 그래프를 볼 수 있도록 하였다.

혜인: 우리반 친구들은 방울꽃을 제일 좋아하네.

수호: 산비장이랑 투구꽃은 아무도 없어.

혜인: 맞네. 그 꽃들은 좋아하는 친구가 없나 봐.

수호: 국화가 4명이야. 국화는 두 번째야.

혜인: 그래프로 하니까 어떤 꽃을 좋아하는지 잘 보여.

좋아하는 꽃을 그래프로
나타낸 후 벽에 전시한다.

놀이경험 이해

〈유아의 놀이 경험〉

꽃 사진을 보다가 자신들이 좋아하는 꽃에 대해 이야기를 나누었다. 다른 친구들의 생각도 궁금해져서 이전에 했던 그래프 활동을 생각해내고 교사에게 도움을 요청하여 활동을 하였다.

〈교사의 놀이 이해〉

자신들이 궁금해하는 내용을 이전 활동과 연결하여 자율적으로 알아보는 것을 알 수 있었다. 교사가 준비를 하지 않아도 스스로 생각해내는 것은 경험에 의한 것이라는 것을 알 수 있었다.

교사지원

- 유아들이 필요로 하는 활동자료를 준비해주었다.

놀이하며 배우는 5개 영역의 통합적 이해

■ **자연탐구**

생활 속에서 탐구하기 **일상에서 모은 자료를 기준에 따라 분류한다.** 가을꽃에서 자신이 좋아하는 꽃을 그래프에 표현한 후 친구들의 생각과 자신의 생각의 공통점과 차이점을 탐색하며 적극적으로 활동하였다.

■ **사회관계**

더불어 생활하기 **서로 다른 감정, 생각, 행동을 존중한다.** 유아들은 자신이 좋아하는 가을꽃을 그래프활동에서 표현하고 다른 친구들이 좋아하는 가을꽃을 살펴보며 즐거워하였다.

가을 색을 찾아요

놀이상황

실외활동 놀이 중 한 유아가 '가을 하늘색이 예쁘다'라고 하여 다른 유아들이 색깔에 대한 관심을 가지면서 다른 색도 찾아보자고 하였다.

활동자료

종이 액자(프린트물), 색지

놀이의 시작

- 유성이와 은지가 실외 놀이를 하다가 유성이가 하늘을 가리키며 이야기를 한다.

  유성: 우리 엄마가 가을 하늘은 높고 더 파랗다고 했어. 그래서 더 예쁘대.

  은지: 진짜? 왜?

  혜린: 나도 그런 말 들어본 것 같아.

  유성: 하늘 보니까 파랗고 예쁜 것 같아. 진짜 예뻐~~

- 유성이와 은지, 혜린이가 하늘을 보면서 계속 이야기를 하자 다른 유아들도 관심을 가지고 옆으로 온다.

- 하늘을 보면서 무슨 이야기를 하는지 물어본다.

  민주: 무슨 이야기 하고 있어?

  은지: 가을 하늘을 보면서 예쁘다고 이야기 하고 있었어. 유성이 엄마가 가을 하늘이 더 파랗다고 이야기 했다고 하는데 정말 그런 것 같아.

  혜린: 나도 들어본 것 같은 말이야.

- 하늘의 색깔 이야기에서 다른 색깔에도 관심을 가지며 이야기한다.

  민주: 그런데 가을 하늘도 예쁘지만 난 나뭇잎 색깔도 예쁜 것 같아.
  나뭇잎 색깔이 빨갛고 노랗게 변하잖아.
  아침에 올 때 나뭇잎 색깔 변한 것 봤어.

  혜린: 꽃도 여러 가지 색깔이 있어. 난 꽃에 있는 색깔이 더 예쁜 것 같아.

  은지: 우리 놀이터에서 색깔 찾기 놀이할까?

유성: 하자. 그런데 다른 친구들도 같이 하면 좋겠다.

은지: 할 사람 있는지 물어볼까?

유성: 색깔찾기 놀이 할 사람~ 같이 할 사람?

- 색깔 찾기 놀이를 하고 싶은 친구가 있는지 물어보고 몇 명이 더 모여서 찾기 놀이터를 여기저기 뛰어다니며 놀이를 한다.

은지: 찾았다~ 나무 이건 갈색이야.

민주: 나도 찾았다. 나뭇잎~

- 자신이 찾은 색깔을 손가락으로 가리키며 놀이한다.

놀이의 흐름

- 실외 놀이 시간에 했던 색깔 찾기가 재미있어서 또 하고 싶다고 이야기하여 다른 유아들과 같이 할 방법을 의논하였다.
- 아이들이 찾은 색깔은 어떻게 기록할지 생각하다가 사진을 찍어 남기기로 한다.
- 모두 사진을 찍었으면 좋겠다는 의견이 있었는데 찍을 수가 없으니 액자 모양의 종이를 하나씩 들고 나가서 찾아보기로 한다.
- 액자프린트를 하나씩 가지고 실외놀이 시간에 나간다.

유성: 찾았다. 나는 하늘색.

은지: 나는 나무에 열매 여러 가지 색이 들어 있어.

혜린: 그건 석류야. 빨갛게 변할걸.

민주: 나뭇잎이랑 의자랑 색깔이 비슷한 거 같아.

- 실외놀이터 여기 저기에서 색깔을 찾고 찾았다고 외친다.

실외놀이에서 찾아온 자연물을 관찰하며 전시하고 있다.

- 찾은 색깔을 서로 이야기하다가 은지가 새로운 생각을 이야기한다.
  은지: 우리가 찾은 색깔 교실에 가서도 봤으면 좋겠다.
  정우: 진짜! 누가 어떤 것 찾았는지 봤으면 좋겠다.
- 정우도 은지 생각에 동감하면서 이야기한다.
  은지: 우리 선생님께 도와달라고 할까?
  정우: 그래, 그러자.
- 유아들의 요청으로 찾은 색깔 찾은 것을 교실에서도 볼 수 있도록 사진으로 찍어서 남겨 준다.

유아들이 찾은 가을색을 '알록달록 가을색을 찾았어요' 사진틀에 넣고 있다.

- 아이들과 찍은 사진을 프린트 해서 전시를 해주자 사진 앞에 서서 찾은 색을 가지고 이야기를 나눈다.
  민주: 유성이는 하늘색 찾았네.
  유성: 은지는 빨간색.
  혜린: 민주는 나뭇잎 색깔 찾았네.
  유성: 다른 친구들도 색깔 다 찾았네.
  혜린: 우리 색깔 여러 가지 많이 찾았다. 친구들이 찾은 색깔은 뭐지?
  유성: 하늘색, 갈색, 빨간색, 노란색…
  민주: 누가 어떤 색을 찾았는지 한 번에 볼 수 있었으면 좋겠는데…
  혜린: 그래 그러면 우리가 한 번에 알 수 있을텐데…
  유성: 어떻게 하지? 종이에 쓸까?

민주: 선생님께 도와달라고 할까?

혜린, 유성: 그래, 도와달라고 하자.

- 유아들이 와서 친구들이 어떤 색을 찾았는지 알 수 있었으면 좋겠다고 도움을 요청한다.
- 함께 방법을 의논하다가 사진을 가지고 같은 색을 가진 친구들끼리 모아보자고 의견을 나누었다.
- 분류한 것을 한 눈에 볼 수 있도록 색지를 제공해주고 거기에 붙일 수 있도록 했다.

같은 가을색을 가진 친구들끼리 색지에 붙이며 분류작업을 하고 있다.

유성: 이렇게 종이에 붙이면 우리가 무슨 색을 찾았는지 알 수 있어.

혜린: 색지 색깔에 같은 색 찾아서 붙여 보자.

유호: 다른 색 붙이면 안 돼. 잘 붙여졌는지 잘 보자.

민주: 글자도 써야겠다. 그래야 다른 선생님들도 우리가 뭐 찾았는지 알 수 있잖아.

혜린: 글자 아니까 민주가 네가 써.

민주: 그래. 선생님 이거 벽에 붙여주세요.

- 유아들이 분류한 것을 벽에 전시해주고 자유롭게 볼 수 있도록 하였다.

가을색을 분류한 후 벽면에 전시하였다.1

놀이경험의 이해

〈유아 놀이 경험〉

생활 속에서 부모님께 이야기 나누었던 것을 기억해내고 친구들과 공유하면서 색깔에 대한 관심으로 시작해 주변을 관찰하고 놀이로 연결하였다. 그렇게 시작한 놀이가 같은 색끼리 모아보고 색깔별로 분류하기 놀이까지 진행하였다.

〈교사의 놀이 이해〉

유아들이 주변 환경에 관심을 가지고 계절의 변화를 인지함으로써 관찰하게 되었다. 친구들과 어울려서 색깔을 찾아보면서 여러 가지 색깔에 대한 정보를 수집하였다. 색깔 수집 방법과 기록을 남기기 위해 더 좋은 방법을 친구들과 의논하고, 자신들이 찾았던 색깔을 수집에 그치지 않고 어떤 색깔들을 찾았는지 같은 색끼리 모으고 분류하는 작업까지 할 수 있었다.

단순히 들었던 이야기에서 유아들의 관심이 깊어지니 자료수집과 분류까지 자율적으로 하는 모습을 볼 수 있었다.

교사의 지원

- 유아들의 이야기를 듣고 유아들이 원하는 것을 파악하여 자료제공을 해 주었다.

놀이하며 배우는 5개 영역의 통합적 이해

■ 자연탐구

생활 속에서 탐구하기 **일상에서 모은 자료를 기준에 따라 분류한다.** 유아들은 계절의 변화를 느끼며 자신과 친구들이 찾은 가을의 색을 모으고 분류하며 즐겁게 놀이하였다.

■ 예술경험

아름다움 찾아보기 **자연과 생활에서 아름다움을 느끼고 즐긴다.** 유아들은 자연의 변화에 관심을 가지고 가을색 찾기 놀이를 즐겼다.

주요 용어

자료수집 및 분석

분류하기, 조직하기, 재표상하기, 질문과 답에 대한 정보를 모두 사용함

분류

물체의 속성에 의해 범주나 영역으로 모아 놓은 능력으로써 수 기능의 기초가 되며, 물체 간의 차이를 알아야 하고 유목으로 조직할 수 있는 것

그래프

체계적인 방법으로 조직하고 결과를 알아보는 것

정리하기

1 자료의 수집 및 분석은 어린 유아라 할지라도 그들에게 맞는 방식으로 자료를 수집하고 표현하도록 하는 기회가 제공되어야 한다.

2 자료수집 후에 유아의 최초 표상활동은 범주를 사용하지 않지만 차츰 다양한 범주를 통해 자료를 표현하고 구분해 보는 분류하기, 순서짓기, 수 세기, 표상하기, 부분과 전체 등의 종합적인 수학능력이 발달된다.

참고문헌

Charlesworth, R.(2000). *Experience in Math for Young Children* (4th Ed). Standard, CT: Delmar Thomson Learning.

NCTM(2000). *Principles and standards for School Mathematies*. VA: NCTM. Inc.

Simth, S. S.(2006). *Early childhood mathematics*. Boston, MA: Person.

3

PART 3

영유아 수학교육의 지도

영유아의 수학에 대한 관심과 흥미는 영유아의 개별적인 발달 상황과 학습능력을 파악하고 최적의 교육이 일어나도록 돕는 교사의 영향이 무엇보다도 크다고 할 수 있다. 영유아 교수 · 학습방법의 대표적인 것으로는 게임을 이용한 교수 · 학습방법, 교구를 이용한 교수 · 학습방법, 문학을 이용한 교수 · 학습방법, 미술을 이용한 교수 · 학습방법, 일상생활을 이용한 교수 · 학습방법 등이 있다. 그리고 2019 개정 누리과정의 자연탐구를 통한 영유아 교수 · 학습방법을 살펴볼 필요가 있다.

환경구성이란 영유아의 활동을 자극하고 다양하게 경험할 수 있도록 하는 외적 자극으로서 물리적 조건을 제공하는 것을 말한다. 특히 영유아 수학교육을 위한 환경은 크게 교사와 부모 등 성인의 역할과 또래로 구성되는 인적 환경과 건물 · 설비, 교수자료 등의 물리적 요소를 포함하는 물리적 환경으로 구분된다. 그리고 일반적 탐색놀이 자료, 수학활동 영역별 교수학습 자료 등의 교수자료를 통해 수학교육을 증진시켜 나갈 수 있다.

평가는 최적의 발달과 프로그램의 목적을 성취하기 위해 영유아가 무엇을 알아야 하고 무엇을 할 수 있는지에 대해 정보를 수집하고 해석하고 문서화하는 기본적인 과정이다. 평가에 대해 정확히 이해하기 위해서는 평가의 목적, 단계, 기준, 내용, 방법 등에 대한 고찰이 이루어져야 한다.

우리나라 수학교육은 지나치게 입시에 편중된 교수학습으로 인해 많은 문제가 대두된 바 있다. 따라서 앞으로의 영유아 수학교육의 전망과 과제는 초등교육과의 연계 모색과 주제와 분리된 활동을 강조했던 기존의 전통적인 교수법에서 벗어나 통합적 접근으로서의 탐구활동을 강조할 필요가 있다.

제3부에서는 영유아 수학교육의 운영 및 교사의 역할, 영유아 수학교육을 위한 환경구성, 영유아 수학교육의 평가, 영유아 수학교육의 전망과 과제 등에 대해 살펴보기로 한다.

CHAPTER 10

영유아 수학교육의 운영 및 교사의 역할

교사가 수학교구를 가지고 교육방법을 고민하고 있다.

영유아의 수학에 대한 관심과 흥미, 즉 수학에 대한 긍정적인 태도 형성은 영유아 자신의 사전경험, 과제이해 능력, 또래와의 상호작용뿐 아니라 영유아의 개별적인 발달 상황과 학습능력을 파악하고 최적의 교육이 일어나도록 돕는 교사의 영향이 무엇보다도 크다고 할 수 있다. 교사가 영유아의 호기심을 수학활동과 연결하면 영유아는 수학에 대하여 긍정적인 태도를 발달시킬 수 있으며(김숙령, 2001), 이를 통해 여러 가지 지식뿐만 아니라 사물, 사건 등에 대한 태도 및 가치관 등을 습득할 수 있다.

최근 영유아 수학교육의 필요성과 더불어 영유아 교사의 교수방법에 관한 연구에 초점이 모아지고 있다. 이는 영유아의 수학적 발달을 위한 가장 큰 변인으로 수학프로그램보다 교사와의 상호작용에 따른 영향이 더 중요해졌기 때문이다. 예를 들어, 수학에 대한 관심을 가진 교사는 영유아의 흥미와 욕구에 맞는 수학내용과 적절한 교수·학습방법으로 영유아에게 수학에 대한 호기심, 창의적인 즐거움

그리고 인내심과 같은 태도들을 촉진시키고 영유아의 과학적 사고능력과 문제해결력을 도울 수 있다. 그러나 교사 중 수학이 어렵고 재미없다는 고정관념과 수학에 대한 불안과 두려움을 가진 채 수학교육에 대한 자신감이 낮은 교사는 영유아에게 수학에 대한 부정적인 느낌을 줄 뿐만 아니라, 심지어 영유아의 수학에 대한 호기심을 잃게 할 수 있다. 결과적으로 교사가 수학에 대하여 가지고 있는 능력과 신념이 영유아에게 바람직한 수학활동을 제시하고 적합한 교수·학습방법을 계획하는 데 중요한 역할을 한다.

따라서 본 장에서는 효과적인 영유아 수학 교수·학습방법과 누리과정에서의 수학적 탐구하기와 교사의 역할에 대해서 살펴보고자 한다.

1. 영유아 수학 교수·학습방법

1) 게임을 활용한 교수·학습방법과 교사의 역할

(1) 정의 및 필요성

게임은 두 명 이상의 놀이자가 사전에 규칙을 정하여 이기려고 진행하는 놀이 형태로, 이를 통해 영유아는 여러 가지 수학적 개념을 학습할 수 있다. 게임은 몇 명의 영유아가 할 것인지, 각 팀의 수가 같은지를 세어 본다든지, 주사위의 숫자를 읽어 보거나 나온 숫자만큼 세어서 말을 옮겨 보거나, 어느 팀이 더 많거나 적은지를 세어보는 활동을 통해 수와 관련된 사고를 하도록 돕는다. 또한 게임은 누구나 즐길 수 있는 활동으로 영유아교육기

유아들이 게임 활동에 참여하고 있다.

관에서는 주로 자유놀이 시간에 흥미영역별로 이루어지거나 교사와 영유아가 실내와 실외에서 대그룹 또는 소그룹으로 이루어지는 경우가 많다. 영유아는 다양한 게임 활동을 참여함으로써 분류, 서열화, 수개념, 측정, 공간, 도형 등에 대한 기본개념을 습득하고 기초적인 사고력의 증진을 경험한다(최기영, 2000).

(2) 교육적 의의

게임을 활용한 교수·학습의 교육적 의의는 첫째, 수학적 문제해결 능력이 길러진다. 영유아는 게임을 하면서 목적을 달성하기 위해 끊임없이 게임의 진행 상황을 이해하고 자신의 행동을 결정해야 하는 순간에 부딪히게 되면서 수학적 문제해결 능력이 향상된다. 둘째, 추론 및 예측하는 능력이 길러진다. 게임을 하면서 영유아는 게임의 목적을 성취하기 위해 다양한 전략을 사용하게 되고, 이러한 전략은 자연스럽게 예측과 추론을 요구한다. 셋째, 수학적 어휘를 풍부하게 사용한다. 예를 들어, 주사위를 던져 나온 수만큼 과일나무에 있는 과일을 따서 모으는 게임을 할 경우 영유아는 주사위의 숫자를 세어야 하고, 다시 나무의 열매를 세면서 따게 된다. 이처럼 게임 상황 속에서 수학적 어휘를 자연스럽게 사용하게 된다. 넷째, 영유아의 능동적 참여를 유도할 수 있다. 대부분의 영유아는 게임을 선호하기 때문에 활동에 능동적이고 적극적인 태도를 지니며 참여하게 된다. 이러한 능동적 참여는 학습에 대한 긍정적인 태도를 형성하는 데 도움이 된다. 다섯째, 또래 간 상호작용을 증진시킨다. 게임은 나와 상대방 두 명 이상이 있어야 이루어진다. 게임의 순서, 규칙과 목적을 결정하기 위해 또래 간에 의사소통이 이루어진다. 또한 게임을 진행하면서도 게임의 규칙을 제대로 지키고 있는지, 반칙을 하지는 않았는지, 누구의 순서인지, 누가 이기고 졌는지에 대해 끊임없이 이야기를 나누게 된다. 또래 간에 의견을 조율하는 과정 속에서 영유아는 자신의 의견을 전달하는 방법과 갈등해결 방법을 자연스럽게 터득하며 자신의 감정을 조절할 수 있는 능력과 의사소통 능력을 발달시킬 수 있다. 여섯째, 영유아에게 흥미, 도전감, 즐거움을 제공한다. 영유아는 게임의 목적을 달성하거나 상대방을 이기기 위해 열중

하면서 정서적 만족감을 느끼고, 그 목적을 이루었을 경우 자신감, 성취감, 자존감을 느끼게 된다. 이러한 성공감은 영유아를 새로운 세계로 나아가 도전하게 할 수 있는 힘을 형성하는 데 도움을 준다.

(3) 교사의 역할

교사는 게임 활동의 원활한 진행을 위해 첫째, 게임의 활동 수준을 고려해야 한다. 즉 게임의 수준은 쉬운 것에서 어려운 것으로, 단순한 것에서 복잡한 것으로 진행하는 것이 유리하다. 둘째, 가능한 한 모든 영유아가 게임에 참여할 수 있도록 배려한다. 그러기 위해서는 게임의 수준을 너무 높지 않게 결정하도록 하며, 건강상의 문제가 있다거나 몸의 상태가 별로 좋지 않다는 등 특별한 이유를 제외하고는 모든 영유아가 게임에 참여하도록 권유한다. 셋째, 또래와의 상호작용을 증진시키도록 돕는다. 게임은 다른 활동에 비해 상호작용이 활발히 일어나기 때문에 교사가 조금만 관심을 기울인다면 게임을 통해 수학기술 중 하나인 의사소통 능력을 증진시킬 수 있다. 넷째, 영유아의 게임방법과 의견을 존중한다. 영유아는 자신이 제시한 의견이 존중되고 반영되면 게임에 대한 흥미가 증진되고 동기유발이 잘 되어 활동에 더욱 적극적으로 참여하게 된다. 다섯째, 수학 어휘를 사용하도록 자극한다. 게임 활동을 계획할 때 발달 수준을 고려하여 영유아가 수학개념을 활용하고 수학 어휘를 더 많이 사용할 수 있는 기회를 제공할 필요가 있다. 여섯째, 경쟁의식이 지나치지 않도록 지도한다. 게임은 승부가 가려지는 것으로, 종종 심각한 경쟁의식으로 인해 게임의 교육적 성과가 위협받는 경우가 발생하기도 한다. 따라서 교사는 지나친 경쟁의식으로 인한 부작용을 방지하기 위해 의도적으로 개입해야 한다. 일곱째, 게임

교사가 유아들의 게임 활동을
지원하고 있다.

의 안전성, 견고성, 매력적 측면을 고려한다. 즉 게임은 영유아가 직접 참여하고, 도구를 조작하는 경우가 대부분이기 때문에 교사는 안전에 관한 요소를 충분히 고려해야 한다.

2) 교구를 활용한 교수·학습방법과 교사의 역할

(1) 정의 및 필요성

교구란 교육목적을 달성하기 위한 교재를 효과적으로 영유아에게 습득시키기 위한 도구이다. 특히 수학활동 교구는 영유아가 수학에 관심을 갖고 수학을 탐구해 볼 수 있는 기회를 제공한다. 페스탈로치는 적절한 감각적인 경험을 통해 영유아의 잠재적 가능성을 개발시킬 수 있으며, 실물 교수학습이 가장 효과적인 교수방법이라고 주장하였다.

교구를 활용한 교수·학습이 영유아 수학교육에 필요한 이유는 다음과 같다. 첫째, 영유아의 전인적 발달에 도움을 준다. 직접 교구를 조작하고 오감을 사용하여 관찰할 기회를 가짐으로써 감각능력이 증진되고, 다양한 언어표현을 경험하면서 언어능력의 향상 그리고 또래와의 교구사용 경험을 통해 나누기, 양보하기, 협동하기 등과 같은 사회성도 발달된다. 둘째, 교육활동의 내용과 질에 영향을 준다. 즉 교육활동에 활용되는 교구는 교사와 영유아, 영유아와 영유아, 영유아와 사물 간의 효과적인 상호작용을 촉진할 뿐만 아니라 질 높은 학습도 가능하게 해준다. 셋째, 교구는 영유아의 자발적 참여를 유도한다. 영유아는 자신의 수준에 적합한 교구를 통해 한층 더 수학활동에 흥미를 갖고 적극적으로 참여하게 된다.

유아가 교구를 이용해 활동하고 있다.

(2) 교구 선택 시 고려해야 할 기준

영유아기는 다양한 사물의 조작과 오감을 사용하는 활동경험을 통해 지식을 형성하나, 발달 특성에 따른 개인차가 큰 시기이기 때문에 적합한 교구를 선택해야 한다(홍혜경, 2005). 교구 선택 시 고려해야 할 기준으로 먼저 교육적으로 의미 있는 학습경험을 제공하는 교구인지를 확인할 필요가 있다. 좋은 교구란 외관상 매력적이거나 신기한 것만이 아니라 그것을 활용하는 과정이나 결과에서 영유아에게 적합하고 교육적으로 의미 있는 경험이 제공되어야 한다. 둘째, 발달 수준에 적합해야 한다. 영유아의 현재 흥미와 인지발달 수준 등에 적합한 교구를 선택하고, 시간이 경과함에 따라 구체적인 것에서 추상적인 것으로, 단순한 것에서 복잡한 것으로 점차 수준을 높여야 한다. 셋째, 안전하고 위생적이어야 한다. 자료의 재질, 페인트의 유독성 여부 등의 안전성 문제와 청결처리 등에 대해 유의해야 한다. 넷째, 다양하고 창의적인 놀이가 가능해야 한다. 포괄적이고 다양하게 활용할 수 있는지, 독자적인 표현 및 활동을 얼마나 증진시킬 수 있는지를 확인한다. 다섯째, 도전과 성공적인 경험을 제공해야 한다. 영유아는 교구를 통해 성공적인 학습경험을 가져야 학습에 대한 자신감 증진을 비롯해서 여러 긍정적인 효과를 기대할 수 있다.

따라서 효과적인 수학교육을 위해서는 영유아의 흥미를 유발시키고 지속시킬 수 있고, 발달 수준에 적합하면서 논리적이고 수학적 사고를 자극할 수 있는 체계적인 활동교구가 필요하다.

(3) 교사의 역할

수학활동 교구를 제시할 때 교사가 고려해야 할 점을 살펴보면, 첫째, 수의 이해와 관련된 수학내용 지식 외에도 공간과 도형, 패턴, 통계와 같이 다양한 수학적 내용지식을 전달할 수 있어야 한다. 둘째, 교사가 교육목표로 한 수학 내용지식이나 과정기술을 영유아가 발견하고 이해할 수 있는 교구를 준비해야 한다. 셋째, 영유아가 수학적 이해 수준에 따라 활동할 수 있도록 놀이방법이나 문제해결 방법이 다양해야 한다. 넷째, 단순하고 반복적인 놀이만이 아니라 수학적으로 문제를 해결하고 추론할 수 있어서 논리·수학적인 관계를 이해할 수 있는 것이어야 한다. 다섯째, 영유아들이 수학학습 교구를 직접 조작하고 변형할 수 있어야 한다. 여섯째, 교사들이 직접 제작한 교구 이외에도 상품화된 자료, 영유아들이 수집해온 자료, 자연에서 구할 수 있는 자연물 등이 수학영역의 활동교구가 될 수 있다. 따라서 교사는 수학활동 교구의 중요성을 인식하고 적절한 수학활동 자료를 선택, 제공하여야 한다.

3) 문학을 활용한 교수·학습방법과 교사의 역할

(1) 정의 및 필요성

문학이란 언어와 문자를 통해서 자연과 인간, 사회와 인간, 인간과 인간의 여러 가지 갈등을 허구적으로 묘사하고 그것을 통해서 독자를 감동시키며 '인간이란 무엇인가?', '인생은 어떻게 살아가는가'라는 문제를 진지하게 탐구하도록 하는 예술이다(김세희, 2002). 이렇듯 문학은 누구나 경험할 만한 인간의 다양한 삶을 때로는 깊게, 때로는 흥미롭게 다루고 있기 때문에 문학 그 자체로서 영유아의 관심과 흥미를 끌어들이는 강력한 힘을 지니고 있다.

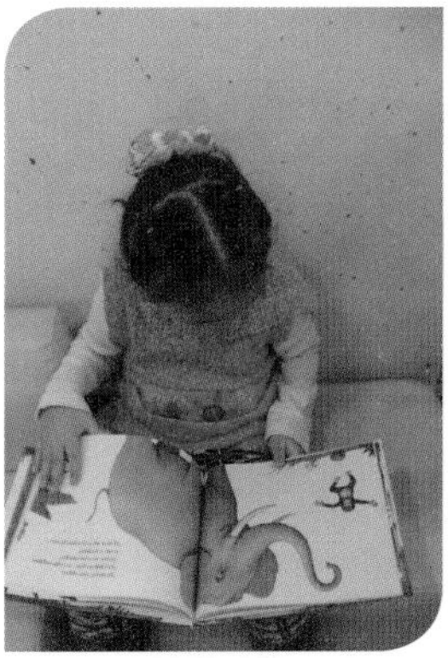

유아가 집중해서
책을 읽고 있다.

문학을 활용한 수학교육은 영유아에게 흥미로운 이야기책의 상황을 자연스럽게 수학교육 상황으로 전환시키고, 분리된 수 세기나 더하기 등의 활동이 아닌, 의미 있는 상황에서 수 세기나 더하기 등의 수학적 경험을 제공하기 위한 수학교육 방법이다(이경우 외, 1997). 영유아의 수학적 지식은 물론 수학적 과정기술과 수학적 태도를 긍정적으로 발달시키는 데 효과적이다. 또한 동화, 동시, 동요에는 수학적 상황묘사나 수학적 개념을 담고 있는 내용이 풍부하며, 영유아가 흥미 있어 하는 문학을 함께 읽으며 수학적 요소를 탐색하고 문학 속의 수학적 문제를 해결해 보는 과정은 수학적 사고를 키우는 데 효과적이다. 그러나 모든 종류의 문학작품이 영유아를 위한 수학교육에 유용한 것은 아니므로 몇 가지 사항을 고려하여야 한다(이경우 외, 1997). 첫째, 이야기책은 일반적으로 좋은 이야기책의 선정 기준에 맞는 작품이 적합하다. 둘째, 이야기책의 상황이 영유아에게 직접적인 경험과 관련을 지을 수 있고, 의미 있는 수학적 상황과도 연결이 가능해야 한다. 셋째, 이야기책의 상황이 다양한 수학적 해결방법을 모색하게 도와야 한다. 넷째, 이야기책 상황이 수학적 개념의 탄생이나 문제 상황을 제시하고 있는 것이 좋다.

(2) 교육적 의의

수학에 대한 내용을 다루면서 동시에 문학적 가치를 지닌 문학작품을 활용한 영유아 수학교수방법의 교육적 의의는 다음과 같다. 첫째, 영유아의 발달에 적합하다. 영유아는 성인과 같은 방식으로 수학 개념을 이해하지 않는다. 영유아는 어떤 개념을 분리하고 세분화하여 이해하는 것이 아니므로 이런 방식으로 수학개념을 소개한다면 어려움을 겪게 된다. 문학작품의 경우, 수학개념이나 과정을 포함한 하나의 총체적인 상황으로 이야기해 준다. 따라서 영유아는 문학작품을 통해 자신의 발달에 적합한 방식으로 수학 개념을 자연스럽게 받아들일 수 있다. 둘째, 영유아의 흥미와 호기심을 유발한다. 영유아를 대상으로 하는 문학작품은 영유아의 인지적·사회적·정서적 측면을 고려하여 그들의 삶과 관련된 내용을 다루고 있으므로 영유아의 흥미와 호기심을 자극한다. 특히 그림책의 아름답고 재미있고 영유아의 무한한 상상력과 창의력을 자극하는 삽화들은 영유아의 눈길을 끌기에 충분하다. 셋째, 일상생활의 의미 있는 맥락 속에서 수학을 경험할 수 있다. 영유아는 수학과 관련된 문학작품을 통해 수학 지식이 일상생활 속에서 어떤 맥락에서 어떠한 방식으로 활용되는지 자연스럽게 배울 수 있다. 아울러 영유아는 수학적인 문제 상황을 더 잘 이해하게 되고 지금까지 영유아가 가지고 있던 비형식적인 지식과 전략을 사용하도록 유도하기 때문에 수학교육을 훨씬 용이하게 할 수 있다(나귀옥, 김경희, 2004). 넷째, 수학적 어휘를 자연스럽게 익힐 수 있다. 문학작품은 수학적 어휘가 사용되는 구체적인 상황을 제시하고 있으므로 영유아에게 단순히 어휘만을 소개하여 반복적으로 익히게 하는 것보다 문학작품을 통해 영유아는 더 쉽고 자연스럽게 수학 어휘를 습득할 수 있다. 수학 어휘를 이해함으로써 영유아의 수학개념은 더 확장되고 심화되므로 풍부한 수학 어휘를 자연스럽게 제공할 수 있는 문학작품을 통한 수학교육은 의미 있는 교수방법이라 할 수 있다. 다섯째, 다른 영역 활동으로의 전이가 용이하다. 영유아와 함께 문학작품을 감상하는 것은 단순히 영유아에게 문학적 경험만을 제공하는 것이 아니라 그와 관련된 수학활동으로 이끌 수 있는 토대가 되면서(Barrow & Salesi, 1982), 수학뿐만 아니라 언어, 조형, 과학, 동작, 음악 등과 같은 다른 교과 영역의 활동으로 확대되기도 한다. 문학작품 속의 세계는 우리의 실질적인 삶이 그러하듯 수학, 과학, 언어 등이 분리되어 있는 것이 아니라 모든 영역이 통합된 경험의 형태를 띠고 있다. 따라서 문학작품은 수학의 내용을 주제로 했을지라도 얼마든지 다른 영역으로 확장하여 교육활동을 할 수 있는 풍부한 소재를 지닌 매체라고 할 수 있다.

(3) 교사의 역할

교사는 문학활동을 효과적으로 활용하기 위해 첫째, 영유아를 대상으로 하는 문학작품에 대한 안목을 지녀야 한다. 주변에 아무리 풍부한 교재가 산재해 있다 해도 교육활동을 위해 적재적소에 활용할 수 없다면 아무런 의미가 없다. 따라서 교사는 영유아를 대상으로 하는 문학작품의 종류에는 어떤 것이 있는지, 영유아의 발달 연령에 적합한 문학작품에는 어떤 것이 있는지, 수학과 관련된 문학작품은

교사는 수학과 관련된 책을 읽고 있다.

어떤 것이 있는지 그리고 어떤 문학작품이 문학적 가치를 지니는지에 대한 지식을 갖추고 있어야 한다. 둘째, 수학과 문학을 자연스럽게 연결하여 활동으로 구성할 수 있어야 한다. 교사는 문학에 대한 안목뿐만 아니라 수학의 개념 및 과정에 대해 정통하고 있어야 한다. 즉 수학개념의 종류(수와 연산, 공간과 기하, 측정, 규칙성, 자료분석)와 내용은 무엇인지, 수학 과정에는 어떤 방법이 있으며 어떻게 실제 교육상황에 적용시킬 수 있을지 명확하게 알고 이를 문학작품에 자연스럽게 연결시킬 수 있는 능력이 필요하다. 셋째, 문학작품을 토대로 영유아에게 수학 문제상황을 제시할 수 있는 적절한 질문을 해야 한다. 질문은 수학적 탐구활동을 촉진시키기 때문에 수학 영역에서 교사의 적절한 질문은 매우 중요하다. 교사의 질문에 의해 영유아는 하나의 현상에 몰입할 수 있고, 자신이 알고 있는 것과 새로운 것을 연관시키며 사고를 확장해 간다. 넷째, 문학작품을 토대로 교재, 교구에 대한 아이디어를 창출하여 제작하고 활용할 수 있어야 한다. 교사는 문학작품을 반복해 감상하면서 수학 교재, 교구에 대한 아이디어를 창출해야 한다. 기존의 어린이집 및 유치원에서 구비하고 있는 교구·교재를 활용할 수도 있고, 교사가 계획한 수학 활동에 적절한 교재·교구가 없을 경우 직접 제작하고 활용할 수 있어야 한다.

4) 미술을 활용한 교수·학습방법과 교사의 역할

(1) 정의와 필요성

미술과 수학은 시공간적 능력의 활용을 포함하는 학문으로, 미술은 조형적인 언어로, 수학은 수와 같은 상징적인 언어로 표현한 것이라고 한다(Bickley-Green,

1995). 미술은 영유아가 자발적으로 참여하는 활동으로 친숙하고, 자연스럽고, 표현의 제약성이 적기 때문에, 영유아의 시각적 능력을 발달시키고 색·형·공간에 대해 자유롭게 탐색해 나가는 데 도움이 된다. 무엇보다 미술은 표면적으로는 미술활동을 하지만 그 내용 면에 있어서 수학적 개념을 학습하도록 달콤하게 위장시키는 수단이 될 수 있다는 장점이 있다(고은아, 1995). 즉 영유아에게 수학을 형식적인 수학이 아닌 다른 교과를 통해 가르칠 경우 수학의 기본개념을 더 쉽게 이해시킬 수 있다(Gardner, 1983). 따라서 영유아는 자신이 좋아하는 미술활동을 하면서 자연스럽게 수학적 개념을 이해하고 확장해 나갈 수 있는 것이다.

유아가 미술활동에 참여하고 있다.

(2) 교육적 의의

미술활동을 통한 교육적 의의는 첫째, 영유아의 발달에 적합하다. 영유아는 추상적 사고가 가능하지 않으므로 그들은 감각기관과 운동기관을 통해 세상을 인식한다(정옥분, 2002). 다시 말해 영유아는 직접적으로 오감을 통해 경험한 것에 의하여 인지적인 개념을 기억하고 이해한다는 의미이다. 미술을 통한 수학적 접근을 할 경우 영유아는 직접적으로 미술도구와 재료를 조작하면서 감각을 활용하여 수학적 개념을 이해하고 확장시킬 수 있다. 그리고 영유아는 미술을 통해 자신의 생각과 느낌을 표현하는 것에 대해 친숙감을 느끼기 때문에 미술을 통한 수학적 활동을 할 경우 동기유발이 용이하며 자연스럽게 수학적 개념을 확장시킬 수 있다. 둘째, 영유아가 주도성을 가지고 창의적으로 수학활동을 할 수 있다. 미술활동은 교사가 활동을 계획하고 도구와 재료를 제공하는 데까지는 어느 정도 교사 주도로 이루어지지만 그 다음 단계, 즉 미술도구와 재료가 영유아에게 주어지고 난 이후로는 영유아가 주도성을 가지고 활동하게 된다. 따라서 미술을 통한 수학활동을 함으로써 영유아는 창의적으로 수학적 개념과 과정을 시도하고 적용해 보면서 수학능력을 키워나갈 수 있다. 셋째, 영유아가 수학에 대한 개념을 스스로 명확히 인식하고 수정할 수 있다. 영유아가 이해한 수학개념을 미술로 표상할 경우 자신의 사고를 시각화함으로써 영유아는 자신이 알고 있는 것과 모르는 것을 스스로 발견하게 된다. 이로 인해 영유아는 그 주제에 더 관심을 갖게 되고, 자료를 조사하거나 관찰 또는 탐색하면서 수학적 개념을 명확하게 인식할 수 있다. 넷째, 영유아의 미술작품을 분석하여 영유아의 수학에 대한 수준을 이해하고 평가할 수 있다. 미술작품은 영유아의 현재 상태 및 문제를 드러내기 때문에 진단 또는 평가하기 위한 도구로 사용할 수 있다(신민섭, 2007). 다섯째, 긍정적인 정서발달에 도움이 된다. 미술활동은 영유아의 심미감을 발달시켜 정서를 풍요롭게 하며, 감정을 순화시켜 긍정적인 정서발달에 도움이 된다. 따라서 미술활동을 통해 수학적 접근을 할 경우 미술에 대한 기쁨과 만족, 자신감, 열정 등이 수학으로 연결되어 수학에 대한 긍정적인 태도 형성과 정서발달을 가능하게 한다.

(3) 교사의 역할

교사는 미술활동을 위해서 첫째, 다양한 미술기법과 재료에 대한 지식이 있어야 한다. 교사는 수학개념과 과정에 대해 명확하게 이해하고 있어야 하며, 아울러 다양한 미술기법과 재료에 대한 지식도 갖추고 있어야 한다. 둘째, 영유아가 주변 환경에 대해 더 잘 관찰하고 인식할 수 있도록 도와야 한다. 교사는 미술을 통해 세상을 바라보고 세상은 어떻게 연결되어 있으며, 어떤 영향을 주고받는지를 느끼게 해 주어야 한다. 셋째, 미술작품을 만들면서 영유아가 지닌 수학적 개념을 확장시킬 수 있도록 돕는다. 교사는 먼저 활동의 목표를 명확하게 인식한 후 미술작품을 통해 영유아가 수학개념을 학습하도록 도와야 한다. 넷째, 영유아의 미술작품을 분석할 수 있는 전문적 자질이 있어야 한다. 교사는 영유아의 미술작품을 분석하고 평가함으로써 영유아가 어떤 것에 관심을 갖고 있는지, 어떤 눈으로 세상을 바라보는지, 어떤 개념을 어느 수준으로 이해하고 있는지 등을 이해해야 한다. 다섯째, 스스로 탐색하고 표현할 수 있는 자유로운 분위기를 제공한다. 교사는 영유아가 주도적으로 활동을 할 수 있도록 과도한 제재를 지양하고, 창의적 표현을 격려하는 상황을 만들어야 한다. 여섯째, 다채로운 교실 환경을 제공해야 한다. 영유아의 미적 감각과 주변 환경에 대한 민감한 인식력을 길러주기 위해서는 최소한 생활 주제가 바뀔 때마다 교실 환경을 바꾸어 줄 필요가 있다. 일곱째, 영유아가 미술활동을 하면서 수학적 지식을 발견할 수 있도록 각각의 상황마다 적절한 언어적·비언어적 상호작용을 한다. 여덟째, 공동작품을 함께 만들면서 수학적 의사소통을 할 수 있도록 계획한다.

교사는 유아들과 함께 친구들이 그린 그림을 보면서 이야기를 나누고 있다.

5) 일상생활을 활용한 교수·학습방법과 교사의 역할

(1) 정의 및 필요성

수학은 단지 우리의 지적능력을 키우기 위해 반복적으로 익혀야하는 지식 체계가 아니라 일상생활능력을 키워주는 매우 실용적인 것이다(조형숙, 2008; Thompson, 1997). 영유아는 형식적인 수학교육을 받기 이전부터 이미 실제 생활에서 비형식적으로 다양하게 수학적 경험을 하고 있으며, 이러한 과정을 통해 자연스럽게 수학적 개념을 학습하고 수학적 사고를 증진시키는 적극적인 수학자이다(Aubrey, 1997). 예를 들어, 일상생활에서 영아는 간식을 먹기 위해 과자 수를 세어 보고, 어린이집 정원 꽃들의 크기, 모양 등을 분류해 보고, 친구 장난감 수를 비교하여 수의 많고 적음을 비교하고, 자신이 좋아하는 동물의 특징을 비교하여 간단

유아가 간식으로 나온 과일의 숫자를 세어보고 있다.

한 규칙성을 경험하는 등 비형식적인 수학개념을 능동적으로 구성해 나간다. 영아기의 비형식적 수학개념은 유아기에 좀 더 확장되는데, 유아는 일상생활에서 친구와 놀면서 장난감을 세어보고, 같은 수를 만들기 위해 수를 더하거나 빼고, 산책에서 얻은 나뭇잎을 동일한 수로 나누고, 유치원의 위치를 비교하며 공간에 대한 위치를 알아간다. 이런 일상생활 속 다양한 수학적 경험은 유아들이 수학을 발견하는 과정에 참여하고 자연스럽게 수학을 이해하고 인식하게 해준다.

(2) 교육적 의의

일상생활을 활용한 수학적 교육의 의의는 첫째, 영유아의 발달적 특성에 적합하다는 것이다. 즉 영유아는 비형식적이고 직관적인 수학적 능력을 지니고 있기 때문에(Geary, 1994; Renick, 1989) 형식적 교육을 받기 이전에 이미 일상생활을 통해 자신만의 방식으로 수학적 학습이 가능하다. 둘째, 현대사회적 요구에 부합한다. 급변하는 현대사회를 살아가기 위해서는 모든 분야에서 수학적 지식과 기술이 필요하게 되면서 수학교육은 비단 특정 전문가를 양성하기 위한 목적뿐만 아니라 일반 시민들이 기본적인 수학적 소양을 갖출 수 있도록 해야 한다(김창복, 2004). 셋째, 쉽게 접근할 수 있다. 교사가 주변 환경에 대한 민감성만 있다면 수학교육은 언제 어디서나 쉽게 이루어질 수 있다. 예를 들어, 쌓기놀이를 할 때도 "5개를 쌓아보자" 등으로 진행할 수 있다. 넷째, 일상의 모든 것이 교재교구로 활용된다. 말 그대로 우리가 살고 있는 주변 환경에서 수학교육의 재료가 될 수 있다. 7살 된 유아가 등원해서 자신의 신발을 왼쪽/오른쪽을 구별하여 3번째 줄의 2번째 칸을 넣는 순간까지 신발과 신발장을 통한 수학활동은 연속적으로 이루어진다. 다섯째, 영유아의 적극적인 의사소통을 촉진시킨다. 수학은 일상생활에 토대를 둔 의사소통의

유아는 자신의 신발을
자기 자리에 놓을 수 있다.

힘을 지닌 분야로(NCTM, 1998), 영유아는 또래와 교사와 의사소통하면서 새로운 지식을 얻고, 자신이 지닌 개념과 기술을 확장해 나간다. 여섯째, 수학의 실용적 측면을 이해하여 긍정적인 수학적 태도를 기른다. 유아기에 접하게 되는 수학은 중·고등학교 시절의 미분과 적분처럼 어려운 개념이 아니라 실용적인 측면을 통해 익히게 되면서 수학에 대한 긍정적인 태도를 형성하게 된다. 일곱째, 가정과의 연계가 용이하다. 우리 주변에서 일어나는 자연스러운 상황과 사물을 가지고 수학교육을 하기 때문에 부모교육을 통해 가정에서 자연스러운 방식으로 수학교육을 할 수 있다. 따라서 영유아교육기관과 가정에서 일관된 수학교육을 하게 될 때 높은 교육적 효과를 기대할 수 있다.

(3) 교사의 역할

일상생활을 활용한 교수·학습을 위해 교사의 역할은 첫째, 주변 세계에 관심을 가져야 한다. 일상생활 속에서 수학적 요소를 발견하는 눈이 필요하다. 교사는 주변 세계에 관심을 가지고 어떤 상황이 벌어지고 있는지, 그것은 무엇을 의미하는지 항상 검토해야 한다. 교사는 친숙한 것을 새롭게 볼 수 있도록 끊임없이 영유아를 관찰하고 기록하며 분석할 필요가 있다. 둘째, 다양하고 융통적인 사고를 하도록 노력한다. 일상생활을 통한 접근은 영유아에게 자연스러운 교수방법이기 때문에 다양한 상황 속에서 수학활동이 이루어지도록 하고, 매일 하는 일상적 활동에 다양한 방법을 접목시킴으로써 영유아의 수학적 힘을 증진시킬 수 있다. 셋째, 일상생활 속에서 수학 어휘를 자주 사용하도록 한다. 교사가 의도적으로 일상생활 속에서 수학 어휘를 자주 사용하면 영유아뿐만 아니라 교사 자신도 수학에 대한 흥미와 관심이 커지게 된다. 넷째, 영유아의 의사소통을 촉진한다. 영유아에게

유아가 뜨개질을 하고 있다.

친숙한 상황이나 사물을 활용하여 수학활동을 하게 되므로 영유아는 적극적으로 의사소통하며 활동에 참여하는 것이 가능하다. 교사는 일방적으로 수학 지식을 전달하는 것이 아니라 영유아의 이러한 풍부한 경험을 활용하여 의사소통을 촉진하고 스스로 탐색하며 이해할 수 있도록 배려해야 한다. 다섯째, 교사 자신이 수학에 대한 긍정적인 태도를 지녀 일상생활 속에서 모범이 되어야 한다. 교사가 영유아에게 미치는 영향이 크기 때문에 교사는 항상 모범이 되도록 노력해야 한다. 교사가 수학에 대한 부정적인 태도 속에서 편중된 교육을 하는 교사는 교사로서의 자질이 부족하다 할 수 있다. 일상생활 속에서 수학은 어떻게 활용해야 되는 것이며, 그것이 삶의 질을 어떻게 변화시키는지에 대해서 교사는 행동과 말을 통해 영유아가 느낄 수 있도록 해야 한다. 여섯째, 가정과의 연계를 도모한다. 교사는 영유아교육기관과 가정에서 수학에 대한 일관된 교육을 하기 위해 노력해야 한다. 영유아교육기관에서는 놀이 중심으로 활동하고, 가정에서는 학습지로 수학교육을 한다면 영유아는 수학에 대해 혼란을 느낄 수 있을 것이다. 일상생활을 통한 접근은 주변에서 흔히 접할 수 있는 상황이나 쉽게 구할 수 있는 사물로 수학교육을 할 수 있기 때문에 부모교육을 하는 데 수월하다. 예를 들어, 가정통신문으로 수학개념과 원리를 이해하기 쉽게 설명하고 영유아와 가정에서 할 수 있는 수학놀이를 소개한다. 이때 부모들은 전문가가 아니기 때문에 수학에 대한 주요 질문과 영유아에게 어떻게 반응해야 하는지 구체적으로 제시하도록 한다.

2. 2019 개정 누리과정의 자연탐구와 교사의 역할

2019 개정 누리과정에서의 자연탐구는 일상에서 호기심을 가지고 탐구하는 과정 즐기기, 생활 속의 문제를 수학적·과학적으로 탐구하기, 그리고 생명과 자연을 존중하기를 통해 탐구하는 과정을 즐기고, 자연과 더불어 살아가는 태도를 가지는 데 목표를 두고 있다.

교사는 '생활 속에서 탐구하기'를 통해 물체를 세어 수량 알아보기, 물체의 위치와 방향, 모양을 알고 구별하기, 일상에서 길이, 무게 등의 속성 비교하기, 주변에서 반복되는 규칙 찾기, 일상에서 모은 자료를 기준에 따라 분류하기 통해 유아 수학교육을 지원해야 한다.

1) 물체를 세어 수량 알아보기

물체를 세어 수량 알아보기란 유아가 일상에서 수에 관심을 가지고, 수량을 세어 많고 적음 및 수량의 변화를 알아보는 내용이다. 유아가 일상생활에서 사용하는 수의 의미와 관계를 이해하고, 여러 가지 방법으로 간단한 수를 활용할 수 있는 다양한 상황을 경험하는 것은 수개념의 발달에 매우 중요하다.

교사는 영유아의 수개념 형성을 위해 하나의 사물에 다른 사물 하나를 짝지어 보는 일대일 대응(예: 간식시간에 친구 수만큼 간식 접시 가져다 놓기), 숫자가 사물의 수량을 나타낸다는 기수개념(예: 숫자 카드와 수량을 짝짓기), 숫자의 순서대로 수 세기(예: 접시 안에 담긴 사탕 수 말하기), 사물을 더하고 덜어 보는 더하기와 빼기(예: 오늘 어린이집에 오지 않은 친구가 누구인지 알아보기)의 기초개념을 획득할 수 있도록 지원해야 한다. 또한 교사는 하루 일과 속에서 게임하는 순서를 정하면서(순서 수), 흥미영역에서 놀이하는 친구 수 세어 보기(집합 수)를 통해서, 자기 집 전화번호 알아오기(이름 수) 등을 통해 수의 의미를 느끼도록 도와야 한다.

교사는 영유아가 전체는 여러 개의 부분으로 나뉠 수 있으며, 나뉘어진 여러 개의 부분이 다시 모여 전체를 구성할 수 있는 사실을 이해하는 부분과 전체의 개념을 인식할 수 있도록 지원해야 한다(예: 볼링게임에서 쓰러뜨린 볼링 핀의 수와 남아 있는 볼링 핀을 더해보거나 전체 볼링 핀의 개수에서 쓰러뜨린 볼링 핀의 수를 빼는 활동).

유아들이 모여 하고 싶은 놀이에 대해 자유롭게 이야기를 나누고 있다.

민지: 야, 우리 같이 놀자. 뭐할까?
현우: 나는 술래잡기.
민지: 나는 꼬마야 줄넘기 할래.
현우: 우리 손들어서 정하자. 술래잡기하고 싶은 사람 손! … 한 명, 두 명, 세 명. 그러면 줄넘기하고 싶은 사람 손!
민지: 똑같잖아. 술래잡기도 3명이고, 줄넘기도 3명이잖아.

출처 : 교육부와 보건복지부(2019). 2019 개정 누리과정에서 해설서

2) 물체의 위치와 방향, 모양을 알고 구별하기

물체의 위치와 방향, 모양을 알고 구별하기란 유아가 자신과 물체를 기준으로 앞, 뒤, 옆,위, 아래 등 공간 안에서 위치와 방향을 알아가는 내용이다. 유아가 주변 환경에서 네모나 세모, 둥근 기둥, 상자 모양 등을 찾고 다양한 모양에서 공통점과 차이점을 알아가는 내용이다. 공간과 도형은 형태, 크기를 포함하는 것으로 물리적 세계를 묘사하고 분류하는 수학영역이다. 유아들이 공간적으로 사고하는 것은 수학적 사고 형성에 매우 중요하며, 이후 분수나 측정과 같은 다른 수학개념을 배우는 데 연관성이 깊다. 예를 들어, 원을 두 개로 나누는 과정을 통해 분수를 익힐 수 있다. 유아는 자신을 중심으로 방향과 위치, 거리를 포함하는 공간적 관

계에 대한 탐색을 시작하여 점차 공간 내의 물체의 위치, 방향, 거리를 인식하게 된다. 유아들은 자신의 몸을 직접 움직여 보고, 사물을 구체적으로 조작하면서 공간을 이해하게 된다. 예를 들어, 숨바꼭질 놀이를 하면서 책상 '아래'로 숨기, 교실을 들어가기 위해 미단이 문을 '오른쪽'으로 열기, 퍼즐은 각각의 모양에 맞춰 넣기를 통해 물체의 위치, 방향, 모양을 익히게 된다.

교사는 유아들이 자신을 중심으로 '내 앞/뒤/옆/위/아래에는 무엇이 있는가?'를 알아보거나 자신의 위치와 움직임을 '앞으로, 뒤로, 옆으로'와 같이 말하도록 격려해야 한다. 또한 특정 장소에 갈 때, "어떻게 하면 그곳에 갈 수 있을까?"라는 질문이나 칠교판과 같이 같은 재료를 가지고 여러 가지 모양을 만들 수 있는 개방적인 과제를 통해 유아들에게 방향, 거리, 위치 등에 관한 사고 발달을 지원해야 한다.

유아들이 숨바꼭질을 한다. 한 유아가 "선생님, 쉿! 나 여기 밑에 숨어 있다고 말하면 안 돼요."라고 말하곤 미끄럼틀을 올라가는 계단 아래쪽으로 들어가 숨는다. "내 앞에 계단이 있으니까 친구들에게 난 잘 안 들키겠지? 하하"라고 혼잣말을 하며 웃는다.

출처 : 교육부와 보건복지부(2019). 2019 개정 누리과정에서 해설서

3) 일상에서 길이, 무게 등의 속성 비교하기

일상에서 길이, 무게 등의 속성을 비교하기란 유아가 일상에서 길이나 무게 등 측정 가능한 속성을 알고, 이 속성을 기준으로 물체를 비교하여 순서 지어 보는 내용이다. 이 과정에서 유아는 자신의 신체를 비롯하여 다양한 물체를 활용하고, 다양한 비교 어휘를 사용하면서 순서를 지어 보는 내용이다. 유아들은 길이나 크기, 무게에 대한 자신의 판단을 확인하는 방법으로 사물끼리 비교하거나 자신의 신체나 주변의 물건을 이용하여 측정해보는 경험을 통해 자신의 수학적 능력에 대

한 확신을 갖게 된다. 유아기에는 ~보다 크다/~보다 작다, 무겁다/가볍다, 길다/짧다, 크다/작다, 많다/적다, 높다/낮다 등의 용어를 습득해야 한다.

교사는 놀이 및 일상에서 유아가 길이, 높이, 크기 등을 인식하고 비교하거나 순서지어 볼 수 있도록 도와야 한다. 예를 들면, '오늘은 서로서로 키가 같은 친구끼리 짝꿍을 하도록 해요'로 아이들 스스로 높이에 대해 이해하도록 돕는다. 또한 유아가 신체나 블록, 연필과 같은 임의 측정단위를 인식하도록 (끈을 나누어 준 뒤) '자기 발을 재어 보도록 해요'로 활동할 수 있다. 교사는 "누가 더 클까?", "어떤 것이 더 무거울까?"와 같은 질문을 함으로써 유아가 길이, 무게 등의 속성을 비교할 수 있도록 지원해야 한다.

> 복도에서 5세 수진이가 3세 승우와 4세 민석이를 만난다. 수진이가 "내가 키 재줄게. 너희 둘이 여기에 서 봐."라고 말한다. 승우와 민석이가 등을 마주 대고 서자 수진이는 "니가 좀 더 큰데. 내가 누가 무거운지도 봐줄게." 하며 두 유아를 차례로 뒤에서 두 팔로 안고 들어 올린다. 수진이는 "너보다 얘가 좀 더 무거워." 하며 웃는다.

출처 : 교육부와 보건복지부(2019). 2019 개정 누리과정에서 해설서

4) 주변에서 반복되는 규칙 찾기

주변에서 반복되는 규칙 찾기란 유아가 생활 주변에서 사물이나 사건의 양상이 일정한 순서로 반복 배열되는 것에 관심을 갖고 즐기며, 반복되는 배열에 숨어 있는 질서와 규칙을 발견하여 다음에 올 것이 무엇인지를 예측하는 내용이다. 패턴을 관찰하고 다양한 방법으로 표현하며 확장시켜 보는 것은 규칙성을 파악하는 데 중요하다. 3세 정도 유아는 관찰과 모방 행동에 의해 패턴을 배우고 즐기게 되며, 4세 유아는 단순하게 반복되는 규칙을 그대로 따라해 보고 순서대로 이어가는 활

동이 가능해진다. 5세 유아는 제시된 규칙 중간에 빠진 것을 찾아 내고, 다른 유형으로 바꾸어 표현하는 것이 가능해진다. 또한 제시된 규칙과 자신이 만든 규칙에 대한 설명을 하고, 반복되거나 확장되는 규칙성을 인식하고 다음에 올 것을 예측할 수 있다.

교사는 유아가 사물이나 일상적 상황에 나타난 규칙성을 발견하도록 한다. "우리 몸을 지켜주기 위해서는 손을 깨끗이 씻어야 하죠. 우리 손 씻는 순서를 얘기해볼까요?"로 규칙성을 지도할 수 있다. 또한 교사는 다양한 유형의 패턴 활동을 제공해 주어야 한다. 교사는 소리, 리듬, 박자 등을 활용한 청각적 패턴, 색과 모양을 통한 시각적 패턴, 자신의 신체를 이용하여 앉고 서고하는 운동적 패턴과 같은 다양한 패턴이 있음을 인식하고 규칙성을 재구성해 보도록 한다. 예를 들어 '오른손을 들면 박수 2번, 왼손을 들면 박수 3번' 등이 있다.

주변에서 반복되는 규칙 찾기	바깥 놀이터에서 유아가 친구들에게 "우리 이 열매 모으자. 개미는 이걸 좋아하거든." 하며 제안하자, 유아들이 "여기 많다."라고 말하며 바닥에 떨어진 작은 열매를 줍기 시작한다. 한 유아가 솔방울을 내밀자, "아니야. 솔방울은 너무 커. 좀 작은 게 필요해. 동그랗게 이거랑 똑같이 생긴 것만." 하고 말한다.
일상에서 모은 자료를 기준에 따라 분류하기	잠시 후 유아들이 주운 열매를 모으고, "이것 봐, 진짜 다 똑같은 열매다.", "그런데 여기 빨간 건 잘 익은 건가?", "내일 오면 개미가 빨갛게 익은 건 다 먹었겠지?"라고 말하며 빨간 열매와 초록 열매를 골라낸다.

출처 : 교육부와 보건복지부(2019). 2019 개정 누리과정에서 해설서

5) 일상에서 모은 자료를 기준에 따라 분류하기

일상에서 모은 자료를 기준에 따라 분류하기란 유아가 일상생활에서 흥미와 관심에 따라 필요한 자료를 다양한 방법으로 모으고, 수집한 자료의 공통점과 차이점을 탐색하며, 이를 하나 또는 그 이상의 다양한 기준(예: 모양, 크기, 색깔 등)에 따라 정리하고 조직해보는 내용이다. 분류란 사물의 다른 점과 같은 점을 살펴보고, 공통된 속성에 따라 모으는 것을 말한다. 영유아는 한 가지 혹은 여러 가지 기준에 따라 사물을 분류해봄으로써 모양의 변별력을 기를 수 있게 된다. 분류하기 활동으로는 계절을 대표하는 과일 분류해보기, 음률놀이 영역과 쌓기놀이 영역의 놀잇감 분류해보기, 우리 몸에 좋은 음식과 우리 몸에 나쁜 음식 찾아보기 등이 있다.

교사는 분류된 것을 보고 "왜 그렇게 모았니?"라는 질문을 통해 유아 스스로 분류에 관한 사고과정을 명확히 할 수 있는 기회를 제공할 필요가 있다.

주요 용어

게임

두 명 이상의 놀이자가 사전에 규칙을 정하여 이기려고 진행하는 놀이 형태

문학

언어와 문자를 통해서 자연과 인간, 사회와 인간, 인간과 인간의 여러 가지 갈등을 허구적으로 묘사하고 그것을 통해서 독자를 감동시키는 예술

정리 하기

1 게임은 누구나 즐겨 할 수 있는 활동으로 영유아교육기관에서는 주로 자유선택놀이 시간에 흥미영역별로 이루어지거나 교사와 영유아가 실내와 실외에서 대그룹 또는 소그룹으로 이루어지는 경우가 많다.

2 수학활동 교구는 영유아가 수학에 관심을 갖고 수학을 탐구할 수 있는 기회를 제공한다.

3 문학활동을 통한 수학적 접근방법은 수학에 대한 내용을 다루면서 문학적 가치를 지닌 문학작품을 활용하여 수학 교육활동을 실행하는 교수방법이다.

4 미술은 영유아가 자발적으로 참여하는 활동으로 친숙하고, 자연스럽고, 표현의 제약성이 적기 때문에 영유아의 시각적 능력을 발달시키고 색·형·공간에 대해 자유롭게 탐색해나가는 데 도움이 된다.

5 영유아들은 형식적인 수학교육을 받기 이전부터 이미 실제 생활 속에서 비형식적으로 다양하게 수학적 경험을 하고 있으며, 이러한 과정을 통해 자연스럽게 수학적 개념을 학습하고 수학적 사고를 증진시켜 나가는 적극적인 수학자이다.

참고 문헌

고은아 (1995). 미술과와 타교와의 연계학습에 관한 연구. 서울대학교 석사학위논문.

김세희(2002). 그림책과 영상기술의 만남: 그림책비디오를 중심으로. 어린이문학교육연구 3(1): 57-74.

김숙령(2001). 제6차 유치원 교육과정에 기초한 유아수학교육. 서울: 학지사.

김창복(2004). 유치원과 초등학교 저학년 수학교육의 연계 방안 모색. 열린유아교육연구 9(4): 317-337.

나귀옥, 김경희(2004). 유아수학교육 이론과 실제. 서울: 학지사.

신민섭(2007). 아동, 청소년 로샤의 이론과 실제. 서울: 학지사.

이경우, 홍혜경, 신은수, 진명희(1997). 유아 수학교육의 이론과 실제. 서울: 창지사.

정옥분(2002). 아동발달의 이해. 서울: 학지사.

조형숙(2008). 새 영유아교육과정에 기초한 수준별 수학교육 방안. 유아교육 31: 7-26.

최기영(2000). 유치원 판게임 활동에 나타난 아동의 참여 특성. 유아교육연구 20(2): 5-27.

홍혜경(2005). 유아수학능력 발달과 교육. 서울: 양서원.

Aubrey, C. (1997). Children's early learning of number of number in school and out. In I. Tompson(Ed.). *Teaching and learning early number, 20-29*. Buckingham, MK: Open University Press.

Barrow, L. H., & Salesi, R. A.(1982). Integrating science activities trough literature web. *School Science & Mathematics*, 132(1): 65-70.

Bickley-Green, C. A.(1995). Math and Art Curriculum Integration: A Post-Modern Foundation. *Journal of Studies in Art Education*, 37(1): 6-18.

Gardner, H.(1983). *Frames of Mind: The theory of multiple intelligences*. New York: Basic Books.

Geary, D. C.(1994). *Children Mathematical Development: Research and Practical Applications*. Washington, DC: American Psychological Association.

National Council of Teachers of Mathematics, NCTM(1998). *Principle and standards for school mathematics: Discussion Draft*. Reston, VA: NCTM.

Renick, L. B.(1989). Developing mathematical knowledge. *American Psychologist*, 44(2): 9-162.

Thompson, I.(1997). *Teaching and Learning early number*. Buckingham, MK: Open University Press.

CHAPTER 11

영유아 수학교육을 위한 환경구성

영유아는 자신 주위의 모든 환경과의 상호작용을 하며 수학 개념을 습득한다. 영유아 수학교육을 위한 환경은 크게 인적 환경과 물리적 환경으로 나눌 수 있다. 인적 환경은 교사와 부모 등 성인의 역할과 또래로 구성되는 심리적 환경을 의미하며, 물리적 환경은 건물·설비, 교수자료 등의 물리적 요소를 포함하는 환경을 의미한다.

환경구성이란 영유아의 활동을 자극하고 다양하게 경험할 수 있도록 하는 외적 자극으로서 물리적 조건을 제공하는 것을 말한다. 수학교육은 지위환경, 구조환경, 과정환경 세 가지 종류의 환경으로 구성된다고 볼 수 있으며, 그 외에 심리적·물리적 환경도 포함된다. 먼저 지위환경은 물리적 환경의 일부를 재정의한 것으로 영유아 교육기관 환경처럼 지위와 상태를 나타내는 정적인 환경을 말한다. 둘째, 구조환경은 심리적 환경의 일부와 물리적 환경의 일부 요인을 통합한 것으로 개인에게 작용하는 외적 조건과 자극이 일정한 규칙에 의하여 조직되고 체계화되어 있는 구조적 상태를 의미한다. 셋째, 과정환경은 순수한 심리적 환경을 말하며, 영유아교육기관의 분위기, 수학활동을 위한 풍토로서 융통성과 변화가 요구되는 동적인 환경을 말한다.

지위환경, 구조환경, 과정환경 이외에 심리적 환경으로서의 수학적 환경이란 수학활동을 위한 분위기를 의미한다. 따라서 영유아교육기관은 영유아가 호기심에 가득 차서 열심히 활동에 참여할 수 있도록 활기 넘치는 분위기를 만들어줌으로써 영유아에게 생각하고, 의문을 품고, 탐색할 수 있는 환경을 조성해 주어야 한다.

물리적 환경은 때로 수학활동을 위한 자극적인 분위기를 마련해 준다. 영유아는 이미 영유아 교육기관에 들어오기 전부터 삶이 호기심에 가득 차 있고 활동에 열심히 참여하고 활동을 지속할 수 있는 준비가 되어 있어 어떤 활동에 대해 영유아가 흥미를 느낄 때 그들이 만들어 내는 소음을 두려워하거나 조율하려 하지 말아야 한다. 또한 수학학습을 효율적으로 하기 위한 환경구성의 조건으로는 몰입(immersion), 시범(demonstration), 기대(expectation), 책임감(responsibility), 접근성(approximaion), 사용(employment), 송환(feed back) 같은 것이 있다.

위에 제시한 여러 가지 조건들을 가지고 적절한 수학활동을 위한 교실 환경으로 만들기 위해 이를 어떻게 활용할 것인지를 본 장에서 구상해 볼 것이다. 먼저 무엇보다도 영유아가 어떻게 의미 있는 수학의 환경적 맥락 안에 몰입하도록 도울 것인가? 이를 위해 수학교육을 위한 다양한 환경적 자극과 제시를 위해 일어날 수 있는 영유아 수학교육을 위한 환경구성과 자료를 살펴보고, 영유아 수학교육을 위한 교수자료의 선택기준과 실질적인 사례와 학습자료 에는 어떠한 것들이 있는지 알아볼 것이다.

1. 영유아 수학교육을 위한 환경구성과 자료

영유아 수학교육을 위한 환경구성과 자료를 살펴보기 위해 교실환경, 수학활동영역, 포스터 사용, 외부요인, 시범 보이기를 중심으로 알아보고자 한다.

1) 교실환경

교실환경을 어떻게 구성하는가는 영유아의 수학 경험에 많은 영향을 미치며, 영유아의 몰입 정도 또한 교실의 물리적 환경에 크게 의존하게 된다.

실내 벽 공간을 수학적 동기를 적절하게 부여할 수 있게 구체적으로 제시해주는 것이 중요하다. 만약, 실내의 벽공간이 공백이라면 영유아는 수학적 활동을 격려받지 못한다. 또한, 모든 벽면이 온통 수학에 관련된 것들로만 둘러싸여 있다면, 유아는 수학이 가치 있고 흥미 있는 주제라는 생각을 하지 못하게 된다.

따라서 교실환경 구성의 최대 효과를 위해서는 영유아가 새로운 자극물을 적절한 때에 적당한 장소에서 볼 수 있도록 교실환경 구성에 대한 세밀한 계획이 세워져야 하며, 영유아에게 전시자료들을 독립적으로 관찰하고 재검토해 보는 시간을 갖도록 격려해야 한다. 그리고 같은 전시물을 너무 오랫동안 두지 않는 것이 좋다.

또한 교실환경에서의 수학활동을 위한 환경은 통합적이며 수학활동은 전체 활동의 한 부분으로 일어나기 때문에 다른 활동과 상호 연계성을 갖고 선정한 주제에 따라 총체적 환경의 범위 내에서 수학활동을 위한 환경을 조성해야 한다.

2) 수학활동 영역

수학활동 영역은 수학학습을 위한 또 다른 수단으로 촉진하는 매개이며, 영유아가 활동하는 데 편안함과 두려움을 느끼지 않게 준비되어야 한다. 자신의 수학주제를 수학활동 영역 안에서 조용히 탐구할 수 있을 때 영유아는 모험을 하고 아이디어를 시험해 보고 그 아이디어를 재정의함으로써 수학에 대한 그들 자신의 접근성을 가늠해 보는 것이다.

수학활동 영역의 교구 배치

수학영역에서 지켜야 할 규칙은 수학활동 영역에서 전시물을 자주 바꾸고, 단순한 새로운 몇 가지 자료를 제시하여야 한다. 하이스코프(High Scope) 프로그램에 따르면, 수학활동 영역은 영유아가 모든 수학자료에 접근할 수 있을 만큼 교구 선반이 충분히 있어야 하며, 선반 위에는 수학활동에 필요한 기본도구와 그릇들이 이름이 붙여진 채로 놓여 있어야 하고, 영유아가 수학자료를 가지고 활동할 수 있는 충분한 면적이 있어야 한다.

3) 포스터 사용

영유아의 작품이 포스터로 전시되면 이를 주의 깊게 보는 사람이 있게 되고, 영유아는 자신이 활동하는 목적과 의미를 갖게 된다. 따라서, 영유아는 집중해서 포스터 제작을 위해 자신의 작품을 표현함으로써 영유아의 수학적 기술이 효율적으로 활용할 수 있게 된다. 따라서, 포스터의 사용은 의사소통을 하고 우리가 살고 있는 세계를 이해하는 데 도움을 주는 수학과 힘을 어떻게 사용할 수 있는지를 알 수 있는 열쇠가 되며, 포스터를 읽는 것은 이러한 면에서 모범적 모델링을 제시해준다.

4) 외부 요인

영유아는 어린이집이나 유치원 안팎에서 일어나는 사건, 수학 교재·교구를 자유롭게 탐색할 수 있다. 이러한 활동을 통해서 수학적 외부 요인이 영유아 교육기관의 수학적 환경 속으로 자연스럽게 유입되어 들어오는 방법은 다양하다.

교사는 영유아가 자신들의 상태를 나타낼 수 있는 정보를 모으는 방법을 틀림없이 찾을 것이라고 격려하고 영유아로 하여금 억지로 아이디어를 시험해 보게 하거나 질문에 대답하도록 설득해서는 안 되며, 유아가 스스로 질문과 아이디어를 만들도록 장려하며 영유아들이 아이디어의 주인이며 활동의 주체가 되도록 해야 한다.

그리고 교사는 영유아가 자신들이 만들어낸 결과에 대해 만족할 때까지 자신의 생각, 모형, 표상, 상징을 보고 탐색에 대해서 그리고(draft), 또다시 그려(redraft) 내도록 지지해 주는 역할을 하여야 한다.

5) 시범 보이기

교사는 유아가 수학적 발견과정에 참여할 수 있다는 것을 인지하고 나름대로 수학적 해결점을 체계적으로 찾아가고 있을 때 교사가 생각하고 있는 방법을 영유아에게 구체적으로 알릴 수 있어야 한다.

구체적으로 시범 보이기에서 고려해야 할 사항은 다음과 같다. 첫째, 활동 중심의 수학을 가능하게 하는 분위기는 최소한의 규칙을 영유아와 함께 세우고 설정된 규칙과 규율이 잘 지켜질 수 있도록 해야 하며, 활동의 시작과 끝에 대해 정해진 규칙을 따르고 다른 사람의 활동을 방해하거나 자율적 활동을 제한받아서는 안 된다. 둘째, 수학활동을 통하여 나타난 것이 제지받지 않는 분위기를 조성해야 한다. 즉 토의과정에 영유아의 질문이 정말 알기를 원하는 것이라면 제지받지 않고 합리적인 논쟁으로 연결되도록 지원해야 한다. 셋째, 영유아 교육기관의 분위기가 허용적이고 자극적일 때 활동을 계속 추진하고 비판적이고 합리적인 태도로 주변 세계를 이해하게 된다. 넷째, 안전한 분위기를 만들어야 하며, 활동 중심의 수학에서는 탐색하고 활동에 능동적으로 참여하게 하기 위해 많은 학습자료를 사용하므로 자료를 안전하게 사용하고 조절하고 보관하는 바람직한 습관을 갖도록 한다. 다섯째, 수학교육에서 심리적 환경은 수학에 대한 긍정적인 태도를 형성하고 활동을 안전하고 효과적으로 진행할 수 있도록 도와주는 심리적 분위기이다.

이러한 분위기를 조성하기 위해서는 영유아에게 능동적으로 탐색하고 발견하도록 교사가 언어표현으로 도와 주어야 한다.

2. 영유아 수학교육을 위한 교수자료

오늘날 수학개념에 대한 발견을 이끄는 데 도움이 되는 좋은 교재가 많이 활용되고 있다. 즉 상업적으로 제작, 판매되거나 교사가 직접 제작한 교재 등 수학개념에 대한 발견은 수학활동을 수행하는 데 매우 유용하게 활용된다.

따라서 교사가 직접 구체적인 모든 자료를 만드는 데 많은 교육시간을 할애하거나 조작활동을 거치는 것은 영유아기 수학개념을 형성하는 데 너무 많은 시간이 소요되므로 교육과정 운영상 효율적인 문제가 제기될 수도 있다. 그러나 영유아가, 제대로 이해하지 못한 채 주제를 마무리하는 것보다는 다소 시간이 걸리더라도 다양한 조작활동을 통해 흥미를 잃지 않게 학습해야 하는 것은 중요하다. 이는 결과적으로 영유아의 이해를 확실하게 하기 위해 실제로 걸리는 시간을 절약하는 것이다(Brewer, 1995). 교사는 융통성과 개방성을 가지고 시중에서 활용하기 좋은 수학교구에 대한 정보를 찾고 이를 유아교육기관에 적용할 수 있는 안목을 지녀야 한다.

1) 자료 선택 기준

영유아가 흥미를 느끼고 자신의 수학적 기능을 연습하여 정교화할 수 있는 자료를 제공하는 것은 중요하다. 수학적 자료가 게임을 고무시켜 주고 지지해 줄 뿐 아니라 활동을 격려하면 영유아에게 어떤 수학적 개념을 학습하도록 이끌어주기 용이하기 때문이다. 또한 게임을 통해 성인이 생각하고 있는 사회적 규칙이 바람직하고 수용할 만하다는 것을 수학적 자료속에서 영유아는 자연스럽게 습득할 수 있다.

NAEYC에서 일반적 자료의 선택 범주로는 영유아에게 매력적이고 흥미가 있으며, 신체적 능력(무게, 크기 등이 영유아가 다룰 수 있는 범위의 것), 정신적·사회적 발달에 적합하며, 집단활동에 적합하도록 구성되어 있으며 내구력과 안전성이 있는 것으로 정의한다(Bronson, 1995).

2) 수학활동 영역을 위한 자료의 예

(1) 일반적 탐색놀이 자료

3~5세 유아를 위한 적합한 탐색놀이 자료로 다음과 같은 것을 제안한다(NAEYC, 1995).

물놀이/모래놀이 기구

- 튜브, 환상놀이를 위한 사람과 동물, 탈것들의 모형, 측정기구
- 거르는 체, 물레방아, 깔대기
- 크고 작은 모래놀이 도구(4세부터), 모래 모양 찍기 틀, 펌프

물놀이 기구

모래놀이 기구

구성놀이 기구

- 나무 유니트 블록(아치와 곡선 모양 포함 80~100조각)
- 큰 할로우 블록
- 플라스틱 벽돌(2~4인치): 4세부터 사용
- 여러 형태의 끼워넣기 블록(금속이나 0.5인치 이하 제외)

유니트 블록

퍼즐

- 맞추기나 틀 퍼즐(3세: 20조각 이상, 4세: 20~30조각, 5세: 50조각 이상)
- 크고 간단한 조각그림 맞추기(10~25조각)
- 수와 글자 퍼즐, 퍼즐시계
- 카드보드 퍼즐

48조각 퍼즐

유아 원목퍼즐

패턴 만들기 자료

- 작은 페그가 딸린 페그보드
- 색깔 큐브
- 자석판(4세부터)
- 다양한 모양/색깔/크기의 실에 꿰어 패턴을 만들 구슬
- 실에 꿸 더 작은 구슬들(5세까지)
- 블록놀이를 위한 인쇄물

실에 꿰어 패턴을 만들 수 있는 교구

루빅스 큐브–색깔 큐브

구슬

레이스, 끈

- 각종 바느질 용구(5세부터)
- 초보적인 뜨개질 자료
- 옷 입히기 틀

옷 입히기 교구

구체적 기술 발달을 위한 자료

- 짝짓고 분류하고 순서화를 위한 자료(색, 모양, 크기, 재질, 냄새, 맛, 그림, 수, 글자 또는 과일 또는 곤충 같은 범주의 개념에 의한 것)
- 기하학적 개념형성 자료(단순한 모양과 분수 자료 포함)
- 단순하고 구체적인 수 자료들(수 세기와 숫자 연결을 위한 것)
- 측정자료(균형저울, 계량컵 등)
- 간단한 기계들(기어, 레버 등)
- 각종 과학기구
- 자연물
- 초보를 위한 컴퓨터 소프트웨어/하드웨어

양팔저울

게임

- 도미노(색, 그림)

- 간단한 로토게임(색, 그림)
- 빙고(색, 그림, 4세부터)
- 간단한 카드 게임(집중형 기억 게임 같은 것)
- 소근육 협응을 요구하는 게임(물체를 잡거나 균형 맞추기)
- 게임 판(복잡한 전략과 규칙이 없고 채점이 간단한 것, 5세부터)
- 수 놀이 빙고
- 글자와 수 매칭 빙고/로또

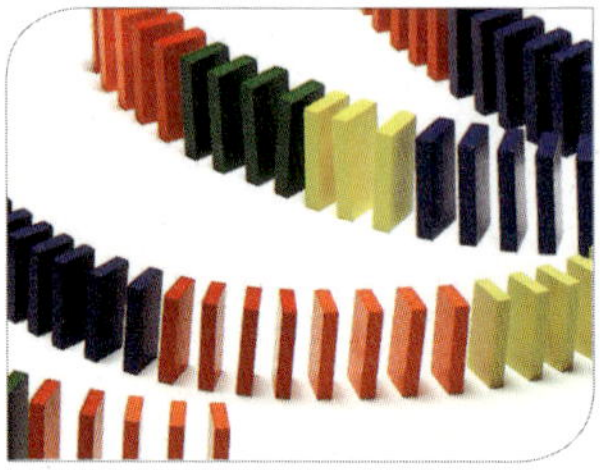

도미노

수학 관련 각종 서적 (연령에 맞는 것)

기타

- 신문, 잡지, 광고물
- 여러 가지 수집품(단추, 동전, 돌멩이, 작은 막대기, 젓가락, 콩, 실, 병뚜껑 등)
- 옷감 조각, 나뭇조각, 빈 병, 실패
- 숫자판이 있는 기구(전화기, 텔레비전, 라디오)
- 측정에 쓰이는 물체들(콩, 쌀, 모래, 블록, 구슬, 작은 막대기, 빨대, 단추, 병뚜껑 등)
- 계란 판, 부직포, 융판
- 모형 돈
- 문제 및 활동, 놀이 카드, 형광색 카드
- 기하도형 만들 철사와 패턴
- 달력 등 수학활동과 관련된 교구

병뚜껑

융판에 카드를 붙이는 유아

(2) 수학활동 영역별 교수학습 자료

교구의 특성상 특정 개념의 발달과 특정 영역 활동에 사용하는 한 가지 교구를 다양한 영역에서도 사용할 수 있으며, 특정 개념을 발달시키기 위해 여러 교구를 사용하고, 한 가지 교구를 이용하여 다른 개념을 발달시키는 데 사용할 수 있도록 격려해야 한다. 이러한 맥락에서 각 교구는 특정 용도별로 분류하지 않는다.

수학활동 영역을 위해 다음의 교재·교구를 소개한다.

수 개념

- 리듬과 수세기 책
- 벨/차임
- 점토
- 기초적인 쓰기용 종이
- 다른 크기의 컵 두 개
- 종이백
- 빙고, 보드게임
- 레코드
- 칫솔
- 숫자카드 0~9
- 다양한 색 종이접시
- 작은 물체들
- 블록들
- 열 칸짜리 카드 틀

1~9 그림카드

다양한 색의 종이접시

패턴과 관계

- 색깔 블록들
- 실로폰
- 토마토 당근 같은 채소
- 빨래집게
- 두꺼운 구성지, 신문지
- 헝겊 벨트
- 주스캔
- 구성지 띠, 리본 띠
- 다양한 길이의 실
- 플라스틱 과일과 진짜 과일
- 유니픽스 큐브
- 병뚜껑 한 상자 큰 단추 한 상자
- 풀 가위
- 헌 티셔츠
- 스폰지(부엌용과 화장용)
- 구슬 한 상자
- 큰 튜브

색깔블록

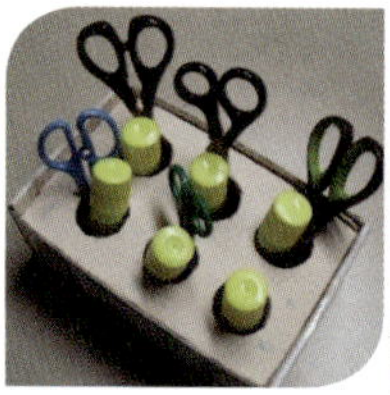

풀, 가위

다양한 리본 띠

실로폰

공간과 도형

- 구성 블록
- 숫자 밴드
- 핑거 페인트/종이
- 색종이(만들기용)
- 3차원 나무 모양 사진/그림
- 작은 사람, 트럭, 자동차
- 지오보드, 지오보드 기록지
- 만들기용·분리용 모델들
- 공간, 모양에 관한 아동 문학
- 퍼즐
- 구슬 태그, 열쇠 등을 담은 상자, 뚜껑 있는 상자
- 작은 구슬, 다양한 색깔의 블록

구성 블록

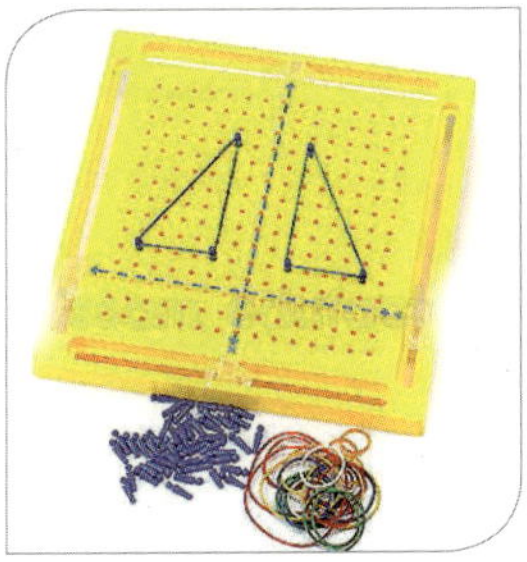

지오보드

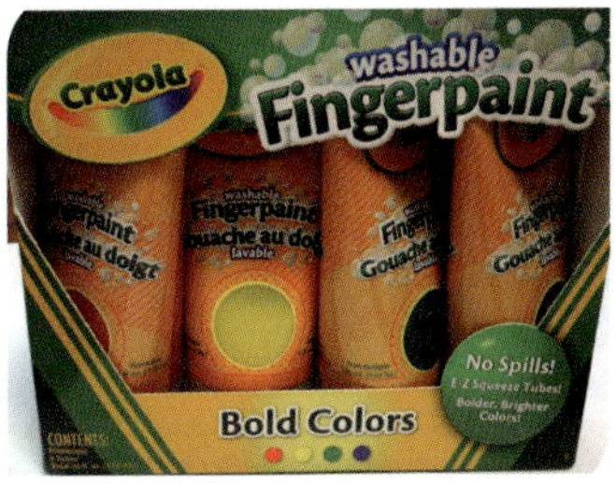

핑거 페인트

측정

- 큰 나무
- 모래시계 스톱워치
- 종이클립 큰 것
- 계량컵/스푼
- 저울
- 젖은 모래
- 목욕탕 타일
- 그래프용지
- 시계(디지털/아날로그), 부엌시계
- 화폐/모조화폐
- 종이 접시, 다양한 용기, 플라스틱 볼
- 자(cm, m), 미터 막대
- 체온계
- 두 가지 색이 섞인 콩
- 아이스크림 속대

장난감 화폐

모래시계

그래프용지

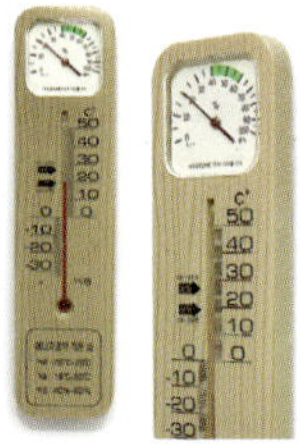

온도계

저울

계량컵/스푼

자료조직

- 모형 동물
- 보물 상자(단추, 열쇠, 조개껍데기, 돌멩이, 빵 봉지 집게, 병뚜껑)
- 소꿉접시
- 포개지는 놀잇감
- 다양한 크기의 플라스틱 단지
- 동전 큰 단추
- 분류/집합을 위한 링
- 천 조각들
- 좋아하는 음식
- 자석 그래프 판
- 과일 씨앗
- 3종류의 작은 용기

동물 모형

음식 모형

주요 용어

인적 환경

인적 환경은 교사나 부모 등 성인의 역할과 또래로 구성되는 심리적 환경

물리적 환경

건물, 설비 등의 물리적 요소를 포함하는 환경

교구(teaching tools)

학습을 구체화·직권화하고 효과적으로 지도하기 위하여 사용하는 도구

정리 하기

1 영유아 교육기관은 영유아가 호기심에 가득 차서 열심히 활동에 참여할 수 있도록 활기 넘치는 분위기를 만들어줌으로써 영유아에게 사고하고 의문을 품고 탐색할 수 있는 환경을 조성해 주어야 한다. 일반적으로 환경은 물리적 환경과 심리적 환경으로 구분하는데 물리적 환경과 심리적 환경은 동전의 양면과 같이 상호 보완적이라고 할 수 있다.

2 수학학습을 효율적으로 하기 위한 환경구성의 조건은 다음과 같다.
- 몰입(immersion)
- 시범(demonstration)
- 기대(expectation)
- 책임감(responsibility)
- 접근성(approximaion)
- 사용(employment)
- 송환(feed back)

3 영유아가 흥미를 갖고 수학적 기술을 익힐 수 있도록 적절한 자료를 제공하는 것은 중요한 일이다. 따라서 영유아에게 적합한 일반적인 자료 선정의 기준과 함께 영유아 수학교육을 위한 자료 선택의 기준을 잘 이해하여 영유아에게 적합한 자료를 제시해야 한다.

4 NAEYC 는 일반적 자료의 선택 범주를 다음과 같이 정의한다(Bronson, 1995).
- 영유아에게 매력적이고 흥미 있는 것
- 영유아의 신체적 능력에 적합한 것(무게, 크기 등이 영유아가 다룰 수 있는 범위의 것)
- 영유아의 정신적·사회적 발달에 적합한 것

- 영유아가 집단 활동에서 사용하기에 적합한 것
- 집단 활동에 적합하도록 잘 구성되어 있고, 내구력과 안전성이 있는 것

5 수학활동의 주제와 영역에 따라 적합한 자료가 있으므로 이를 잘 활용해야 한다.

참고문헌

Brewer, J. A.(1995). Media Corner: Social Mathematics and Media: Using Pictures, Maps, Charts, and Graphics. *Social studies and the young learner*, 28-30.

Bronson, N.(1995). *Inverting kindergarten*. NY: Harry N. Abrams, Inc.

NAEYC(1989). *Curriculum and evaluation standards for school mathematics*. Reston, VA: NCTM.

CHAPTER 12

영유아 수학교육의 평가

평가는 교수 목표의 한 영역으로, 교사와 영유아 모두에게 학습의 정도를 파악하게 하여 교수 목표의 계획에 기존 정보를 제공하는 역할을 한다. 제공된 정보를 교사와 영유아에게 전달하는 의미는 크게 두 가지로 나누어 볼 수 있다. 첫째, 제공된 정보는 교수 목표의 설정에 필요한 준거가 된다. 교수목표는 현재의 학습을 통해 새로운 수학적 지식을 형성할 수 있도록 하는 방향을 제시하므로 영유아 개개인의 차이를 충분히 반영할 수 있어야 한다. 이처럼 개인차를 고려한 목표설정에 필요한 준거는 평가의 결과로 얻은 정보에 의존한다, 둘째, 평가를 통해 얻은 정보는 특정의 학습 단원이나 주제의 목표 달성 정도를 파악하게 한다. 즉, 정보는 교수 결과가 교사와 영유아 모두의 기대치를 어느 정도 만족시켰는지를 확인하게 하여 교수-학습의 과정이나 활동의 효율성을 판단하는 지침을 제공한다(김숙자, 김현정, 2005).

평가는 영유아 수학지도의 모든 과정과 밀접한 관련을 가지고 있으며, 수학지도에 있어 필수적인 과정이다(이순형 외, 2015). 수학적 평가를 통해 영유아의 수학적 발달과 학습방법을 파악하고 영유아의 개인차에 따른 적절한 수학교육과정을 제공할 수 있다. 또한 영유아의 발달 수준 변화 등 정보를 알 수 있다는 점에서 중요시되고 있다.

따라서 영유아 수학교육에서의 평가는 수학에 대한 영유아의 흥미, 영유아 주변 환경의 정의적 요소, 수학활동이 이루어지는 환경 등 모두를 고려하여 영유아의 수학활동에 대해 총체적으로 이루어져야 한다(유지은, 2010).

본 장에서는 영유아 수학교육의 내용 및 목적을 먼저 알아보고 본격적인 수학활동 평가의 종류와 방법에 대해 알아보려고 한다.

교사의 활동 관찰 기록

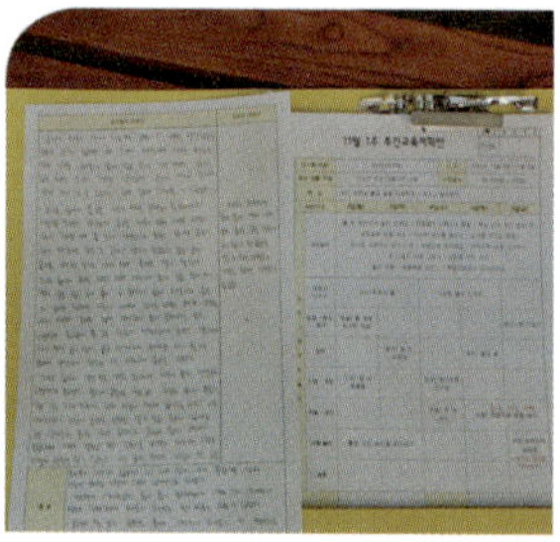

관찰 기록지

1. 영유아 수학활동 평가의 내용 및 목적

1) 영유아 수학활동 평가의 내용

영유아의 수학교육의 평가를 위해 무엇에 관한 자료를 수집하여야 하는가 하는 것에 대하여 살펴보기로 한다. 영유아교육에서 평가되어야 할 지식의 내용과 유형을 Jones(2004)가 5영역으로 구분하여 제시한 것을 수학교육의 평가에 적용한다면 다음과 같다(홍혜경, 2012; 유은영, 재인용, 2018).

표 12-1 Jones(2004)의 평가 5영역을 수학평가에 적용

수학능력	평가내용
수학적 지식	• 수학 개념의 획득과 관련된 지식 이해 • 수학적 탐구나 수학적 기초능력 기르기에 제시된 내용의 획득 정도 예) 수세기, 도형의 특성과 이름 알기
추론적 사고	• 추상적 사고나 정보처리 능력 • 공통성이나 규칙 찾기, 관계성 찾기, 타당한 예측 등의 사고 예) 결과 예측하기, 벤다이어그램 만들기
수행기술	• 구체적인 수행에 요구되는 절차나 기술의 사용 능력 예) 옮기거나 지적하며 물체 세기, 시작점부터 재기
결과산출	• 구성이나 그리기 등을 통해 표상할 수 있는 능력 예) 우리 동네 그리기
수학적 태도 및 성향	• 수학적 탐색을 즐기고 지속하고자 하는 태도나 성향 예) 수학영역에 참여하는 빈도, 수학적 과제에 지속적 집중 정도

이와 같이 수학적 지식, 추론적 사고, 수행기술, 결과산출 능력, 수학적 태도 및 성향의 평가 내용이 전반적으로 균형 있게 평가되어야 한다

2) 영유아 수학활동 평가의 목적

영유아 수학교육의 평가 목적은 교수와 학습을 연결시켜 주는 역할을 한다. 교사는 영유아의 성취를 평가함으로써 영유아가 성취한 부분과 성취하지 못한 부분을 파악할 수 있다. 이러한 성취 평가를 분석하여 교사는 자신의 교수-학습 활동 계획을 할 수 있게 된다(이순형외, 2011).

영유아 수학교육에서의 평가 목적은 다음과 같다(NCTM, 1995 재인용).

첫째, 교실에서의 영유아의 발전에 대하여 모니터하고 증거자료를 얻음으로써 영유아가 수학학습에서 어느 위치에 있는지를 결정하는 것을 도와준다.

둘째, 수업과 학습을 연결하는 교수에 관하여 결정하는 것을 도와준다. 교사는 평가를 할 때 영유아에 대한 기본적인 세 가지 자료인 결과, 질문에 대한 답, 영유

아의 산출물(글, 프로젝트, 검사결과)에서 정보를 얻는다. 이러한 정보로부터 어떤 교수방법을 사용할 것인지, 혹은 다음 단계로 나아갈 것인지 등에 대한 결정을 한다.

셋째, 영유아의 성취를 평가하고 보고한다. 이는 일정 기간 영유아의 발전에 대한 전반적인 그림을 보여 주는 것을 포함한다. 이를 위해서는 포트폴리오가 적합한 방법이다. 이러한 평가는 중요한 수학적 성취에 대한 공적인 의사소통에서도 사용된다.

넷째, 영유아 수학교육 평가는 프로그램을 평가하는 목적이 있다. 프로그램의 질과 효율성을 알아보기 위하여 평가를 할 때 프로그램의 강점과 약점에 대한 증거자료를 확보하고 개선을 위한 제안을 할 수 있게 한다. 프로그램 평가를 위하여 교사는 영유아 수학교육의 전체 범위, 수학교육 과정과 교육과정의 다른 영역과의 관계 등을 고려해야 한다.

다섯째, 평가는 교사 자신의 전문성을 개선하도록 자신의 수행에 대한 정보를 제공한다. 자신의 수학 교수에 대한 고찰 혹은 수업 기술에 대한 반성 등을 포함한다.

2. 영유아 수학활동 평가 방법

영유아의 수학교육의 평가는 프로그램을 진행하기 전과 후 그리고 과정 중에 지속적이고 수시로 행해질 수 있다. 영유아의 수학적 지식, 추론적 사고, 수행기술, 결과산출, 수학적 태도 및 성취 등을 평가하기 위해서는 아래 내용과 같이 다양한 평가 방법이 사용될 수 있다. 영유아 수학교육의 평가방법에는 크게 관찰법, 면담법, 검사법, 포트폴리오로 나눌 수 있다.

1) 관찰법

교사는 일상에서 자연스럽게 영유아들이 활동하는 것을 관찰하여 기록하는 관찰법을 통해 영유아의 성장과 발달 정도에 대해 이해하고 증거자료로 삼는다.

교사의 관찰 유형에는 객관적 유형과 해석적 유형이 있다. 객관적 유형은 마치 카메라가 사진을 찍는 것처럼 관찰한 내용을 사실 그대로 기록하는 방법인 반면에 해석적 유형은 단순한 기록 이상의 의미를 내포하는 유형으로 관찰한 내용을 평가할 뿐만 아니라 설명을 첨가시키는 방법이다(김영선, 2002).

영유아를 대상으로 하는 평가에서 관찰법은 많은 장점이 있다. 자연 상태에서 영유아의 행동을 관찰함으로써 사실대로 평가할 수 있을 뿐만 아니라 영유아들이 언어능력의 부족으로 인위적인 테스트 상황에서 충분히 발휘할 수 없는 자신의 능력을 제대로 평가할 수 있다(나귀옥 외, 2012).

(1) 짧은 관찰법

일상생활 및 자유선택활동, 혹은 대·소집단 활동 중에 나타나는 영유아들의 자조기술, 또래와의 사회적 기술, 언어 이해와 표현 및 인지발달 등에 관한 순간적 포착은 기록하지 않으면 잊어버리고 평가의 자료가 될 수 없다. 따라서 교사는 항상 작은 수첩이나 접착식 종이와 펜을 가지고 다니면서 기록하는 것이 바람직하다. 수학과 관련된 영유아의 지식은 일상생활에서 나타날 수도 있고, 외부 활동에서도 나타날 수 있으며, 생활의 모든 면에서 표출될 수 있기 때문에 짧은 관찰 기록을 해두는 것이 개별 영유아의 수학적 성취 및 발달에 관한 유용한 정보를 얻는 데 좋다(나귀옥, 김경희, 2012).

표 12-2 **실내활동 영역에서의 영유아 주도적 수학활동 관찰 예**

쌓기 영역	민성이가 벽돌블록을 일렬로 쌓고 있음. 다 쌓은 후 "하나, 둘, 셋, 넷… 열, 열하나, 열둘! 하준아 이것 봐. 나 열두 개나 쌓았어."라고 말함.
역할 영역	유진이가 역할 영역에서 수박, 바나나, 딸기는 노란색 바구니에, 오이, 양상추, 가지는 빨간색 바구니에 넣음
수·조작 영역	주하가 주사위를 굴려 6이 나옴. 다음으로 지원이가 주사위를 굴려 3이 나옴. 그러자 주하가 "아싸! 나는 6나왔는데 너는 3이네! 내가 이겼다!"라고 말함.

(2) 일화기록

영유아의 일상생활에서 일어난 일을 사실적으로 묘사한다. 일화기록(anecdotal records)의 전형적인 형태는 영유아의 활동이나 대화뿐 아니라 이러한 일이 일어난 시간과 장소, 수학적 환경을 비롯하여 모든 상황적 맥락을 함께 기록한다. 관찰자는 영유아의 모든 활동을 자세히 기록하며, 이는 수학적 학습과 발달 상황을 총체적으로 평가하는 중요한 방법이 된다. 일화기록 시 객관적이며 사실적인 기록이 되도록 주의해야 한다(김숙령, 2000).

객관적인 일화기록의 예

보나가 역할영역 책상 위에 생선모형 2개를 접시에 받쳐 올린다. 그리고 접시 오른쪽에 과일모형(수박, 오렌지, 딸기, 메론, 바나나)을 올린다. 잠시 후 보나가 양손을 모아 입가에 대며 "과일이랑 생선 사세요~"라고 말한다. 이것을 본 승준이가 보나에게 다가와 "나도 같이 해도 돼?"라고 묻는다.

객관적이지 못한 기록의 예

보나가 신나게 음식모형을 책상위에 올린다. 그리고 큰 소리로 "과일이랑 생선 사세요~"라고 말한다. 이것을 본 승준이가 같이 놀자는 것처럼 보이며 보나에게 다가와 "나도 같이 해도 돼?"라고 묻는다.

(3) 행동목록법(체크리스트)

체크리스트는 교사가 평가하고자 하는 영유아의 수학적 기술이나 태도에 관한 행동목록을 미리 준비하고, 그 행동이 나타나는지 여부를 관찰하여 '예/아니오'로 표기하는 방법이다. 체크리스트의 장점은 영유아의 수학 개념 수준이나 조작능력과 같은 항목에 대해서 쉽게 관찰하여 표기할 수 있다는 데 있다. 그러나 제시되지 않은 항목에 대해서는 측정하기 어려운 단점이 있다. 체크리스트의 행동목록은 '수 개념이 있다'와 같이 포괄적이고 모호하여 관찰하기 어려운 문항보다는 '1에서 5까지 셀 수 있다.', '3보다 5가 큰 수임을 안다' 등과 같이 관찰 가능한 구체적 행동이 묘사된 문항이 적합하다(이순형 외, 2015).

표 12-3 **체크리스트 예**

내용	예	아니오	비고
1에서 5까지 숫자를 쓸 수 있다.			
모양, 크기에 따라 분류할 수 있다.			
10까지 사물과 수 이름을 일대일 대응시킬 수 있다.			

(4) 평정척도

평정척도란 평가할 항목을 미리 선정하여 그 항목과 관계된 범주와 단위, 그리고 내용을 척도 위에 함께 제시하는 방법이다. 평정 척도는 체크리스트와는 달리 학습자가 그 과제를 얼마나 잘 수행했는가에 대한 질적인 정보를 포함한다. 척도는 홀수를 사용하는 것이 측정과 분석에 편리하다. 일반적으로 3점 척도, 5점 척도, 7점 척도 등으로 구분된다(김영선, 2002).

표 12-4 **5점 평정척도의 예**

	내용	매우 그렇다	그렇다	보통이다	아니다	전혀 아니다
1	교사가 제시한 수학활동은 영유아의 발달적 수준에 적합한 활동인가?					
2	교사는 문제를 해결하기 위해 영유아들에게 협동할 수 있는 기회를 제공하는가?					
3	교사는 영유아의 관심과 흥미를 고려하여 수학활동을 제시하고 있는가?					

2) 면담법(면접법)

면담법은 영유아가 알고 있는 수학 지식에 관한 근거를 직접적으로 수집할 수 있는 방법이다. 면접은 주로 비형식적으로 정해지지 않은 시간에 즉흥적으로 행해진다. 예를 들어, 영유아가 블록을 이용하여 어떤 모양을 만들었을 때, "이것 무슨 모양이야?"라고 묻거나, 역할놀이를 하면서 음식을 종류별로 분류하였을 때 "바구니에 물건들을 따로따로 넣었구나. 왜 이 물건은 이 바구니에 넣었어?"라고 물을 수 있다. 교사가 적절한 질문을 하기 위해서는 영유아가 어떤 수학적 지식을 놀이를 통해 구성하는지 잘 관찰해야 하며, 영유아가 자연스럽게 자신의 문제해결 및 추론과정을 언어로 표현할 수 있도록 촉진하는 질문을 할 필요가 있다. 또한 교사가 영유아를 판단한다는 부정적인 인상을 심어 주지 않도록 주의하여야 한다(이순형 외, 2011).

면담법은 시간이 많이 걸리지만 관찰법으로는 얻기 어려운 진실되고 상세한 정보를 얻을 수 있다는 장점이 있다. 그러나 영유아의 언어적, 인지적 능력에 따라 질문을 이해하는 정도가 다를 수 있고, 영유아가 긴장하여 대답하지 못하거나 교사의 질문이 명확하지 못할 경우 영유아가 대답하기 곤란할 수도 있다. 때로는 교사가 영유아의 표정과 몸짓 등에 의해 왜곡된 평가를 할 수도 있다는 점에서 교사의 신중함이 요구된다. 이를 보완하기 위해 교사는 질문을 시작하기 전에 영유아가 알고 있는 일반적인 것을 물어봄으로써 친밀감을 형성하는 것이 좋으며, 면담 중간중간 영유아의 반응을 기초로 질문을 수정할 수 있어야 한다(황의명 외, 2009).

3) 검사법

영유아교육 현장에서 사용할 수 있는 검사는 크게 표준화 검사와 교사 제작 비형식적 검사로 구분된다. 표준화 검사는 이미 신뢰도와 타당성이 검증된 객관적인 자료를 얻을 수 있으며 다른 영유아와의 비교도 용이하다. 그러나 표준화 검사만으로 영유아의 발달을 평가한다는 것은 위험한 일이며 다른 평가 도구와 함께 영유아의 발달을 이해하기 위한 보조 자료로 사용되는 것이 중요하다. 또한 매일의 학습활동은 교사가 직접 제작한 비형식적 검사를 통해서 영유아를 평가할 수 있다(윤애희 외, 2006).

(1) 한국 웩슬러 영유아지능 검사

웩슬러 영유아지능검사(K-WPPSI: Korean-Wechsler Preschool and Primary Scale of Intelligence)는 취학 전 아동 및 초등학교 저학년용으로 만 3세에서 7세 3개월 된

영유아의 지능을 측정한다. 소검사 내용으로는 다음 표와 같다(신혜은 외, 2017).

표 12-5 K-WPPSI **소검사 내용**

항목	내용
모양 맞추기	• 6개의 퍼즐 맞추기
상식	• 그림문항: 검사자가 제시한 그림 속에서 질문에 대한 올바른 답을 찾는 문항 • 구두문항: 검사자가 물으면 영유아가 구두로 대답하는 문항
도형	• 재인문항: 제시된 그림을 보면서 보기로 제시된 4개의 도형 중에서 제시 그림과 똑같은 도형을 지적해야 함 • 아동이 그림을 보고 따라 그리는 것
이해	• 행동의 원인과 사건의 결과에 대한 자신의 생각을 구두로 표현
토막짜기	• 제한된 시간 안에 두 가지 색깔로 된 토막들로 구성된 모양을 재구성
산수	• 기본적인 수 개념에 대한 이해를 알아보기 위하여 그림문항으로 시작, 단순한 셈하기 과제, 마지막에는 보다 어려운 구두 문제로 진행
미로	• 제한된 시간 안에 점점 더 어려워지는 미로의 통로를 찾는 지필검사
어휘	• 그림의 이름을 맞추는 쉬운 그림 문항을 추가, 나머지 구두 문항에서는 구두로 제시된 단어들의 뜻을 구두로 대답함
빠진 곳 찾기	• 일상적인 물건 그림에서 빠진 부분을 찾아냄
공통성	• 몇 개의 그림 중에서 제시된 그림들과 같은 특징을 가진 것을 손가락으로 지적 • 구두로 제시되는 주문장에서 가리키는 개념과 유사한 단어를 사용하여 문장을 완성 • 제시하는 두 단어의 공통점을 구두로 설명
동물 짝짓기	• 보충검사, 동물 그림 밑에 있는 구멍에 맞는 색의 원통 막대를 끼우는 것 • 정확성과 속도를 모두 고려하여 채점
문장	• 검사자가 문장을 큰소리로 읽어주면 아동이 이를 그대로 따라 해야 함

(2) 카우프만 아동지능 검사

카우프만 아동지능 검사(K-ABC: Kaufman Assessment Battery for Children)는 뇌 인지 이론에 기초해서 만들어진 검사로, 2세 6개월~12세 5개월까지 실시 가능하다. 이 검사는 취학 전 아동, 문화적 경험이 부족한 아동, 장애아동 등 다양한 아동에게 실시할 수 있다는 장점이 있다(신혜은 외, 2017).

표 12-6 K-ABC의 하위척도와 측정 내용

하위척도	측정 내용
동시처리척도	• 부분적으로 주어진 과제를 통합하는 능력
순차처리척도	• 과제의 순서적 계열적 처리능력
인지처리척도	• 문제 해결 및 정보처리과정 • 순차처리척도와 동시처리척도를 합한 것
습득도척도	• 후천적으로 습득한 사실적 지식 수준
비언어성척도	• 언어 요인이 배제된 상태에서의 지능 수준을 측정 • 전체 인지처리척도의 하위검사를 실시할 경우 검사자와 아동 간에 언어적 커뮤니케이션 문제로 인해 타당한 측정이 어려운 아동들의 전반적 지적 가능을 신뢰롭게 측정하기 위해 특별히 편성된 척도

출처: 신혜은 외(2017 재인용).

4) 포트폴리오

포트폴리오 평가란 시간의 흐름에 따라 개별 영유아의 발달과 학습에 대한 다양한 기록과 증거들을 교사와 영유아가 함께 체계적으로 수집하고 조직하여 기록화 자료로 남긴 후 평가하는 방법이라고 할 수 있다(김숙자, 2006). 포트폴리오 평가는 교사와 영유아가 함께하는 평가이고 영유아의 인지적 측면보다는 정의적 측면을 존중하고, 자료를 수정·보완하는 과정적 평가를 함으로써 체계적이고 일관성 있게, 그리고 일련의 발달과정을 한눈에 볼 수 있는 참 평가라 할 수 있다(문영심, 이화영, 2006).

포트폴리오 평가는 단순히 영유아의 작품을 수집하는 것이 아니라 그것을 통해 영유아의 수학적 지식, 과정기술 및 태도를 파악하여 부모에게 보고하거나 교수-학습 활동 및 프로그램에 반영해야 한다. 따라서 포트폴리오를 수집 및 평가 시에는 적절한 지침이 필요하다(김영선, 2002).

(1) 자료수집의 목적을 결정한다.

포트폴리오를 수집하는 목적은 다양하다. 영유아의 수학활동 과정이나 방법을 분석하여 부모나 기관 등 다른 사람에게 영유아의 성취를 보고하기 위한 것인지, 활동 결과물의 축적을 통해 영유아의 성취감 향상을 위한 것인지 교사 스스로 목적을 결정한다. 자료 수집의 목적에 따라 수집기간과 대상 자료 등이 달라질 수 있다.

(2) 자료 수집기간을 결정한다

일반적으로 포트폴리오 자료 수집기간을 한 학기, 1년 등 장기간 지속적으로 진행되는 경향이 있다. 교수-학습 활동 주제의 시작부터 끝날 때까지 약 1~2개월 정도로 수집기간을 선정할 수 있다.

(3) 대상이 되는 자료의 종류를 결정한다

포트폴리오에 포함될 수 있는 자료는 영유아의 그림, 글씨, 활동일지, 사진, 비디오, 면접자료, 검사결과, 일화기록, 체크리스트, 다른 교사나 부모의 보고 등 그 종류가 다양하다. 정확한 포트폴리오 평가를 위해서는 자료의 범위를 한정하지 않고 수집한 후 추후 분석해야 하지만, 단순히 영유아의 성취감 향상을 위한 자료 수집이라면 영유아의 그림이나 글씨, 사진을 위주로 수집하면 된다.

(4) 보관을 위한 장소를 결정한다

포트폴리오 보관을 위해서는 평면자료는 클리어 파일을 이용하여 시간 순서대로 또는 자료 종류대로 기준을 선정하여 분류한다. 입체 자료는 상자나 진열장에 보관하거거나 공간이 여의치 않을 경우 사진을 찍어서 평면자료와 함께 보관할 수도 있다.

(5) 자료를 해석한다.

포트폴리오 평가를 위해 모은 자료는 장기간에 걸쳐 다양한 자료를 수집한 것이므로 그 해석에 주의가 필요하다. 많은 영유아의 포트폴리오를 제대로 관리하기 위해서 교사가 포트폴리오 자료를 수집할 때마다 제목, 활동내용, 그에 대한 교사의 간단한 평가를 기록해 두면 모든 자료를 수집한 후에 정리할 때 도움이 된다.

주요 용어

평가

교사와 영유아 모두에게 학습의 정돌르 파악하게 하여 교수 목표의 계획에 기존 정보를 제공하는 역할을 함

수학기술

영유아가 수학을 경험하는 과정에서 중요한 수학적 아이디어를 이해하고 수학능력을 확장시키는 데 필요한 기술

정리하기

1 평가를 통해 얻은 정보는 교수 목표의 설정에 필요한 준거를 갖추게 하고 특정학습의 단원이나 주제의 목표달성 정도를 파악하게 한다.

2 영유아 수학능력의 평가내용 영역에는 수학적 지식, 추론적 사고, 수행기술, 결과산출, 수학적 태도 및 성향이 있다.

3 영유아 수학교육의 평가목적은 영영유아의 수학적 개념, 기술, 태도 측면에서 영유아의 발달 수준을 평가하고, 수학교육 프로그램의 적절성을 평가하여 영유아의 발달에 적합한 학습 경험의 틀을 제공함으로써 영유아의 수학 학습을 극대화하기 위한 것이라고 할 수 있다.

4 영유아의 수학교육의 평가는 프로그램을 진행하기 전과 후 그리고 과정 중에 지속적이고 수시로 행해질 수 있다._영유아의 수학적 지식, 추론적 사고, 수행기술, 결과산출, 수학적 태도 및 성취 등을 평가하기 위해서는 아래 내용과 같이 다양한 평가 방법이 사용될 수 있다. 영유아 수학교육의 평가방법에는 크게 관찰법, 면담법, 검사법, 포트폴리오로 나눌 수 있다.

5 관찰법은 교사는 일상에서 자연스럽게 영유아들이 활동하는 것을 관찰을 하여 기록하는 방법이다.

5-1) 관찰법 하위 요소

짧은 관찰법	일상생활 속에서 일어나는 영유아들의 행동, 말 등을 작은 수첩이나 종이에 간단히 기록하는 방식
일화기록	일상생활에서 일어난 일을 사실적, 객관적, 구체적(시간, 장소, 행동 횟수 등)으로 묘사하는 방식
행동목록법 (체크리스트)	교사가 평가하고자 하는 영유아의 수학적 기술이나 태도에 관한 행동목록을 미리 준비하고, 그 행동이 나타나는지 여부를 관찰하여 표기하는 방식
평정척도	평가할 항목을 미리 선정하여 그 항목과 관계된 범주와 단위, 내용을 척도 위에 함께 제시하고 그 과제를 얼마나 잘 수행했는가를 평가하는 방식

6 면접법은 영유아가 알고 있는 수학 지식에 관한 근거를 질문을 통해 직접적으로 수집할 수 있는 방법이다. 관찰법으로 얻기 어려운 진실되고 상세한 정보를 얻을 수 있다는 장점이 있지만 명확한 질문, 영유아와 친밀한 형성 등 교사의 신중함이 요구되는 방식이다.

7 검사법은 크게 신뢰도와 타당성이 검증된 객관적인 자료를 얻을 수 있는 표준화 검사와 교사가 직접 제작하여 학습활동을 하는 비형식적 검사로 구분된다.

8 포트폴리오는 시간의 흐름에 따라 개별 영유아의 발달과 학습에 대한 다양한 기록과 증거들을 교사와 영유아가 함께 체계적으로 수집하고 조직하여 기록화 자료로 남긴 후 평가하는 방식이다.

9 포트폴리오 평가는 단순히 영유아의 작품을 수집하는 것이 아니라 그것을 통해 영유아의 수학적 지식, 과정기술 및 태도를 파악하여 부모에게 보고하거나 교수-학습 활동 및 프로그램에 반영해야 한다.

참고문헌

김소향(2004). 수학 게임을 통한 영유아의 수학적 지식, 수학적 과정기술, 수학적 태도에 대한 평가 도구 개발 연구. 덕성여자대학교 대학원 박사논문.

김숙령(2000). 제6차 유치원 교육과정에 기초한 영유아수학교육. 서울: 학지사.

김숙자(2006). 보육현장에서 활용하는 수활동프로그램. 경기: 양서원.

김영선(2002). 유아수학교육의 이론과 실제. 서울: 교육과학사.

신현옥, 김동춘, 이수경, 김영숙, 류칠선(2008). 영유아를 위한 수학교육. 경기: 교문사.

신혜은, 고태순, 장세의(2017). 영유아 수학교육. 경기: 양서원.

유은영(2014). 영유아수학교육 워크북. 한국방송통신대학교출판문화원.

유준호(2014). 영유아수학교육. 서울: 교육아카데미.

홍혜경(2009). 개정영유아수학능력 발달과 교육. 경기: 양서원.

CHAPTER 13

영유아 수학교육의 전망과 과제

유이기 구슬꿰기를 하고 있다

수학은 주변 세계를 이해하기 위해 규칙성(pattern)을 찾는 학문으로 규칙성과 순서의 과학이다. 그러므로 수학을 안다는 것은 물리적 세계에 있는 대상과 관계를 추상화하여 규칙성과 순서를 찾고, 이를 나타내기 위해 세밀하게 선택된 용어와 기호를 수학적 언어로 표현하는 것을 의미한다. 수학의 영어식 표기인 'mathematics'는 그리스어로 배운다는 뜻의 'manthano'와 과학이라는 뜻의 'mathema'에서 유래된 말로 수학이란 단순히 수나 계산을 의미하는 것이 아니라 '배우는 것, 생각하는 것, 사고하는 과학'을 뜻한다. 다시 말하면, 수학이란 사고하는 방법이며, 규칙성을 연구하는 학문이자 추상화된 기호로 이루어진 학문으로 정의할 수 있다(이정례, 2007).

1980년대 후반까지도 수학은 영유아에게 너무 어려운 것으로 인식되어 영유아교육 분야에서 크게 강조되지 않았다. 그러나 미국유아교사협회(National Association for the Education of Young Children), 미국수학교사협회(National Council

Teachers of Mathematic) 등은 영유아가 수학에서 지식과 기술을 능동적으로 학습할 수 있음을 강조하였다. 또한 21세기의 지식정보화 시대로 들어서면서 국가경쟁력의 원천이자 허브 학문으로서 수학이 커다란 주목을 받고 있으며, 수학에 대한 이해와 활용 능력인 수학적 소양(mathematical literacy) 여부에 따라 인간의 삶의 질이 결정된다고 믿고 있다(National Council Teachers of Mathematic, 2000). 그 결과 오늘날 과학기술의 세계는 일반 시민에게도 수학적 소양을 요구하고 있으며, 영유아기부터 모든 사람을 위한 수학교육이 실시되어야 한다고 강조하게 되었다.

따라서 본 장에서는 우리나라 수학교육의 문제점 및 선진화 방안과 앞으로의 영유아 수학교육의 방향에 대하여 살펴보고자 한다.

1. 우리나라 수학교육의 문제점 및 선진화 방안

우리나라의 수학교육은 지나치게 입시에 편중된 교수·학습으로 인해 다음과 같은 문제가 대두된 바 있다(교육과학기술부 보도자료 2012. 1. 10). 첫째, 수업 및 평가가 수학 지식의 암기 및 문제풀이 위주로 이루어져 창의적 인재를 육성하는 데 한계가 있었다. 즉 더 빨리 익히고 풀기 위한 반복적인 훈련으로 말미암아 사고력과 창의력은 등한시되었다. 둘째, 다양하고 실질적인 수학교육에 대한 관심과 투자가 부족했다. 특히 수학을 '공식을 익혀서 문제를 푸는 과목'이라는 인식이 강한 탓에 그동안 체험·탐구, 실생활 연계 등 다채로운 수학교육을 위한 투자가 부족한 것으로 나타났다. 셋째, 학생들의 학업성취도는 높지만 수학공부를 왜 해야 하는지에 대한 학습동기가 낮은 기현상을 보였다. 그 결과 상당수 학생의 수학에 대한 자발적 학습동기가 낮고, 수학을 실생활에서 별로 쓸모가 없는 과목으로 여기는 부정적인 인식이 생겨났다.

교육부에서는 이러한 수학교육의 문제점을 직시하고 학교 수학교육의 내실화 및 수학에 대한 인식 개선을 위해 2012년 1월에 수학교육 선진화 방안을 발표하였다. 이 중 영유아 수학교육에서도 함께 고민해야 할 주요 내용으로는 첫째, 생각하는 힘을 키우는 수학이다. 이제는 기존의 공식 암기, 문제풀이 위주의 학습에서 벗어나 수학 과목과 다른 교과와의 통합학습을 추진해야 한다. 둘째, 쉽게 이해하고 재미있게 배우는 수학으로, 수학적 의미와 사회문화적 맥락, 실생활 사례를 스토리텔링 방식으로 엮어 수학의 흥미를 높여야 한다. 이를 위해 초등학교는 2013년부터 사용하는 교과서의 일부 단원(수와 연산, 도형 등)을, 중·고교는 2012년부터 민간 출판사에서 참고할 수 있는 스토리텔링형 모델 교과서를 개발, 제시한 바 있다. 또한 각종 교구를 활용한 체험·놀이 중심을 통한 선진형 수학교실을 구축할 필요가 있다. 이처럼 '수학교육 선진화 방안'은 학생들에게 재미없고 어려워서 포기했던 수학의 흥미를 되찾게 해준다는 차원에서 좋은 의미를 지니고 있다.

2. 영유아 수학교육의 방향

최근 수학교육 관련 연구에서 제시하고 있는 영유아 수학교육의 기본 방향을 정리하면 다음과 같다(문연심, 이화영, 2005; Ginsburg, 1999). 첫째, 수학교육은 실생활에서 수학적으로 사고하고 추론하며 문제해결능력을 신장하는 방향으로 전환되어야 한다. 이를 위해 일상생활 경험과 놀이 활동, 토론과 질문 등을 이용한 활동 중심의 접근방법이 필요하다. 특히 영유아와 초등학교 저학년 아동은 신체적으로 활동적이고 자기중심적인 사고를 하며 논리적인 분석이 어렵기 때문에(박찬옥, 1994), 구체적 조작, 놀이와 게임, 관찰, 대화 등을 중시하는 일상생활 중심으로 수학을 학습함으로써 높은 교육적 효과가 기대된다(김창복, 2000; 황정숙, 1997; Bruner, 1960; Dienes, 1960; Holmes, 1985). 둘째, 영유아 수학교육을 위한 바람직한 교수·학습방법으로 통합적 접근법이 강조되고 있다. 통합적 접근은 영유아의 지식 형성을 위한 결과보다는 과정에 초점을 맞춘다. 그리고 수학적 문제해결 상황에 있어서 단순한 정답만을 찾기보다는 영유아의 잠재된 수학적 능력을 개발하는 데 중점을 둔다. 즉 주제와 분리된 활동을 주입하던 기존의 전통적인 교수법에서 탈피하여 통합적 접근으로서의 탐구활동을 강조하고 있다. 셋째, 영유아의 수학적 지식 형성은 사물과의 직접 경험과 사회·문화적 맥락에 기초해야 한다. 즉 세계 여러 나라와 우리나라의 사회·문화적 환경이 다르며, 우리나라에서도 도시와 지방에 따라 다르다. 예를 들어, 제주도의 영유아교육기관에서는 주로 서울에서 이루어지는 '도시', '지하철' 등의 프로젝트 대신에 '여행', '배' 혹은 지방의 특산물과 관련된 프로젝트를 함으로써 다른 사회·문화적 맥락에 기초한 일상적인 환경에서 영유아의 수학적 지식과 사고 형성이 이루어지도록 하는 것이 바람직하다. 넷째, 영유아교육기관과 초등학교와의 연계교육을 강조하고 있다. 즉 영유아와 초등학교 시기의 아동, 특히 초등학교 저학년의 아동과는 신체적·지적·정서적 발달 단계가 같거나 비슷하다. 또한 영유아교육기관과 초등학교는 한 인간의 계속적인 성장발달에 도움을 주기 위한 하나의 연속적인 과정으로써 인간의 학습이 이루어지도록 상보적 관계에서 연계되는 것이 바람직하다는 관점에서 연계지도가 논의되고 있다(장영숙, 유승연, 2002).

1) 초등교육과의 연계

(1) 필요성 및 기대효과

영유아교육기관과 초등학교 학교단위 간의 연계성을 고려할 때 양 교육기관의 교육목표와 교육과정이 다르며 교육환경 또한 다르다는 것은 인정한다. 그러나 영유아의 발달이 계속적이고, 누적적으로 이루어진다는 점을 고려할 때 영유아교육기관과 초

유아들이 유치원에서 수업을 받고 있다.

등학교는 분리된 체제와 상이한 교육이 이루어지면 결코 바람직한 교육효과를 얻기가 어렵다. 즉 영유아교육기관과 초등학교는 인간교육의 기초를 담당하며, 한 인간의 계속적인 성장과 발달에 도움을 준다는 공통된 목적을 지니므로 양 기관이 서로 이해하고 협력적인 관계에서 교육의 연계가 중시되어야 한다.

이처럼 영유아교육기관과 초등학교 교육이 잘 연계될 때 기대할 수 있는 몇 가지 기대효과는 다음과 같다(김창복, 2000). 첫째, 아동의 지속적인 성장발달에 도움이 된다. 어린이집이나 유치원을 졸업하고 초등학교에 입학하게 된다고 해서 하루아침에 영유아의 성장이 급속하게 이루어지는 것이 아니다. 영유아의 발달은 연속적으로 이루어지기 때문에 유아와 초등학교 1학년 아동의 발달에 적합한 교육은 미국유아교육협회(NAEYC)에서 언급하고 있듯이, 연령 및 개인의 적합성 정도를 고려한 영유아 주도적이며 놀이 중심의 활동적인 학습방법이라고 할 수 있다. 이들 교육기관에서 모두 활동 중심 교육을 연계하여 실시함으로써 발달에 적합하지 않는 교육, 즉 기계적인 암기, 학습지, 직접적 교수를 주로 하는 교사 중심의 방법을 지양하고 더 나은 활동 중심의 통합교육을 실시할 수 있다. 둘째, 초등학교 저학년 열린 교육의 다양한 교육방법에 대한 아이디어 및 그 실천에 도움이 된다. 통합교육과정에서는 아동의 생활경험, 흥미와 필요를 존중하고 그들의 미분화된 발달 특성에 맞추어 의미 있는 학습이 이루어지도록 하기 위한 교육방법의 적용을 강조한다. 따라서 통합교육을 잘 실천하기 위해서는 현재 교육에서 강조하고 있는 것처럼 주제중심의 학습, 풍부한 교재·교구를 이용한 학습, 활동영역 및 코너 학습환경 설치, 안내 및 중재자로서의 교사역할 수행 등에 대한 새로운 아이디어를 필요로 한다. 이러한 아이디어의 많은 부분은 이미 개방교육 형태의 교육방법을 적용하고 있는 어린이집과 유치원에서 얻을 수 있다. 셋째, 영유아교육기관과 초등학교 교사가 상호 간의 교육과정 및 교육활동 운영에 대한 이해를 높일 수 있다. 이러한 교사 측면의 효과는 연계교육에서 필수적으로 일어나는 기본적인 사항에 속한다. 따라서 양 교육기관에 대한 이해 부족으로 잘못된 생각을 갖고 부적합한 교육을 실천하는 현상들을 상당수 바로 잡을 수 있을 것이다. 넷째, 교사가 영유아의 개인차에 부합한 교육을 실천하는 데 실질적인 도움이 된다. 영유아 중심의 수업을 전개하는 활동 중심 또는 통합교육과정에서 교육의 효과는 교사 자질에 달려 있다. 이렇게 하기 위해서는 교사가 하위 수준과 상위 수준의 교육과정에 대한 지식을 풍부하게 갖고 있어야 한다.

(2) 연계 시 유의할 점

결과적으로 영유아교육기관과 초등학교 저학년의 교육활동이 연계성 있게 이루어지려면 먼저 국가 수준의 교육과정이 마련되어야 한다. 즉 수학교육의 목적 및 목표, 내용, 방법, 평가 측면에서 상호 계속성과 계열성을 갖추는 동시에, 효율적인 활동중심 교육의 실천이 가능하도록 뒷받침해 주는 근거를 양 교육과정에서 제공할 수 있어야 한다. 현재 미국, 영국, 프랑스, 러시아 등 여러 나라에서는 국가 교육과정을 영유아교육 단계에서부터 시작하여 실질적으로 양 교육을 연계시키고 있다(한국교육개발원, 1992; 홍혜경, 1999). 특히 미국의 경우에는 일찍이 영유아교육기관부터 초등학교까지 이어지는 수학교육과정을 구성하고 있으며, 최근에는 연계성을 더욱 강화하기 위하여 유치원 이전의 유아원 시기부터 고등학교까지 연결되는 체계적인 학교수학의 목표와 내용 범위에 대한 지침을 마련하고 있다(NCTM, 2000). 그러나 우리나라에서는 현재 초등학교 1학년부터 고등학교 1학년까지 10년간의 국민공통기본교육과정 속에서 수학교육과정을 연계시키고 있지만 영유아교육기관은 교육과정을 별도로 분리하여 개발하고 있는 형편이다. 따라서 유아와 초등학교 저학년 수학교육의 연계성을 높이기 위해서는 무엇보다 국가 수준의 현행 수학교육과정을 면밀히 비교 분석한 후 이에 기초하여 양 교육의 연계 방안을 강구하는 것이 필요하다.

2) 활동 중심의 통합적 접근

(1) 개념 및 필요성

통합의 개념은 듀이(Dewey)의 아동 중심 교육철학에 기초하며, 영유아교육의 통합적 접근이란 '영유아의 경험과 지식을 보다 넓은 관점에서 탐구해 볼 수 있도록 분리된 경험과 지식을 그들에게 의미 있는 상황에서 전체에 관련짓고 결합시켜, 전인적인 발달을 도모하는 과정'(Dressel, 1958)이다.

그리고 영유아교육의 통합적 접근은 영유아가 일상생활, 프로젝트, 문학작품, 요리하기, 음악, 미술활동 등을 통하여 전체적 맥락에서 학습한다는 가정에서 출발한다. 즉 전인적 발달과 효율적 학습을 위하여 영유아의 흥미와 경험 및 교육내용을 통합하고, 영유아와 영유아 주변의 인적·물적 환경을 통합하며, 또한 교과목들을 통합적으로 재조직하여 가르치는 방법이다.

수학의 통합적 접근에 의한 활동은 영유아에게 발달적으로 적합한 학습을 위해 의미 있는 상황으로 만들어 준다. 예를 들어, '바퀴'의 속성인 '굴러간다', '물건을 쉽게 움직일 수 있다'라는 개념을 가르치기 위하여 '굴러라! 바퀴야'라는 동화, '씽씽 달리는 바퀴' 노래와 '바퀴처럼 굴러 보자'는 음률활동, '칸딘스키와 미로의 명화감상' 미술활동, '동그라미로 만들기' 등의 창의적 사고활동이 통합적으로 이루어질 때 비로소 '바퀴'에 대한 수학적 개념이 자연스럽게 습득되고 강화되어질 수 있다(문연심, 이화영, 2005).

유아가 '굴러라 바퀴야' 를 읽은 후 미술활동을 하고 있다.

NCTM(2000)의 연구에서도 모든 교과목은 통합적으로 이루어져야 하고 그 안에서 깊이 있는 학습이 일어날 수 있도록 상호작용해야 함을 강조하고 있다. 이러한 장점을 내포하고 있는 프로젝트 접근법이나 레지오 에밀리아 접근법 등은 교육현장에서 적극 수용되고 있는 추세이다. 이처럼 통합적 접근은 영유아의 발달적 특성에 기초한 매우 바람직한 교수·학습 형태라고 보고, 의미 있는 상황에서 영유아의 수학적 사고를 자기주도적으로 탐색할 수 있도록 다양한 기회를 제공해 준다.

(2) 통합적 접근의 장점

수학적 개념을 수학활동으로만 분리시켜 단편적으로 가르치려고 하는 것이 아니라 영유아가 일상생활에서 흥미 있어 하는 활동들과 수학적 개념을 연합시켜 전개하는 과정인 통합적 접근의 장점들은 다음과 같다.

첫째, 수학적 지식을 낱개로 받아들이지 않고 전체적인 맥락 속에서 자연스럽게 통합하여 받아들임으로써 개념을 더 잘 이해할 수 있다. 둘째, 수학을 다른 활동과 통합함으로써 수학적 목표뿐만 아니라 그 이상의 다른 영역의 목표도 함께 달성할 수 있다. 셋째, 통합적 접근은 한 분야에서 학습한 지식이 어떻게 다른 분야의 지식과 연결되는가를 이해하도록 한다. 이를 통해 영유아는 여러 가지 상황에 직면할 때 자신이 학습한 기술과 지식을 이용하여 문제를 해결하게 되며, 더 나아가 개인과 사회를 위한 수학적 지식과 사고방법을 사용할 수 있게 된다.

(3) 통합교육의 유형

크게 교과 내 통합, 교과 간 통합, 학습자 간 연계를 통한 통합(Fogarty, 1991)과 학습방법적 측면, 과정과 사고기술적 측면, 내용 지식적 측면, 태도와 인식적 측면, 지식획득 방법적 측면, 교수 전략적 측면으로 구분하여 제시하였다(Berlin & White, 1994). 통합교육의 유형은 학자마다 조금씩 다르게 구분하고 있으나 일반적으로 교과 내 통합, 교과 간 통합, 주제중심 통합으로 나눌 수 있다(Clements, 2002).

교과 내 통합

교과 내 통합은 한 교과 안에 해당하는 내용영역이 함께 통합되는 형태를 말한다. 각 교과의 세부적인 내용영역들은 내용에 따라 서로 관련되는데, 수학교육에서도 수와 연산, 공간과 기하, 측정, 규칙성, 자료의 분석 등은 모두 서로 관련이 있는 수학내용 영역들이다

교과 간 통합

교과 간 통합은 서로 다른 교과를 함께 통합시키는 것을 말한다. 교과 간 통합한 교과가 다른 교과를 위한 수단으로 사용되는 것보다는 두 교과의 공통적인 요소나 관련된 내용을 추출하여 이를 중심으로 통합하는 방법이 더욱 효과적이다.

주제 중심 통합

주제 중심 통합은 영유아의 일상생활 경험을 교육과정으로 이끌고 영유아의 흥미와 수준에 맞는 주제를 통하여 교과 내 통합과 교과 간 통합을 경험하도록 하는 것이다. 영유아 교육기관에서 가장 일반적으로 활용되고 있는 통합교육 형태는 거미줄 모형이다. 이러한 모형은 교과 내 통합은 물론이고 여러 교과영역 간의 통합을 의미하는 것으로 주제 중심 통합교육과정이 이에 속한다. 주제 중심 통합교육과정은 영유아의 요구, 흥미, 발달에 기초하여 영유아에게 의미 있고 친숙한 주제를 중심으로 교과와 생활영역이 통합될 수 있도록 교육과정을 운영하는 것이다. 구체적으로 통합은 영유아의 과거 경험과 현재의 요구 및 흥미의 통합, 영유아와 공간의 통합, 학교와 지역사회의 통합, 영유아의 흥미와 교재의 통합, 영유아와 사회의 통합, 다양한 연령의 통합, 영유아와 교사의 통합, 가정과 학교의 통합을 의미한다. 즉, 활동을 통해 행동과 사고를 통합하게 되는 것이다.

영유아를 위한 수학 통합교육은 영유아 교육과정의 수학교육의 내용체계에 기초한 지식을 교육내용의 주된 목표로 하고 통합적 접근으로 주제, 단원, 프로젝트

형태로 접근하는 것이 바람직하다. 이때 주제와 프로젝트가 의미를 가지려면 반드시 가정이나 지역사회에서의 영유아의 경험에 기초하여야 한다. 교사가 영유아를 위한 세심한 배려와 교수법에 대한 전문성이 부족하다면 수학교육의 통합적 접근을 시도하는 데 어려움을 느낄 것이다. 결론적으로 영유아를 위한 수학 통합교육의 유형은 일반적으로 교과 내 통합, 교과 간 통합, 주제중심 통합으로 구분할 수 있는데, 이러한 통합 유형은 적용되는 상황에 따라 적절히 운영되어야 한다.

3. 놀이중심교육의 방향과 실천

2019 개정 누리과정은 유아교육의 기본 정신이 '놀이'를 중심으로 유아들의 배움을 지원하는 유아·놀이 중심 교육과정이다. 정부는 2019 개정 누리과정을 통해 놀이와 쉼, 학습자를 중시하는 교육의 방향을 통일감 있게 추진하고자 한다. 따라서 미래 유아 수학교육 진행을 위해 놀이중심교육의 방향과 실천을 살펴보고자 한다(경기도교육청, 2017).

1) 놀이중심교육의 방향

(1) 유아중심 교육철학을 바탕으로 하기

놀이중심교육은 유아를 존중하며 유아가 배움의 주체가 되어야 한다. 유아의 특성을 고려하고, 배움과 실천의 과정에서 유아가 주도적인 역할을 할 수 있도록 설계된 교육과정은 삶의 의미와 가치를 스스로 발견해 가는 행복한 삶의 주체로서 성장할 수 있는 토대가 된다.

(2) 놀이적 요인을 활동 속에 반영하기

유아가 말하는 놀이적 요인이란 '즐거움, 선택, 주도성, 몰입, 과정지향성'이다. 영유아교육기관 교육활동은 이와 같은 놀이적 요인의 포함 여부에 따라 유아가 놀이로 여길 수도 있고 아닐 수도 있다. 유아들은 활동을 하더라도 놀이를 할 때처럼 스스로의 흥미에 따라 활동을 선택하고 자연스럽게 활동에 몰입하여 스스로 해냈다는 만족감을 느낄 수 있어야 한다.

(3) 교육이 지향하는 바를 놀이 속에 반영하기

유아의 놀이는 그 자체만으로도 가치가 있다. 그러나 유아들의 놀이가 교육과정에서 추구하는 배움이 일어나도록 하는 경험이 되기 위해서는 놀이와 교육과정이 유기적으로 연결되어야 한다. 유아의 놀이 경험 및 결과가 의미 있게 생산될 수 있는 교육적 놀이가 되도록 교사는 교육과정에 대한 이해를 바탕으로 적절한 안내와 지원을 해야 한다.

(4) 주제와 활동 간의 통합 이루기

유아 경험의 연결과 통합을 고려하지 않는 주제와 활동 간의 통합은 교사중심적인 교육과정으로 운영될 소지가 크다. 이런 경우 유아가 놀이에 지속적으로 몰입하기 어렵고 주도성이나 즐거움을 잃어버리기 쉽다. 의미 있는 놀이중심교육이 이루어지기 위해서는 유아가 경험한 것, 그리고 앞으로 경험할 것들이 연계되도록 교육과정의 전 영역을 유기적이고 통합적으로 구성해야 한다.

(5) 유아주도와 교사주도의 균형 고려하기

유아주도적 활동에서는 놀이적 요인이 훼손되지 않도록 하면서도 유아들의 놀이가 교육적 의미를 갖도록 하며, 교사주도적 활동에서는 놀이적 요인이 최대한 반영될 수 있도록 노력해야 한다.

2) 놀이중심교육의 실천

(1) 유아의 몰입을 돕는 주제 선정하기

주제 선정 및 활동계획 시 유아의 경험이 연속적으로 이루어지도록 하기 위해서는 주제를 중심으로 한 활동들 간에 유기적인 연결을 맺는 것이 중요하다. 경험의 연속성이 이루어질 때 유아는 놀이에 몰입하고 즐거움을 느끼며 주도적으로 참여하게 된다.

(2) 활동 간의 유기적인 연결하기

주제 선정과 이에 따른 활동을 계획할 때 교사는 활동 간 유아의 경험이 연속적으로 이루어지도록 해야 한다. 교사는 유아 경험의 연결을 위해 자유선택활동과 대소집단 활동 간의 연계, 놀이영역 간의 연계, 대소집단 활동 간의 연계를 고려하여 모든 활동이 서로 유기적인 연결을 갖도록 해야 할 필요가 있다.

(3) 여유 있는 교육과정을 운영하기

교육에서 지식에 대한 개념은 지식 전달 및 수용이 아닌 학습자에 의한 경험과 관계 속에서 생성된다는 것으로 전환되었다. 유아가 활동 속에서 스스로 의미를 찾고 배움이 일어나도록 하며, 유아에 의해 발현되는 교육적 상황 역시 교육과정 속으로 들어올 수 있도록 여유 있는 교육과정의 운영이 필요하다.

주요 용어

스토리텔링(storytelling)

'story', 'tell', 'ing'의 세 요소로 구성된 단어로, 단어, 이미지, 소리를 통해 사건, 이야기를 전달

통합

통합의 개념은 아동 중심 교육철학에 기초하며, 전인적인 인격체로 성장하도록 영유아에게 보더욱 의미 있는 교육과정을 제공하는 것

정리하기

1 영유아 수학교육의 기본 방향은 첫째, 실생활에서 수학적으로 사고하고 추론하며 문제해결능력을 신장하는 방향으로 전환되고 있으며 둘째, 영유아 수학을 위한 바람직한 교수-학습방법으로 통합적 접근법을 강조하고 있으며 셋째, 영유아의 수학적 지식 형성은 사물과의 직접 경험과 사회·문화적 맥락에 기초해야 하며 넷째, 유치원과 초등학교와의 연계교육을 강조하고 있다.

2 유치원과 초등학교는 인간교육의 기초를 담당하며, 한 인간의 계속적인 성장과 발달에 도움을 준다는 목적을 지니므로 두 기관이 서로 이해하고 협력적인 관계에서 교육의 연계가 중시되어야 한다.

3 영유아교육의 통합적 접근이란 '영유아의 경험과 지식을 보다 넓은 관점에서 탐구해 볼 수 있도록 분리된 경험과 지식을 그들에게 의미 있는 상황에서 전체에 관련짓고 결합시켜, 전인적인 발달을 도모하는 과정'이다.

참고 문헌

경기도교육청(2017). 놀이 2018. 경기: 교육청.

교육과학기술부 보도자료(2012.1.10). 수학교육 선진화 방안 발표. 교육과학기술부.

김창복(2000). 유치원과 초등학교 1학년 활동중심 수학교육의 연계성 고찰. 서울: 열린유아교육연구.

문연심, 이화영(2005). 통합적 접근에 기초한 영유아수·과학교육. 파주: 양서원.

박찬옥(1994). 국민학교 1학년 교육의 활동중심 접근방안. 중앙대학교 부설 한국교육문제연구소, 유치원과 국민학교 교육과정의 연계성. 36-53.

이정례(2007). 수학의 오솔길. 서울: 경문사.

장영숙과 유승연(2002). 유치원과 초등학교 연계 교육에 대한 교사와 학부모의 인식 비교 연구. 교과교육연구 23(2).

한국교육개발원(1992). 교육의 본질 추구를 위한 수학교육 평가 체제 연구(III). 서울: 한국교육개발원.

홍혜경(1999) 유아 공간능력의 측정도구 개발. 유아교육연구 21(4): 189-209.

황정숙(1997). 유아수학교육의 효과적 지도: 구체적 조작에 의한 활동중심과 학습지에 의한 교사중심 교수방법의 비교 연구. 중앙대학교 박사학위논문.

Berlin. D. F., & White, A. L.(1994). The Berlin-White integrated science and mathematics mode. *School Science and Mathematics. 94*(1), 2-4.

Bruner, J.(1960). *The process of education*. Cambridge, Mass: Harvard University Press.

Clements, D. H.(2002). Mathematics in the preschool. *Teaching Children Mathematics,* 8: 340-343.

Dienes, Z. P.(1960). *Building up mathematics*. New York: Hutchinson Educational Ltd.

Dressel, P. L.(1958). The meaning and significance of integration. In N. B. Henry (Ed.), *The integration of educational experiences: The fifty-seventh yearbook of the National Society for the Study of Education* (pp. 3-25). Chicago: University of Chicago Press.

Fogarty, R.(1991). Ten ways to integrate curriculum. *Educational Leadership*, 49(2).

Ginsburg, H. P.(1999). *Children's math: The learning process*. New York: D. Van Nastrand.

Holmes, E. E.(1985). *Children learning mathematics: A cognitive approach to teaching*. NJ: Prentice-Hall, Inc.

National Council of Teachers of Mathematic, NCTM. (2000). *Principles and standards for school mathematics*. Reston, VA: NCTM.

저자 소개

서현아 경성대학교 유아교육과 교수

윤정진 동명대학교 유아교육과 교수

좌승화 동의과학대학교 유아교육과 교수

이해정 부산여자대학교 유아교육과 교수

엄세진 부산디지털대학교 아동보육학과 교수

아동수학지도

초판 1쇄 발행 2021년 3월 2일
초판 2쇄 발행 2022년 8월 26일

지 은 이 | 서현아 · 윤정진 · 좌승화 · 이해정 · 엄세진
펴 낸 이 | 김기섭
책임편집 | 이윤미
펴 낸 곳 | 창지사 www.changjisa.com
08589 서울시 금천구 가산디지털1로 83 파트너스타워 1차 9층
전화 (02) 719-2211~3
팩스 (02) 701-9386
등 록 | 1977년 4월 28일 · 제1-421호

ⓒ 서현아 외 4인, 2021

* 이 책 내용의 전부 또는 일부를 재사용하려면 반드시 저작권자와 창지사 양측의 동의를 받아야 합니다.
* 저자와 협의하여 인지는 생략합니다.
* 출판물 불법 복사, 불법 북스캔은 저작권 위반으로 처벌받을 수 있습니다. 불법 제본으로 처벌될 경우(전과기록 됨) 취업 불이익이나 해외유학과 이민 등 비자발급이 거부되는 불이익이 발생할 수 있습니다.

ISBN 978-89-426-1451-6 (93370)

값 20,000원